Aurelia Wyleżyńska

Über nichts schreiben, als was meine Augen sehen

Tagebuch aus dem besetzten Warschau 1939–1944

Aurelia Wyleżyńska

Über nichts schreiben, als was meine Augen sehen

Tagebuch aus dem besetzten Warschau 1939–1944

Herausgegeben und aus dem Polnischen übersetzt von Bernhard Hartmann

Nach der von Grażyna Pawlak und Marcin Urynowicz edierten Fassung des Originaltexts

Ch.Links VERLAG

Wydano z finansowym wsparciem Fundacji Współpracy Polsko-Niemieckiej
Herausgegeben mit freundlicher Unterstützung der Stiftung für deutsch-polnische Zusammenarbeit

FUNDACJA WSPÓŁPRACY POLSKO-NIEMIECKIEJ
STIFTUNG FÜR DEUTSCH-POLNISCHE ZUSAMMENARBEIT

Die Auswahl dieser Ausgabe basiert auf *Kroniki wojenne 1939–1944*, erschienen 2022 bei Państwowy Instytut Wydawniczy (PIW), Warschau, herausgegeben von Grażyna Pawlak und Marcin Urynowicz.

Auch als ebook erhältlich

Die Deutsche Nationalbibliothek verzeichnet diese Publikation in der Deutschen Nationalbibliografie; detaillierte bibliografische Angaben sind im Internet über www.dnb.de abrufbar.

Ch. Links Verlag ist eine Marke der Aufbau Verlage GmbH & Co. KG

www.aufbau-verlage.de/ch-links-verlag
Prinzenstraße 85, 10969 Berlin

Das Vorwort von Karolina Kuszyk wurde von Bernhard Hartmann aus dem Polnischen übersetzt.
Umschlaggestaltung: zero-media.net, München, unter Verwendung eines Fotos von Bettmann/Kontributor
Satz: Nadja Caspar, Ch. Links Verlag
Druck und Bindung: cpi books GmbH, Leck

ISBN 978-3-96289-225-8

Der Mensch ist kein Held

Vorwort

Im August 1939 machte Aurelia Wyleżyńska Urlaub in Horodnica, nahe der rumänischen Grenze. Dort, fern der Hauptstadt, mochte die sich immer klarer abzeichnende Möglichkeit eines Krieges unwirklich erscheinen. Als die Nachricht vom deutschen Angriff auf Polen Horodnica erreichte, traf Aurelia Wyleżyńska eine schicksalhafte Entscheidung: Sie beschloss, in ihre Wohnung in Warschau zurückzukehren. Die Züge, in denen sie reiste, waren leer. Dafür platzten die Waggons in die Gegenrichtung aus allen Nähten: Nach dem Angriff des Dritten Reiches flüchtete die Bevölkerung massenweise in den Osten. Doch spätestens am 17. September, als die Sowjetunion von Osten her in Polen einmarschierte und das Land in den mörderischen Zangengriff der totalitären Nachbarn geriet, gab es in Polen keine Fluchtmöglichkeit mehr.

Wyleżyńska kam allein in der Hauptstadt an, ohne Ehemann oder Kinder, lediglich begleitet von einer Freundin; seit dem Scheitern ihrer Ehe mit dem Schriftsteller und Übersetzer Jan Parandowski – dessen meisterhafte Darstellung der griechischen Mythologie später ein breites Publikum in Polen fand – war sie keine feste Beziehung mehr eingegangen. Sie hatte lange im Ausland gelebt und sich ein Leben als Reporterin und Schriftstellerin aufgebaut, war unabhängig und weltgewandt, eine Frau – wie man heute sagen würde – in ihren besten Jahren. Sie genoss das Alleinsein, was nicht heißt, dass sie kein geselliger Mensch war. Sie schätzte die Kontakte zu ihrer Familie und pflegte Freundschaften, auch in literarischen Kreisen.

Eine Nachbarin aus ihrem Haus fragte sie unverblümt, warum sie zurückgekehrt sei, und brach in Gelächter aus, als sie die Antwort hörte: »Ich bin nach Hause gekommen.« Was suchte eine alleinstehende Frau in einer von feindlichen Soldaten belagerten Stadt? Was trieb sie an? Die Neugier der Reporterin? Fatalismus? Demonstrativer Patriotismus – wollte sie sich im Epizentrum der Ereignisse befinden, die Stellung halten, nachdem die polnische Regierung ins Ausland geflohen war? Ein Vorbild sein? Letzteres ist wohl auszuschließen, denn aus ihren Aufzeichnungen geht klar hervor, dass Wyleżyńska patriotische Demonstrationen und Pathos fernlagen. Man könnte daher annehmen, dass ihre aus rationaler Sicht irrsinnig anmutende Entscheidung von journalistischem Pflichtgefühl, vom moralischen Imperativ des Berichterstattens, diktiert wurde. Schon in den ersten Tagen nach ihrer Ankunft in Warschau machte sie es sich zur Aufgabe, eine persönliche Kriegschronik zu erstellen, und führte diese bis zum Ende gewissenhaft aus. Das Beobachten und Aufschreiben dessen, was sie sah, war ihre Waffe gegen die Entmenschlichung im Krieg: »Ich schütze mich mit der altbewährten Methode: Beobachten, was um mich herum passiert«, notierte sie am 9. September 1939. Diese Form der Verteidigung wurde zu ihrem täglichen Ritual.

Aurelia – »Aura« – Wyleżyńska kannte Warschau von früher; in der Teilungszeit hatte sie ein renommiertes Mädcheninternat besucht, dessen Absolventinnen nach der Wiedererlangung der staatlichen Unabhängigkeit im Jahr 1918 ihren Beitrag zum künstlerischen und wissenschaftlichen Leben im wiedererstandenen Polen leisteten. Doch sie gab selbst zu, dass sie sich seinerzeit nicht für die Hauptstadt hatte begeistern können – die südlichen Landschaften und die üppige Flora ihrer Heimat Podolien waren ihr vertrauter und lieber gewesen.

Als begeisterte Wanderin ist sie meist zu Fuß in Warschau unterwegs. Bis vor kurzem noch ein Flaneur in der »Zauberstadt«, wie sie Paris zu nennen pflegte, wo sie insgesamt mehr als zehn Jahre lang lebte, navigiert sie im von Luftangriffen zerstörten Warschau durch die Trümmer und das Labyrinth der Barrikaden, obwohl »die Beine [...] sich über die Unebenheit des Pflasters [wundern]«. Sie wird aber auch oft gezwungen, zu Fuß zu gehen: Radfahren ist verboten, viele Straßenbahnlinien sind eingestellt worden, und in den Trams, die noch verkehren, organisieren die Deutschen Razzien. Und Wyleżyńska hat einiges zu verbergen. Sie verteilt Untergrundzeitungen, in denen sie selbst antideutsche Artikel veröffentlicht. »Es hat eine gewisse Pikanterie«, notiert sie am 14. Januar 1941, »wenn ich mit Untergrunddrucken in der Tasche neben einem SS-Mann an der Tramhaltestelle stehe.«

Mit dem scharfen Blick der Chronistin dokumentiert sie den Besatzungsalltag in seinen mannigfaltigen Ausprägungen: dass der Brotpreis von zwei auf zehn Zloty steigt, dass man Wasser vom Brunnen holen muss, dass alle Radiogeräte beschlagnahmt werden, dass es an Gas und Brennholz mangelt, dass die Dunkelheit in den Wohnungen infolge von Verdunkelungszwang und Stromausfällen schwer zu ertragen ist. Sie beschreibt die erschreckende Metamorphose Warschaus, das sich unter der Besatzung von einer blühenden und noch von der Freude über die erst zwanzig Jahre zuvor wiedergewonnene Unabhängigkeit trunkenen Stadt mit jedem Monat mehr in ein bedrohliches, fremdes, vom Verfall gezeichnetes Wesen verwandelt: »Die Backsteine der Häuser liegen auf der Fahrbahn wie aus dem Sack geschüttelte Kartoffeln. [...] Weiter unten sind auf beiden Seiten der Straße ganze Häuserreihen in Trümmern. [...] Um das Eckhaus, in dem die Konditorei Szwajcarska war, schlingen sich seltsame Eisenspiralen. Ich habe nie bemerkt, wie viel Draht über unseren Köpfen schwebt, der nun, herabgefallen, ein schwer zu durchdringendes Geflecht bildet.« Wie eine Ethnologin betrachtet die Autorin die sich verändernde Physiognomie der Warschauer. Sie konstatiert ein nachlassendes Interesse am äußeren Erscheinungsbild: »Die Frauen tragen Kopftücher, das ist der Stil der Kriegsmode«, gestandene Männer schlurfen durch die Straßen wie Greise. Bei den Menschen, denen sie begegnet, bemerkt sie einen Gewichtsverlust, eine Schärfung der nun fast räuberisch wirkenden Gesichtszüge. In ihren Augen erscheint Warschau als zunehmend tote Stadt, voller Risse, zerstörter Kulturgüter und Leerstellen, die von Getöteten und Deportierten bleiben.

Wyleżyńska mag »nach Hause« gekommen sein, aber es ist unmöglich, sich in einer von Wehrmacht, SS, Gestapo und deutschen Zivilbeamten bevölkerten Stadt »zu Hause« zu fühlen. Die Autorin betrachtet die Deutschen, die den Tod nach Warschau brachten, der die Passanten von unten durch die Trümmer angrinst, der über der Stadt schwebt und dessen süßer Verwesungsgeruch jeden Winkel durchdringt. Am 18. November 1941 notiert sie: »In Warschau türmen sich die Leichen. An erster Stelle im Ghetto«, und ein paar Tage später resümiert sie: *»Deutsche Kulturträger:* Die Stadt liegt in Trümmern, die Bevölkerung hungert, der Katalog im Lesesaal ist auf die Hälfte zusammengestrichen, die Nächte sind dunkel, auf der Straße mischt sich Gesang mit dem Jammern der Bettler. Der Geist ist zu träge, um weiter aufzuzählen, was die Träger der neuen Ordnung bei uns vollbracht haben.« Sie schreibt über die stickige, angsterfüllte Atmosphäre der Luftschutzkeller, den Terror der Razzien und Erschießungen, die Spirale der Verbote und Demütigungen, die Segregationspolitik gegenüber der polnischen und jüdischen Bevölkerung. Sie schildert Genreszenen aus der Hauptstadt: Ein deutscher Soldat ohrfeigt einen Passanten; eine Gruppe von Deutschen zwingt unter dem Gelächter der Kameraden einen alten Juden, einen Karren zu ziehen; die »nach Feierabend« zu Touristen gewordenen Besatzer kaufen Postkarten in einer Buchhandlung. Zutiefst erstaunt stellt sie fest, dass ein deutscher »Flieger« ihr die Hand reicht und ihr aus einer überfüllten Straßenbahn hilft.

Der Zugang zu Nachrichten von der Front und aus der Welt ist in der mit einer Nachrichtensperre belegten Stadt sehr eingeschränkt, doch der Informationshunger ist groß. Zur Beschreibung der politischen Situation ist Wyleżyńska auf Informationen angewiesen, die sie zwischen den Zeilen der deutschen Propagandapresse oder in fremdsprachigen Zeitschriften (die bald verboten werden) findet. Die einzige andere Quelle sind auf der Straße aufgeschnappte Gespräche und Gerüchte, wie das vom September 1943, wonach »über Berlin ein künstliches Dach, bemalt mit Wiesen und Wäldern« aufgespannt worden sei, um die alliierten Flugzeuge zu verwirren. In einer Wirklichkeit, in der Konzentrationslager existieren, scheint kein Gerücht mehr zu weit hergeholt.

Die deutsche Politik gegenüber den polnischen Juden, von den ersten Anzeichen der Ausgrenzung (»Eine Preisliste für Begräbnisse wurde ausgehängt. Sie gilt nicht für Juden.«) über die Isolierung im Ghetto bis hin zur völligen Vernichtung, verfolgt sie zunächst ungläubig, dann mit wachsendem Entsetzen. Ihre Aufzeichnungen spiegeln alle Verbrechen wider, die an der jüdischen Bevölkerung in Warschau begangen wurden: das Pogrom im Frühjahr 1940, die Einrichtung des Ghettos, die Große Aktion im Sommer 1942, der Aufstand im Ghetto im Frühjahr 1943 und die Ergreifung und Ermordung der letzten jüdischen Überlebenden, die sich noch in den Ghettoruinen versteckten. Im August 1942 notiert sie: »Keine Naturkatastrophe, keine ägyptische Plage kommt dieser massenhaften Vernichtung gleich.« Zur gleichen Zeit notiert in Szczebrzeszyn im Osten Polens der Arzt und Krankenhausdirektor Zygmunt Klukowski in sein Tagebuch: »Etwas vergleichbar Entsetzliches, Furchtbares hatte nie jemand gesehen und von etwas Ähnlichem nie gehört.«[1]

Wyleżyńska ist zu einer nüchternen Einschätzung der Realität in der Lage. Sie weiß, dass der Antisemitismus nicht erst mit den Deutschen nach Polen kam, sondern auf fruchtbaren Boden fiel. Nicht nur bei den Bauern, von denen manche die Behauptung der Besatzer teilten, die Juden hätten den Krieg herbeigeführt, und nicht nur bei den Szmalcowniks, die untergetauchte Juden und ihre polnischen Helfer ausfindig machten und erpressten. Auch bei Teilen der Elite beobachtet sie wenn nicht offenen Antisemitismus, so doch eine erschreckende Gleichgültigkeit gegenüber dem Holocaust. Entsetzt zitiert sie eine Aussage des Philosophen Władysław Tatarkiewicz (1886–1980), eines Vertreters der Lemberg-Warschauer Schule, wonach im gegenwärtigen historischen Moment nicht das Schicksal der Juden, sondern die Bewahrung der polnischen Kultur das Entscheidende sei. Mit dem Antisemitismus der besseren Gesellschaft wird Wyleżyńska schon in den ersten Kriegsmonaten konfrontiert: Ihre Nachbarinnen ächten sie, weil sie ihren Platz im Luftschutzkeller mit zwei jüdischen Freundinnen teilt.

Juden zu helfen, wird im besetzten Polen mit dem Tod bestraft. Wyleżyńska hilft und riskiert dabei alles. Sie gibt Geld und Unterkunft, lagert Dinge, organisiert Medikamente. Viele handeln wie sie, aber es gibt auch »genug Polen, die sogar die Lage ihrer jüdischen Freunde ausnutzen. Ich denke dabei an eigenmächtigen Umgang mit zur Aufbewahrung anvertrauten

Gegenständen, übertrieben hohe Provisionen bei Verkäufen usw.« Wyleżyńska hält fest: »Eines weiß ich, der Geist des Volkes hat sich nicht zum ›Besseren‹ verändert, der Antisemitismus blüht weiter.« Kurz vor Ostern 1940 notiert sie: »In der Universitätskirche St. Anna das Grab Christi: Das Kreuz ist zerbrochen, eine Atmosphäre des Grauens, Feuer erhellt die Sterbeszene. Das fromme Volk schaut mit schmerzendem Herzen zu – während in diesen Tagen die Jungen, getrieben von Raubgier oder Furcht, den Einflüsterungen ›Los, auf die Juden‹ erliegen und Jagd auf die leichten, sich versteckenden Opfer einer doppelten Bestialität machen.« Keine anderen Memoiren aus der Besatzungszeit widmen sich so ausführlich den polnisch-jüdischen Beziehungen und dem Thema des Antisemitismus in Polen, das bis heute heftige Emotionen weckt.

Wyleżyńska pflegt Kontakte zum literarischen Milieu, das sich am Sitz des aufgelösten polnischen Schriftstellerverbandes und des PEN-Clubs versammelt. Dort befindet sich während des Kriegs die »Literarische Küche«, der einzige Ort, an dem sich Kulturschaffende legal treffen können. Sie bietet ein günstiges Mittagessen, für viele die einzige warme Mahlzeit des Tages. Aurelia Wyleżyńska fühlt sich jedoch auch intellektuell unterfordert und beklagt, dass die Themen, die in der Literaturküche diskutiert werden, selten über Fragen der Nahrungsmittelbeschaffung hinausgehen. Die ihrer Beschäftigung und ihrer Verdienstmöglichkeiten beraubten Kulturschaffenden müssen sich mit Gelegenheitsjobs durchschlagen, um zu überleben. Die Schriftstellerin beklagt die Verarmung der Intelligenz und ihr Schweigen zu wichtigen Themen, doch sie räumt objektiv ein, dass sie selbst es leichter habe, weil sie »vom Kapital« lebe. Sie muss nicht als Garderobiere oder Putzfrau arbeiten, sondern erhält Geld und Lebensmittel aus Wielgolas, dem Landgut ihres Bruders. Diese Finanzspritzen sowie regelmäßige Aufenthalte in Wielgolas ermöglichen es ihr, sowohl Aufzeichnungen zu führen als auch anderen beizustehen. Von Kriegsbeginn an hilft sie nicht nur jüdischen und nichtjüdischen Freunden, sondern besucht auch kranke und sterbende Soldaten im Krankenhaus, schreibt in deren Namen Briefe, liest ihnen vor und hält sie bei Laune. Es gibt Zeiten, in denen sie sich weigert zu helfen, entweder weil sie aufgrund von Depressionen keine Kraft mehr hat oder weil sie um ihr eigenes Leben fürchtet. Dabei scheut sie nicht die Wahrheit über sich selbst: »In den Warschauer Straßen bietet sich häufig ein Anblick, den man unter dem Titel ›Hunger in Indien‹ aus Zeitschriften kennt. [...] Nackte, abgemagerte Körper. Und ich und alle gehen an ihnen vorüber ... Nachdem das für den Tag vorgesehene Quantum an Barmherzigkeit und Geld aufgebraucht ist.« Sie ertappt sich auch bei einer in der Besatzungsrealität unerwarteten Emotion – Mitgefühl für den Feind. Beim Anblick von verwundeten deutschen Soldaten in einer Straßenbahn stellt sie fest: »Zum ersten Mal flüsterte etwas in der Tiefe des Herzens: ›Arme Menschen!‹«

Wyleżyńska beobachtet die polnische Gesellschaft und die individuellen Überlebensstrategien unter dem Besatzungsregime, die zwischen Heldentum und Niedertracht schwanken. Sie macht keinen Hehl aus ihrer Bewunderung für diejenigen, die jeden Tag ihr Leben riskieren: »So viel Material für einen Dokumentarfilm zum Thema: ›Wettbewerb der Mutigen‹. Zum Beispiel eine Reihe von Menschen, die ohne Armbinden in der Stadt unterwegs sind. Andere wieder, mit neuen Namen ausgestattet, tragen illegale Drucke, Taten, Pläne mit sich herum.« Sie verzeichnet auch Ausdrücke von Bigotterie und Feigheit und schreibt von Damen der guten Gesellschaft, die sich nicht scheuen, ihre Dienstmädchen nach draußen zu schicken, um ihre Hunde auszuführen, obwohl Luftangriffe drohen. Die

Tragödie des Krieges sieht sie darin, dass alle Seiten Schuld auf sich laden, sowohl die Täter als auch die Opfer: »Wir haben in unserer Geschichte die Parole ›Für unsre und eure Freiheit‹, eine andere wird hinzukommen: ›Für unsre und eure Schuld‹.« Wenn man diese Worte liest, denkt man unweigerlich an die berühmten Worte des seiner Zeit vorausgehenden Briefs der polnischen Bischöfe an die deutschen Bischöfe aus dem Jahr 1965, der in Polen von der kommunistischen Partei heftig kritisiert wurde und in Deutschland weitgehend unbemerkt blieb: »Wir vergeben und bitten um Vergebung.«

Wyleżyńska stellt hohe moralische Ansprüche an sich und die polnische Gesellschaft, obwohl sie nicht glaubt, dass der Mensch unter allen Umständen moralisch handeln kann: »Sind wir nicht wie Treibhauspflanzen, die nur unter bestimmten, entsprechend geschaffenen Bedingungen gedeihen?« Sie denkt über die Zukunft nach, fragt, was aus den Polen wird, denen der Krieg das Rückgrat brach und die er Trickserei, Betrug, Profitgier, Arbeitsverweigerung, Denunziantentum und Korruption lehrte. Wie kann der Wiederaufbau gelingen, wenn sich derartige Verhaltensweisen verfestigen und zum Modus Vivendi der neuen Gesellschaft werden?

Im gequälten und verwundeten Warschau saugt Wyleżyńska begierig jedes Zeichen von Schönheit auf, selbst wenn es die Schönheit der Ruinen, eine Schönheit im Zeichen der Vanitas ist. Eine zerbombte evangelische Kirche vergleicht sie mit dem Kolosseum. Im Herbst 1939 notiert sie: »Zinnen an unpassenden Orten. Für unsere Breiten unübliche Attiken und Ajours«, »Ein offenes Zimmer mit Rückwand gibt durch den Farbkontrast ein futuristisches Bild ab.« In diesen Notizen wird die Kunstkennerin, Weltbürgerin und Sinnsucherin erkennbar. Wyleżyńska erfreut sich am Wechsel der Jahreszeiten, an den bunten Farben des Himmels, am ersten Frühlingssturm (»Wie angenehm, natürlichen Donner zu hören«), an auf wundersame Weise erworbenen Kosmetika oder an blühenden Akazien, deren Gelb sie an die Farbe der Handschuhe eines Dandys aus dem 19. Jahrhundert erinnert. Die Sehnsucht nach der alten Welt, nach Freiheit und Reisen, führt sie ins Fotoplastikon: »[Ich war] für einen Zloty in Griechenland.« In ihren Aufzeichnungen finden wir den Nachhall von Debatten über Kunst, Literatur oder die künftige Gestalt Polens, die im Untergrund weitergeführt werden, aber nie ganz verstummen, auch nicht während des Krieges.

»Von Horaz bis Puschkin wollte jeder Schriftsteller sich selbst ein Denkmal setzen. [...] Mein Wunsch ist, dass dieses Tagebuch veröffentlicht wird«, schreibt Wyleżyńska am 7. April 1943. »Zu Lebzeiten oder posthum.« Sie ist sich des Wertes ihrer Aufzeichnungen für künftige Generationen bewusst. Ihre Anfertigung war aus drei Gründen keine leichte Aufgabe. Erstens verboten die Deutschen gleich zu Beginn der Besatzung den Besitz nicht registrierter Schreibmaschinen. Wyleżyńska musste ihre Schreibmaschine verstecken, auch aus Angst vor Denunziation durch die Nachbarn. Zweitens musste sie die Regeln der Konspiration einhalten. Wären die Notizen in falsche Hände gelangt, hätten sie vielen Freunden und Bekannten, Untergrundaktivisten und untergetauchten Juden Unglück gebracht. Aus diesem Grund war sie insbesondere in den ersten beiden Kriegsjahren sehr zurückhaltend mit Informationen, die es ermöglicht hätten, für den Widerstand wichtige Personen zu identifizieren. Das stellte Forscher bei der späteren Exegese des Textes vor erhebliche Schwierigkeiten. Drittens war Aurelia Wyleżyńska immer wieder krank, sie litt unter wiederholten Anfällen von halbseitiger Lähmung sowie unter Augenproblemen, weshalb sie die mühsame Schreibarbeit ihrer kaum leserlichen Aufzeichnungen ihrer Schwester Felicja anvertraute.

Die polnische Erinnerungsliteratur über den Zweiten Weltkrieg ist umfangreich. Auch Maria Dąbrowska, Zofia Nałkowska oder Jarosław Iwaszkiewicz, kanonische Autoren der polnischen Literatur, beobachten aufmerksam Krieg und Besatzung, die Unruhen im Ghetto und den Warschauer Aufstand. Nałkowskas 1970 erschienene Kriegstagebücher gelten wegen ihrer durchdachten Komposition als die ›literarischsten‹, Dąbrowskas und Iwaszkiewiczs Aufzeichnungen sind in lakonischerem Ton gehalten. In den 1960er Jahren entstanden Miron Białoszewskis *Erinnerungen aus dem Warschauer Aufstand,* die frei von Pathos und Opferkult in knappen, der Umgangssprache angenäherten Sätzen den Besatzungsalltag aus Sicht eines Durchschnittsmenschen schildern. Der in Grodzisk Mazowiecki lebende Stanisław Rembek beschrieb den Alltag von Bahnarbeitern, Bauern und Magistratsangestellten in der masowischen Provinz. Der schon erwähnte Arzt und Historiker Zygmunt Klukowski verzeichnete in seinem Tagebuch ausführlich das Geschehen in Szczebrzeszyn und der Region um Zamość, die im Rahmen des sogenannten Generalplans Ost zuerst von Deutschen besiedelt wurde. Der Maler Józef Czapski lieferte mit *Unmenschliche Erde* ein erschütterndes Dokument der Wirklichkeit in den Kriegsgefangenenlagern des sowjetischen NKWD.

Alle genannten Autorinnen und Autoren hatten die Möglichkeit, nach dem Krieg ihre Aufzeichnungen mit zeitlichem Abstand zu betrachten und zu bearbeiten. Wyleżyńska hatte diese Möglichkeit nicht. Am zweiten Tag des Warschauer Aufstands wurde sie auf dem Heimweg vom Dienst im Krankenhaus wenige Meter vor ihrem Haus von einer Kugel getroffen. Sie starb am Morgen des 3. August 1944.

Das Manuskript, das von Wyleżyńskas Schwester Felicja aus einem Versteck in der Wohnung geborgen wurde und sich heute im Zentralarchiv für Moderne Akten und in der polnischen Nationalbibliothek befindet, wurde 1957 von Lucjan Dobroszycki vom Institut für Geschichte der Polnischen Akademie der Wissenschaften entdeckt. In den 1960er Jahren verwendeten Mitarbeiter des Jüdischen Historischen Instituts in Warschau die Aufzeichnungen für ihre Forschung. Der breiten Öffentlichkeit blieben sie jedoch unbekannt; Auszüge erschienen nur in wissenschaftlichen Zeitschriften. Die Kulturpolitik der Volksrepublik Polen betrachtete Aurelia Wyleżyńska als bürgerliche Autorin. Es ist anzunehmen, dass ihre Ansichten als zu liberal galten, zu wenig Hurrapatriotismus und zu viel Kritik an der polnischen Gesellschaft enthielten und dass man deshalb beschloss, sie zu vergessen. Das ging so weit, dass selbst diejenigen, denen der Name Wyleżyńska etwas sagte, davon überzeugt waren, sie lebe noch im Pariser Exil.

In den letzten Jahren haben immer mehr Forscher den Text für ihre Arbeit genutzt, was nicht zuletzt mit einer Wende in der Forschung zum Zweiten Weltkrieg zusammenhängt: der Abkehr von der rein politisch verstandenen ›großen‹ Geschichte hin zum Besatzungsalltag, zu den konkreten Lebensbedingungen und zum Geistes- und Kulturleben der Zivilbevölkerung. Zudem wandte sich die Forschung verstärkt den polnisch-jüdischen Beziehungen zu und verlor die Scheu vor unbequemen Themen wie dem polnischen Antisemitismus (ein Vorläufer dieser Wende war Tomasz Gross' Buch *Nachbarn* über das von Polen verübte Massaker an Juden in Jedwabne). Gleichwohl blieben die Versuche von Dr. Marcin Urynowicz vom Institut für Nationales Gedenken und Dr. Grażyna Pawlak vom Institut für Literaturforschung der Polnischen Akademie der Wissenschaften, eine Gesamtausgabe von Aurelia Wyleżyńskas Aufzeichnungen herauszugeben, lange erfolglos. Anfang 2011 stellte das Institut für Nationales Gedenken ein bereits angestoßenes Publikationsprojekt ein, später lehnten mehrere Institutionen und Verlage das Projekt aus Angst vor dem unbekannten und schwer zu bearbeitenden Text ab. Erst 2022 erschienen als Resultat der großartigen editorischen Arbeit von Urynowicz und Pawlak im staatlichen Verlag PIW in Warschau Aurelia Wyleżyńskas *Kroniki wojenne* in einer ausführlich kommentierten, zweibändigen Ausgabe.

In Deutschland bemühten sich der Journalist Martin Sander, Professor Stephan Lehnstaedt vom Touro College Berlin, Professor Igor Kąkolewski vom Zentrum für Historische Forschung der Polnischen Akademie der Wissenschaften in Berlin und nicht zuletzt der Übersetzer Bernhard Hartmann um eine Veröffentlichung von Wyleżyńskas Tagebuch.

Gerade in der heutigen Zeit, in der die russische Aggression in der Ukraine anhält, die Gewalt zwischen Israel und Palästina eskaliert und rechtsextreme Parteien auf dem Vormarsch sind, kann Aurelia Wyleżyńskas Tagebuch als Zeugnis der Menschlichkeit gelesen werden, das mit bewundernswerter Konsequenz im Epizentrum des Völkermords geschaffen wurde. Im Warschauer Aufstand – der letzten, tödlichen Erhebung Warschaus gegen die deutschen Besatzer – starb mit Krzysztof Kamil Baczyński auch ein hochbegabter Dichter der jungen Generation. Der etwas ältere Schriftsteller und Literaturhistoriker Stanisław Pigoń soll auf die Nachricht von diesem Verlust gesagt haben: »Wir haben das Pech, einer Nation anzugehören, die mit Juwelen auf den Feind schießt.« Ich freue mich, dass die deutschen Leser mit Aurelia Wyleżyńskas Kriegsaufzeichnungen ein Juwel in die Hand bekommen. Allen, die geholfen haben, es zu schleifen, gebührt höchste Anerkennung.

Karolina Kuszyk, Brandenburg an der Havel, Juni 2024

Den Zeiten abgerungen

Einleitung

Als Aurelia Wyleżyńska im August 1939 ihre Aufzeichnungen begann, konnte sie bereits auf ein bewegtes, wenngleich jenseits ihres Tagebuchs spärlich dokumentiertes Leben zurückblicken. 1881 in Oknica (heute Ocnița in der Republik Moldau) geboren, wuchs sie in Podolien und später auf dem rund 70 Kilometer südöstlich von Warschau gelegenen Landsitz der Familie in Wielgolas auf. Sie besuchte Schulen in Warschau und Krakau (in dieser Zeit erkrankte sie an den Masern, von denen ihr eine lebenslange Sehschwäche zurückblieb) und studierte von 1907 bis 1911 – als eine der ersten Frauen überhaupt – an der Krakauer Jagiellonen-Universität, wo sie Vorlesungen zu Literatur und Philosophie besuchte. Im Herbst 1913 folgte ein einjähriger Studienaufenthalt in Paris, gemeinsam mit ihrer Schwester Felicja, die im Tagebuch »Fela« genannt wird. Zu diesem Zeitpunkt war Aurelia Wyleżyńska in zweiter Ehe mit dem Krakauer Gymnasiallehrer Adam Kropatsch verheiratet (ihr erster Ehemann war 1910 gestorben). Den Beginn des Ersten Weltkriegs erlebte Wyleżyńska in Polen. Als Ehefrau eines österreich-ungarischen Staatsbürgers wurde sie im Sommer 1915 auf Anordnung der zaristischen Armeeführung interniert und nach Saratow zwangsumgesiedelt. Dort begegnete sie dem ebenfalls von der Deportation betroffenen Lemberger Studenten Jan Parandowski (1895–1978), der später als Schriftsteller und langjähriger Vorsitzender des polnischen PEN-Clubs zu einer wichtigen Figur der polnischen Literatur werden sollte. Die beiden heirateten 1918 nach sowjetischem Recht, ohne dass Wyleżyńskas zweite Ehe geschieden werden musste. Nach Kriegsende übersiedelte das Paar in Parandowskis Heimatstadt Lemberg, wo Wyleżyńska neben ihrer schriftstellerischen und publizistischen Tätigkeit (unter anderem erschien dort ihr erster Roman *U złotych wrót* [Am goldenen Tor, 1922]) aktiv am literarischen Leben teilnahm und die örtliche Sektion des polnischen Schriftstellerverbands mitbegründete, der nach der wiedererlangten Eigenstaatlichkeit neu entstanden war.

Nach dem Scheitern der Ehe mit Jan Parandowski zog Aurelia Wyleżyńska 1924 nach Paris, ein emanzipatorischer Schritt, den sie in ihrem Roman *Czarodziejskie miasto* (Die Zauberstadt, 1928) verarbeitete. Dort engagierte sie sich wie schon in der Saratower Zeit in exilpolnischen Organisationen und führte einen literarischen Salon. In polnischen Kulturzeitschriften und Illustrierten berichtete sie regelmäßig über ihre Reisen nach Italien, Spanien, Österreich und Deutschland. Außerdem entstanden weitere Romane und ein Band mit Texten zu polnischen Spuren in Paris sowie die an ein französisches Publikum adressierten Bände *Jeunes poètes polonais* (1926) und *L'émigration polonaise en France* (1931). 1937 kehrte sie nach Polen zurück und ließ sich in Warschau nieder.

Während in Wyleżyńskas Romanen meist individuelle Frauenfiguren im Mittelpunkt stehen, die versuchen, sich aus überkommenen Rollenmustern zu lösen und eigene Wege zu gehen, zeugen ihre publizistischen Texte von einem Interesse nicht nur an Literatur, Kunst und Geschichte, sondern auch an gesellschaftlichen Fragen. In Warschau sammelte sie nach ihrer Rückkehr aus Paris zusammen mit dem Lemberger Dichter, Literaturwissenschaftler und Übersetzer Karol Dresdner (1908–1943) Material für einen Dokumentarfilm, der unbekannte Aspekte der Geschichte und Kunst sowie des Sittenlebens der polnischen Hauptstadt beleuchten sollte. Den Sommerurlaub 1939 verbrachte sie mit zwei Freundinnen in einem Zeltlager des syndikalistischen Stefan-Żeromski-Arbeiterinstituts für Bildung und Kultur in Horodnica am Dnister, weil sie diese »noch recht unbekannte Form des Nachkriegszusammenlebens« (Eintrag vom 15. August 1939) kennenlernen wollte. Die Schilderung dieses Aufenthalts stellt sie im Tagebuch unter den Titel »Sonniger Auftakt«.

Vom deutschen Einmarsch erfuhr Aurelia Wyleżyńska am 1. September 1939 bei einem Ausflug ins damals an der polnisch-rumänischen Grenze gelegene Zaleszczyki (heute Salischtschyky in der Ukraine). Wenig später kehrte sie unter dramatischen Umständen in das von deutschen Truppen bombardierte und belagerte Warschau zurück. Getrieben von der »Gier nach Eindrücken« (15. August 1939) durchstreifte sie die Stadt auf der Suche nach Informationen. Dabei interessierten sie die Veränderungen im äußeren Stadtbild ebenso wie die mentalen Auswirkungen der Besatzung auf die polnische Gesellschaft und das Auftreten der deutschen Besatzer. Ihre Neugier brachte die Autorin mitunter in Gefahr: In einem Tagebucheintrag vom 27. September 1939 schildert sie, wie sie um ein Haar von Soldaten der polnischen Armee als vermeintliche Spionin standrechtlich erschossen worden wäre – Rettung brachte in letzter Sekunde ein Offizier, der die Schriftstellerin und Journalistin wiedererkannte. Doch auch solche Erlebnisse hielten Wyleżyńska nicht von ihrer Mission ab: »Ich habe beschlossen, die Chronistin dieser von barbarischen Horden zerstörten Stadt zu sein, und muss Dokumente sammeln, wo ich nur kann.«[1]

Ihre Vorkriegswohnung in der ul. Karowa 5 gab sie noch im September 1939 wegen Konflikten mit den überwiegend nationalistisch-frömmlerischen und antisemitisch gesinnten Hausbewohnerinnen auf. Zusammen mit ihrer Schwester Felicja bezog sie ein Zimmer in der Wohnung ihrer Nichte Halina in der ul. 6 Sierpnia 8 (heute Nowowiejska). Es folgten mindestens zwei weitere Umzüge: Ab spätestens Februar 1941 wohnten die Schwestern in der ul. Grójecka 40a, bevor sie Anfang April 1942 in die ul. Lipowa 7 umzogen. In allen Wohnungen lebten neben den Inhaberinnen weitere Parteien. Wyleżyńska kommentiert das am 22. März 1940 mit den Worten: »Etwas, wofür ich kämpfte, als Teil des Daseins für mich und andere, die eigenen vier Wände hier auf Erden, wichtiger als ein Grab nach dem Tod – es ging verloren wie vieles andere.« Der weitgehende Verlust der Privatsphäre bedeutete nicht nur eine schmerzliche persönliche Einschränkung, sondern auch ein deutlich höheres Risiko bei allen Aktivitäten, die gemäß den Verboten und Anordnungen der deutschen Besatzer als illegal galten. Dazu gehörten unter anderem der Besitz einer nicht registrierten Schreibmaschine und das Anfertigen von Aufzeichnungen. Trotzdem schrieb Aurelia Wyleżyńska nicht nur Tagebuch, sondern verfasste zeitweilig auch Beiträge für die Untergrundpresse, vor allem für »Nowy Dzień« (Der neue Tag), eine von der Demokratischen Partei herausgegebene Tageszeitung, die in den Jahren 1941 bis 1944 in Warschau erschien.

Eine wichtige Anlaufstelle für Aurelia Wyleżyńska war der Sitz des Polnischen Schriftstellerverbandes und des polnischen PEN-Clubs in der ul. Pierackiego (heute Foksal). In den Tagen der Belagerung fungierte der Verband als »Literarische Bereitschaft«, die Propagandatexte für das Radio lieferte, Vermisstenmeldungen sammelte und sich sozial engagierte. Nach der Einnahme Warschaus und der Auflösung des Verbands durch die Besatzungsbehörden entstand dort unter dem Namen »Literarische Küche« eine Suppenküche für die Mitglieder; im engeren Sinne literarische Zusammenkünfte mit Vorträgen und Lesungen fanden ab 1941 illegal als »Bridgerunden« getarnt in Privatwohnungen statt. Informationen über das Kriegsgeschehen außerhalb Polens suchte Wyleżyńska in den ersten Kriegsjahren im Zeitschriftenlesesaal der von den deutschen Besatzungsbehörden konzessionierten Schriftstellergenossenschaft in der ul. Mazowiecka, wo gegen eine geringe Gebühr ausgewählte fremdsprachige Zeitungen und Magazine zugänglich waren.

Einen wesentlichen Bestandteil von Wyleżyńskas Alltag bildete die Unterstützung für Freunde und Bekannte, die wegen ihrer jüdischen Herkunft oder aus politischen Gründen von Verfolgung und Tod bedroht waren. Trotz der schwierigen Wohnsituation und wiederkehrender gesundheitlicher Probleme gewährte sie Verfolgten Unterschlupf oder verwahrte ihre persönliche Habe. In einigen Fällen agierte sie als Bevollmächtigte, etwa für den Verkauf von Gegenständen, mit denen die Untergetauchten ihr Leben im Untergrund finanzierten. Sie besuchte Freunde und Bekannte in Verstecken oder Behelfsunterkünften und traf sich, solange es ging, mit ihren jüdischen Bekannten. Außerdem versorgte sie ihre »Schützlinge« mit Lebensmittelpaketen, die sie in Gefängnisse brachte, ins Warschauer Ghetto oder nach Lemberg schickte. Auf Anregung der Dichterin Anna Świrszczyńska (1909–1984) schloss Wyleżyńska sich gleich zu Beginn des Kriegs einer Gruppe von Frauen aus dem Umkreis der »Literarischen Bereitschaft« an, die Besuchsdienste bei verwundeten Soldaten im Krankenhaus leisteten.

Abwechslung und Erholung vom entbehrungsreichen und gefährlichen Alltag in Warschau fand Wyleżyńska auf dem 1905 von ihrem Bruder Bohdan erworbenen Landgut in Wielgolas, das sie mehrmals im Jahr für einige Wochen besuchte.

Von dort erhielt sie auch regelmäßig Geld und Lebensmittel, weshalb sie selbst ihre Lebensumstände wiederholt als privilegiert bezeichnet. Gleichwohl war das Verhältnis zu ihrer Familie keineswegs frei von Spannungen, die vor allem aus unterschiedlichen politischen Präferenzen herrührten. Als in Europa herumgekommene, liberal gesinnte und fortschrittlich denkende Intellektuelle konnte Wyleżyńska mit dem traditionellen, von katholischer Volksfrömmigkeit geprägten Patriotismus der Familie ihres Bruders wenig anfangen, und der blanke Nationalismus und Antisemitismus ihrer Nichten und Neffen war ihr vollends fremd. Trotz dieser und anderer Differenzen wurden mit zunehmender Kriegsdauer die Aufenthalte in Wielgolas, ebenso wie kürzere Ausflüge in die nähere Umgebung von Warschau (Konstancin, Placówka), für Wyleżyńska immer wichtiger, um bei gutem Essen, Spaziergängen und Lektüren körperlich und geistig neue Kraft zu schöpfen.

In Warschau selbst suchte sie vor allem in der Literatur Abstand von der zunehmend bedrückenden Lebenswirklichkeit. Sie las hauptsächlich französische und polnische Literatur, aber auch Feuchtwanger und Remarque oder Katherine Mansfield. Weitere Abwechslung boten das Kaiserpanorama (»Fotoplastikon«) des staatlichen Reisebüros Orbis, regelmäßige Zusammenkünfte mit Freundinnen und Bekannten oder das erwähnte literarische »Bridge«, in dessen Rahmen sie am 15. Juni 1944 zwei Abschnitte aus ihrem Tagebuch präsentierte. Der genaue Verlauf dieses Treffens ist nicht dokumentiert, und weder ihre Aufzeichnungen noch ein im Anschluss verfasster offener Brief an einen der Teilnehmer[2] lassen erkennen, dass die Einwände der Zuhörer inhaltlich über die Vorbehalte hinausgingen, die Wyleżyńska im Tagebuch mehrfach selbst formuliert. Womöglich war sie von der Heftigkeit der Kritik überrascht – in besagtem offenen Brief schreibt sie: »Ich hatte nicht bedacht, dass ich es mit Zuhörern zu tun habe. Die sind gefährlicher als die sanften Leser. Denn sie haben die Möglichkeit zu unmittelbarem Protest.« In jedem Fall empfand sie die Lesung als Fiasko, das sie den Wert und die Sinnhaftigkeit ihrer Arbeit grundsätzlich in Frage stellen ließ. Wenige Wochen später, am 3. August 1944, starb Aurelia Wyleżyńska in ihrer Wohnung an den Folgen einer tags zuvor erlittenen Schussverletzung. Sie wurde zunächst auf einem provisorischen Friedhof in der ul. Lipowa bestattet, nach Kriegsende wurden die sterblichen Überreste auf den Powązki-Friedhof überführt. Das Grab blieb nicht erhalten.

Dass Aurelia Wyleżyńskas Tagebuchnotizen den Krieg und die nachfolgenden Jahrzehnte überdauerten, ist vor allem ihrer Schwester Felicja zu verdanken. Sie rettete die versteckten Typoskripte aus dem Haus in der ul. Lipowa 7, das im Krieg zerstört wurde. Weil sie nach dem Krieg zunächst unsicher war, was sie mit dem Nachlass anfangen sollte, vertraute sie ihn Stanisław Piotr Koczorowski an, einem Freund der Wyleżyńska-Schwestern und Mitarbeiter der polnischen Nationalbibliothek. Auf Umwegen gelangte das Material in die Handschriftenabteilung der Nationalbibliothek und ins Zentralarchiv für Moderne Akten, wo es bis heute aufbewahrt wird.[3] Insgesamt handelt es sich um rund 1500 Blätter (darunter ca. 450 Zweitschriften und ca. 160 Blätter mit Notizen und fragmentarischen Einträgen). Die in unterschiedlichem Zustand erhaltenen Konvolute weisen einige offensichtliche Lücken auf: Für das Jahr 1939, das Einträge von August bis Dezember umfasst, fehlen an mehreren Stellen einige Tage, für das Jahr 1940 liegen nur Einträge von Mitte Februar bis Mitte April vor. Auch ist die zeitliche Einordnung der Einträge oft nur über den Kontext möglich, weil die Blätter selten mit einem exakten Datum versehen sind oder weil einzelne Blätter Einträge aus eindeutig unterschiedlichen Zeiträumen enthalten.

Den polnischen Herausgebern der *Kroniki wojenne,* Grażyna Pawlak und Marcin Urynowicz, gebührt das große Verdienst, in jahrelanger, mitunter detektivischer Kleinarbeit das umfangreiche Material gesichtet, transkribiert und in eine chronologische Ordnung gebracht zu haben. Aurelia Wyleżyńskas beeindruckendes Werk wurde erst durch sie einem breiteren Publikum zugänglich gemacht. Dass es lange weitgehend unbeachtet blieb, lag zu einem nicht unwesentlichen Teil wohl an der rein dinglichen Sperrigkeit des Materials. Ein anderer Grund ist sicher in der Person und Haltung der Autorin selbst zu suchen, die sich jeder ideologischen und geschichtspolitischen Vereinnahmung entzieht.

Nicht nur dem materiellen Träger, auch dem Text von Aurelia Wyleżyńskas *Kroniki wojenne* merkt man an, unter welch schwierigen Umständen er entstanden ist. Die polnische Ausgabe dokumentiert zahlreiche Stellen, an denen der Text bis zur Unleserlichkeit bruchstückhaft ist. Immer wieder kennzeichnen die Herausgeber Stellen, an denen sie unvollständige Sätze oder Wörter ergänzen mussten. Manchmal haben die Einträge den Charakter flüchtiger Notizen, dann wieder finden sich Passagen, denen man die bewusste literarische Überarbeitung durch die Autorin anmerkt. Diese unterschiedlichen Bearbeitungszustände spiegeln den Entstehungsprozess des Tagebuchs wider.

Aurelia Wyleżyńska machte sich ständig Notizen, weil sie so viele Eindrücke wie möglich bewahren wollte. Dazu nutzte sie eine eigene, für andere unleserliche Kurzschrift. Zu Hause tippte sie das Notierte ab und schrieb es ins Reine, wobei ihr später ihre Schwester Felicja half. Das alles musste heimlich geschehen, weil unzensiertes Schreiben unter der deutschen Besatzung verboten war. Am 28. August 1939 notiert Wyleżyńska mit Blick auf das Zeltlager in Horodnica zwei Sätze, die als Beschreibung ihrer Methode für das gesamte Tagebuch verstanden werden können: »Wenn ich auch über nichts schreiben möchte, als was meine Augen sehen, so muss ich doch, als Material für spätere Artikel, meine Eindrücke von der mir zuvor unbekannten Institution festhalten. Obwohl chaotisch, kann ich die Notizen später für einen Artikel nutzen, in dem dieser oder jener Aspekt erhellt werden muss.« Durch Krieg und Besatzung wurden auch vertraute Orte wie Warschau oder Wielgolas plötzlich zu »unbekannten Institutionen«, die Wyleżyńska gleichsam als teilnehmende Beobachterin erkundete. Dabei war sie sich sehr wohl ihrer begrenzten Möglichkeiten bewusst, wie ein Eintrag vom 3. Dezember 1943 zeigt: »Ich bin sowohl Chronist als auch Historiker der Gegenwart, für meine Arbeit sammle ich Material aus widersprüchlichen Quellen, und weil die Informationen oft unsicher sind, befrage ich zur Kontrolle verschiedene Personen, bevor ich auswähle, was mir, ganz subjektiv gesehen, der Wahrheit zu entsprechen scheint. Deshalb gibt es bestimmt große Fehler, ganz zu schweigen von großen Lücken. Die Synthese wird ein anderer Autor leisten, er wird meine Erkundungen und Geschichtssplitter nutzen, um aus ihnen ein blutiges Panorama des Ganzen zu schaffen.«

In weiten Teilen sind die *Kroniki wojenne* ein historisches Dokument der deutschen Besatzung und ihrer lebenspraktischen Auswirkungen an den Orten, an denen Wyleżyńska lebte, das heißt vor allem in Warschau und in Wielgolas, wo Besetzte und Besatzer zeitweise unter einem Dach zusammenlebten. Die deutschen Verbrechen an der Zivilbevölkerung und die Verfolgung und Vernichtung der Juden nehmen in diesem Zusammenhang großen Raum ein. Nicht weniger als die konkrete Lebenswirklichkeit interessieren Wyleżyńska die psychologischen Auswirkungen der Besatzung auf den Einzelnen und die Gesellschaft. Ausführlich beschreibt sie das Aufweichen moralischer Normen des Zusammenlebens, schildert Fälle von niederträchtigem oder kleinmütigem Verhalten ihrer Landsleute, die wachsenden Konflikte der politischen Parteien im Untergrund. Immer wieder nennt sie aber auch positive Beispiele von Menschen, die im Untergrund oder bei der Hilfe für verfolgte Juden ihr Leben riskieren, und verweist auf »die gewiss große Zahl unbekannter großer Taten [...]. Beim Verhör, im Gefängnis« (17. November 1943). Und sie lässt keinen Zweifel daran, wer nicht nur für die Kriegsgräuel und das Leid der Polen, sondern auch für den – langfristigen – moralischen Verfall der Gesellschaft verantwortlich ist. Am 5. Mai 1944 notiert sie nach einem Gespräch mit Stanisław Koczorowski: »Koczorowski sagt, er hasse die Deutschen am meisten dafür, dass sie derartigen Hass gegen sich in ihm erzeugten. Ich hasse sie am meisten dafür, dass sie nicht nur in Bezug auf sich, sondern insgesamt so viele niedere Gefühle in den Menschenseelen weckten. Diese Saat wird bleiben [...].«

Je länger der Krieg dauert und je weiter sein erhofftes Ende in die Ferne rückt, desto mehr konzentrieren sich Wyleżyńskas Aufzeichnungen auf das »Privatleben [...]. Meines und das von anderen Leuten.« (23. August 1943). Wyleżyńska schreibt ausführlich über sich und ihre Befindlichkeiten, über aktuelle und frühere Lektüren, über ihre Jahre in Lemberg und Paris oder über frühere Beziehungen. Das macht ihr Tagebuch zu einer wichtigen biographischen Quelle. Darüber hinaus zeichnet sie in ihren Schilderungen von Begegnungen und Gesprächen mit Verwandten, Kollegen, Freunden, Bekannten und nicht zuletzt mit ihren »Schützlingen« individuelle Porträts und Psychogramme, in denen eine Schicht der polnischen Gesellschaft lebendig wird, die durch den Krieg weitgehend zerstört wurde, weil ihre Angehörigen entweder den Krieg nicht überlebten oder emigrierten: die Schicht der europäisch gesinnten Intellektuellen, darunter viele Menschen jüdischer Abstammung. Auch Aurelia Wyleżyńska hat den Verlust vieler Freunde und Weggefährten zu beklagen. Vor diesem Hintergrund ist es nicht verwunderlich, dass der Ton ihrer Aufzeichnungen in den letzten Monaten ihres Lebens immer niedergeschlagener klingt. Im vorletzten Absatz ihres letzten erhaltenen Tagebucheintrags vom 29. Juni 1944 schreibt sie, noch unter dem Eindruck der Präsentation von Auszügen des Tagebuchs und der von ihr als vernichtend empfundenen Reaktionen aus dem Kreis der Kollegen: »Es fügt sich günstigerweise so, dass ich nichts habe, um darüber zu schreiben. *À qui la faute?* Vielleicht gibt es einen Schuldigen, den ich segne. Er hat die Fehler des Tagebuchs aufgezeigt, aber immerhin im richtigen Moment, was für mich als Optimistin das Wichtigste ist. Ich gehe nämlich ernsthaft daran, über meine Toten zu schreiben. Jedenfalls richtet sich meine ganze Konzentration darauf, sie zerstreut sich nicht auf die Ereignisse des Tages [...].« Kurz darauf wendet sie sich freilich wieder innenpolitischen Konflikten und in der Stadt kursierenden »Dummheiten« zu. Es bleibt offen, ob sie ihrem Vorsatz treu geblieben wäre oder ob letztlich nicht doch ihr Reporterinstinkt die Oberhand behalten hätte. Ungeachtet dessen hat sie schon mit ihren Aufzeichnungen nicht nur sich, wie sie es wollte, sondern auch vielen ihrer ums Leben gekommenen Weggefährten ein literarisches Denkmal gesetzt.

In der polnischen Gesamtausgabe haben die Aufzeichnungen von Aurelia Wyleżyńska einen Umfang von 1860 Normseiten, der Text der vorliegenden deutschen Leseausgabe umfasst etwa 320 Normseiten, also ein gutes Sechstel des Originals.

Angesichts dieser Proportionen ist evident, dass nicht alle Themenstränge und Aspekte des Originaltexts in gleichem Umfang berücksichtigt werden konnten. Dennoch möchte die übersetzte Auswahl sowohl hinsichtlich der stilistischen Heterogenität als auch der behandelten Themen ein weitestgehend repräsentatives Bild von Wyleżyńskas Aufzeichnungen vermitteln – auch um den von ihr selbst geäußerten Befürchtungen einer Entstellung ihres Textes Rechnung zu tragen. Am 7. April 1943 notierte sie im Zusammenhang mit dem Wunsch, ihr Tagebuch zu veröffentlichen: »Wichtig ist mir auch der Vorbehalt, dass niemand es wagen soll, auch nur das Geringste zu verändern, zu streichen oder *ad usum* der Familie zu bearbeiten. Ich erwähne hier gelegentlich die Haltung der Verwandten zu meiner Arbeit, also muss ich befürchten, dass sie, da sie zu meinen Lebzeiten Gleichgültigkeit gezeigt haben, nach meinem Tod dieses Material nach eigenem Gutdünken nutzen werden.« Zwar galt ihre Sorge in erster Linie möglichen Eingriffen seitens der Familie, doch schon die zeitliche Distanz und die Übertragung des Textes vom polnischen in den deutschen Kontext bergen mit der unvermeidlichen Perspektivverschiebung die Gefahr von Verzerrungen und Relativierungen. So schreibt die Polin Wyleżyńska ebenso ausführlich über moralisch fragwürdige Verhaltensweisen oder den Antisemitismus ihrer Landsleute wie über das Unrecht des von Deutschland begonnenen Weltkriegs und die Verbrechen der deutschen Besatzer an der polnischen und polnisch-jüdischen Zivilbevölkerung, was aber keine moralische Gleichsetzung von Opfern und Tätern impliziert. Im zeitlichen Kontext sind auch Wyleżyńskas Überlegungen zum polnisch-jüdischen Verhältnis oder zu jüdischen Bekannten zu sehen. Sie ist nicht frei von stereotypen Denkmustern, wenn sie etwa hinter der Passivität vieler Juden angesichts der drohenden Vernichtung unter anderem den Hang zum Geld vermutet (Einträge vom 6. August 1942 und 5. Juli 1943) oder mit Blick auf einen ihrer jüdischen »Schützlinge« fragt: »Unverwüstlichkeit des Individuums oder der Rasse?« (16. August 1943). Gleichzeitig zeichnet sie ein differenziertes Bild der verschiedenen Haltungen innerhalb der polnischen Gesellschaft gegenüber den Juden und konstatiert am 15. November 1943 erleichtert: »Und die Polen sind doch solidarisch ...«, als sie von der Tätigkeit des Judenhilfsrats Żegota erfährt.

Die vorliegende Auswahl konzentriert sich auf Aurelia Wyleżyńskas Darstellung des Alltags und der Atmosphäre im besetzten Warschau und in der Provinz, ihre Schilderungen der individuellen und gesellschaftlichen Reaktionen auf den deutschen Überfall, die Belagerung und Besatzung sowie ihre Sicht auf besondere Kriegsereignisse. Dazu gehören der Einmarsch der Roten Armee in Polen, der deutsche Angriff auf die Sowjetunion, der Unfalltod des Ministerpräsidenten der Londoner Exilregierung Władysław Sikorski, die Kapitulation Italiens oder – in Warschau – die Geschehnisse im Ghetto und die sich zuspitzende Dynamik von Terror und Gegenterror in den Jahren 1943 und 1944. Zudem folgt die Auswahl dem Schicksal von Menschen, denen Wyleżyńska – nicht selten als Teil eines Netzwerks von Unterstützern – in den Kriegsjahren half, solange es möglich war. Zu diesen Menschen zählen insbesondere jüdischstämmige Freunde und Bekannte aus der Vorkriegszeit wie der Lemberger Dichter und Literaturwissenschaftler Karol Dresdner (1908–1943), mit dem Wyleżyńska nach ihrer Rückkehr aus Paris ihre neue Heimatstadt erkundet; der Schriftsteller und Pädagoge Józef Mirski (1882–1943) und dessen exaltierte Frau Maria Mirska, die Wyleżyńska als »Schützling« mit ihren Plänen und Ideen regelmäßig zur Weißglut bringt, oder die Dichterin und Übersetzerin Zuzanna

Rabska (1888–1960), deren Vater Aleksander Kraushar in der Zwischenkriegszeit ein bekannter Bildungs- und Kulturaktivist war. Eine Sonderstellung nimmt in diesem Kreis die Dichterin, Übersetzerin und Frauenrechtlerin Julia Dickstein-Wieleżyńska (1880–1943) ein; Aurelia Wyleżyńska begleitete ihre tragische Odyssee von der Verhaftung bis zum Tod im Krankenhaus. Andere Bekanntschaften entstanden erst während des Kriegs. Der Lemberger Ethnologe Bogdan Żyranik (1892–1984) wurde von Karol Dresdner an Wyleżyńska verwiesen, den Arzt und Reserveoffizier Lucjan Korczewski (1890–1963 oder später), der im Tagebuch durchgängig als »der Doktor« vorkommt und dem sie sich emotional sehr verbunden fühlt, lernt sie im Rahmen ihrer Besuchsdienste im Krankenhaus kennen. Als Korczewski untertauchen muss, verwaltet sie seine Angelegenheiten und hilft ihm mehrfach aus bedrohlichen Situationen (einen solchen Fall schildert die in die vorliegende Auswahl nicht übernommene »Geschichte mit dem Doktor«, die Wyleżyńska im Juni 1944 im Kollegenkreis vorstellte). Später kümmert sie sich auch um seinen Neffen, den circa zehnjährigen Rysio Łonżyński, der als Waise in einem Heim des Fürsorgerats untergebracht ist. Zu den Kriegsbekanntschaften und »Schützlingen« der jüngeren Generation gehören der Dichter und Übersetzer Allan Kosko (1907–1986) und die im Tagebuch nur unter ihrem Decknamen Ela Kowalska erscheinende Malerin Erna Rosenstein (1913–2004), die 1942 unter dramatischen Umständen aus dem Lemberger Ghetto flüchten konnte und sich anschließend bis 1944 in Warschau versteckte.

Nicht zuletzt soll die vorliegende Ausgabe die lange vergessene, außerhalb Polens so gut wie unbekannte Aurelia Wyleżyńska selbst ins gebührende Licht rücken – als temperamentvolle, unsentimentale Reporterin mit einem nüchternen

Blick auf die Wirklichkeit, aber auch einem Sinn für malerische und poetische Momente; ebenso als eigenständige, europäisch denkende Intellektuelle mit hohen moralischen Ansprüchen an sich und andere, die ihren Einsatz für verfolgte oder in Not geratene Mitmenschen als Dienst an einer höheren Gerechtigkeit verstand. In einem Eintrag vom 14. April 1943 notiert sie ihre Antwort auf die Frage eines ihrer »Schützlinge«, warum sie die Gefahr auf sich nehme, ihm Geld oder Vorräte in sein Versteck zu bringen: »Warum [...] ich zu Ihnen komme? Um das Gleichgewicht wiederherzustellen. Sie haben so viele Beispiele für die Verletzung der grundlegendsten moralischen Gebote genannt, dem müssen wir entgegenwirken.« Zum vollständigen Bild der Autorin gehören jedoch auch die emotionalen Schwankungen gegenüber ihrer Arbeit und gegenüber ihren »Schützlingen« sowie die geistige und körperliche Erschöpfung, die immer wieder und zum Ende hin verstärkt in ihren Einträgen spürbar wird und die erkennen lässt, mit welcher Selbstdisziplin und Energie Aurelia Wyleżyńska ihr Tagebuch den Zeiten abgerungen hat, in denen sie lebte.

Bernhard Hartmann, Duisburg, Juni 2024

1939

Warschau, 10. August Ich habe länger nichts geschrieben. Ich war zu beschäftigt. Aber Dr. Dresdner ist verreist [...] und damit sind die Ausflüge durch Warschau zu Ende. Ich habe die Stadt jetzt erst kennengelernt, unter seiner Führung. Ich habe sie besichtigt wie die fremde, Neugier weckende Stadt, in der ich vor sehr vielen Jahren das Stadtleben erlernte. Unerfahren, allein. Jetzt mit dem Ballast vieler Errungenschaften, aber immer mit Interesse und einem konkreten schöpferischen Ziel: Wir wollen Material sammeln für einen Film mit dem Titel *Die unbekannte Hauptstadt*, der kleine Geheimnisse aus ihrer Kunst und Geschichte sowie interessante Details ihrer alltäglichen Gepflogenheiten beleuchten soll. Józef Mirski hilft als Ministerialrat für Kinofragen bei der Verwirklichung der Idee. Das wird gleich nach den Ferien geschehen.

Das Erkunden Warschaus und Gespräche, dazu Eindrücke, die nur Touristen zugänglich sind. Eine Vesper in einem Café am Friedhof in Gesellschaft eines Polizisten, der am Nebentisch sitzt und sich in unsere Unterhaltung einmischt; Rührei um Mitternacht in Grochów unter Einheimischen, die fröhlich riesige Portionen verschlingen. Neben spontanen Rastpausen eine fest vereinbarte in unserem Café. Eine Atmosphäre wie in der tiefsten Provinz, man kann sicher sein, dass man keinem Bekannten begegnet.

Warschau war mir immer gleichgültig oder sogar unsympathisch, jetzt ist es mir lieb geworden.

15. August Ich fahre nach Horodnica, ins Zeltlager des Stefan-Żeromski-Arbeiterinstituts für Bildung und Kultur[1]. Mich interessiert diese noch recht unbekannte Form des Nachkriegszusammenlebens. Alle lachen mich aus, sie sagen, für so etwas müsse man 20 sein und heiteres Wetter garantiert haben. Doch die Gier nach Eindrücken kennt kein Alter. Innerlich bin ich immer heiter. Manche prophezeien einen aufziehenden Sturm. Ich glaube, dieses Mal wird er an uns vorbeiziehen. Denn ich vertraue auf die Weisheit der Menschheit. Sie wird es nicht wollen, es nicht zulassen ...

Horodnica, 20. August Wie angenehm es sein wird, frei von allen Problemen zu schreiben [...]. Schildern, was ich sehe, mich begeistern, nicht kritisieren. Feststellen, nicht suchen. Hoffnung haben, unerschütterlich glauben.
Ich stehe am Dnister. Ich kenne den Fluss von der anderen Seite. Ein arabisches Sprichwort sagt: »Niemand kühlte je seine Füße im selben Wasser.« Doch mir kommt es die ganze Zeit vor, als wäre ich genau hier über die Kiesel gewatet. Doch nein, die Steine, die damals die kleinen Füße verletzten, sind jetzt anders geschliffen, ihre Berührung wäre den heutigen Füßen fremd.
Ich preise den Dnister, er fließt wie in fernen Kindheitstagen, ruhig, sicher. Obwohl er inzwischen von österreichischem und russischem Blut getrübt wurde, auch polnischem. Er ist nicht heiter. Das Wasser ist wie der Mensch, ein Abbild seines Inneren und zugleich Spiegel seiner Umgebung. Das Ufer, könnte man sagen, austauschbar, hier rote Felsen, dort das noch sehr frische Grün der Fluren und Wälder. Und so immer abwechselnd, die Anblicke springen von einem Ufer ans andere. Das macht, dass das Flussbett ... Nicht schreiben, nicht grübeln – schauen ... Irgendwann wird es sich in eine passende Form kleiden. Nutzen, was in die Tiefen des Unterbewusstseins einsickert.

22. August Ich fasse einen Eindruck *sur la vie* ... Das warme Podolien erhellt das Geheimnis des ganzen Lebens, mir ist die Frau des Südens bewusst geworden, die ich immer schon war, weil ich hier geboren wurde. In diesem Land, das gleichsam kein Teil Polens ist, sondern ein eigenes, spüre ich mein eigentliches Vaterland. Die üppige Flora, ihre Fülle zeugt von einem anderen Breitengrad. Der Mais ist reich an Gold, sein Haar formt herrliche Federbüsche. Die Sonnenblumen, das Sinnbild des Südens, hat ein größerer Kolorist gemalt als van Gogh. Der Weißdorn wächst zu einem Baum heran, er trägt frische Blätter neben reifen Beeren. Die sehr schlanken Weiden wirken wie Zypressen [...]. Die Akazien sind wie Palmen, der Tabak verströmt schon jetzt seinen betörenden Zauber, der Duft der wie in Bormesles-les-Mimosas von der Sonne erwärmten Winde betäubt einen geradezu. Der Wermut brennt in der Luft, der aromatische Riesenhanf wächst über die Köpfe der Menschen, jetzt weniger Nutz- als Zierpflanze. Die Kürbisse: Blätter und Früchte fallen auf die Steine entlang des Uferwegs wie dekorative Einfälle der kunstvollsten Gärtner. Die einzigartige Schönheit der Landschaft ...

25. August Ich muss nicht allein sein, wenn ich nicht will. Ich kenne niemanden, niemand stellt sich hier vor, aber ich plaudere mit verschiedenen Menschen. Gestern ein Ausflug nach Zaleszczyki, die ganze Gruppe. [...] Ich habe mich abgesondert, das mache ich gern! Ich bin allein durch das wunderschöne polnische Meran gelaufen. [...] Brücken springen mit einigen weißen Sätzen von den Höhen herab und dann über den Dnister auf dem friedlichen Weg nach Rumänien. Auf dem Markt [...] Stapel von Wassermelonen. Man nimmt sie in die Hand und drückt sie, um am Klang die Qualität zu erkennen. Sie werden auch in Vierteln verkauft. Der Saft rinnt einem die

Hände und – man möchte sagen – die Schnute herunter. Ich bin plötzlich wieder klein.

28. August Wenn ich auch über nichts schreiben möchte, als was meine Augen sehen, so muss ich doch, als Material für spätere Artikel, meine Eindrücke von der mir zuvor unbekannten Institution festhalten. Obwohl chaotisch, kann ich die Notizen später für einen Artikel nutzen, in dem dieser oder jener Aspekt erhellt werden muss. [...] Einrichtungen dieser Art haben eindeutig viele Vorzüge. Sie entwickeln das Sozialverhalten schüchterner Menschen, fördern die Eigenständigkeit in einem bestimmten Milieu. [...] Früher verreiste die Familie im Tross mit Töpfen und Kasserollen und lebte auf dem Land ihr gemeinsames Stadtleben weiter, heute reißt sich der Einzelne von zu Hause los, worin sicherlich das eigentliche Erholungspotenzial liegt, allein schon durch den Abstand von den normalen Lebensumständen. Das äußere Resultat ist sichtbar, alle Fremden verhalten sich rücksichtsvoll. Niemand schubst, niemand drängt – im wörtlichen wie übertragenen Sinne. Man muss auf jeden achten, um keinem auf die Hühneraugen zu treten. An die Mitmenschen denken, um die gemeinsame Harmonie zu bewahren.

Unser Aufenthalt hier hat eine doppelte didaktische Bedeutung. Einmal, weil alle Gäste aufeinander einwirken und wir so Einfluss auf die künftige Demokratisierung der Gesellschaft haben. Das geschieht von selbst, ohne Vorgabe. Die Disziplin, die sich unter mehreren Hundert bunt zusammengewürfelten Menschen herausbilden muss, entspringt eher inneren Impulsen, als dass sie aufgezwungen würde: Alle haben die gleichen Rechte und die gleichen Pflichten. [...] Zugleich ist es unsere Aufgabe, positiv auf diejenigen einzuwirken, die auf ihrem Boden die mitunter fernen Landsleute aufnehmen. Das podolische Volk, sagt mein Führer, und die Erinnerungen aus früherer Zeit bestätigen es, ist hilfsbereit und wohlwollend. In der Entstehungszeit des Ferienlagers standen sie dem Plan ablehnend und misstrauisch gegenüber. Sie dachten, wie ein Bauer zugab, »dass ihr böse Menschen seid«. Es erwies sich anders. Deshalb öffneten sie bereitwillig nicht nur ihre Häuser – ein Zimmer kostet 15 Zloty pro Monat –, sondern auch ihre von Aprikosen überquellenden Gärten. Ob wir ihrem Vertrauen gerecht werden? Wir können uns über unsere Gastgeber beschweren, auf der Rückseite der Meldekarte ist Platz für Anmerkungen; die Bauern, wie sie nun einmal sind, drucksen im Zweifelsfall ängstlich herum, kommen vom Hölzchen aufs Stöckchen, bis dem Verwalter langweilig wird und er die Sache ohne Urteil *ad acta* legt. Die Aprikosen sind inzwischen längst auf dem Weg nach Warschau.

In der unpolitischen Atmosphäre vergisst man den Antisemitismus. Niemand denkt an einen möglichen Krieg. Das merke ich, wenn ich mir anhöre, was die Leute untereinander reden.

Ich halte mir immer zugute, dass ich mich leicht akklimatisiere. Ich sitze in der Stube, wie ich früher in Salons gesessen habe. [...] Ich unterhalte mich mit den Bauern wie mit Damen. Gerade ist ein Großväterchen hereingekommen, um zu schauen, wie die Maschine unter den Fingern Buchstaben ausspuckt. Dann stellt er undiplomatische Fragen: Wie viel Geld ich verdiene. Wie alt ich bin. Warum ich ohne Mann und Kinder gekommen bin. Vielleicht hat er recht. Mein Alleinsein schreckt die Leute ab. Sie denken, eine Frau meines Alters müsse mit einer erwachsenen Tochter hier sein. Sie wissen nicht, dass es mir so gerade recht ist. Ich bin allein, also denke ich. Wenn ich in Begleitung reisen würde, wäre ich nicht ich. Das selbstbestimmte Leben verleiht Schwung. Selbst wenn es um die äußeren Formen geht. Ich betreibe weiterhin freies Klettern; ein unabhängiger Wandersmann – ich schulde niemandem Rechenschaft, wohin ich gehe. Wie immer laufe ich voller Vertrauen in Hunde und Menschen über fremde Felder, stecke frei von jeglicher Angst in fremden Wäldern neue Wege ab. Echte, gegen die Erschöpfung der Beine gleichgültige Neugier leitet treu die unersättlichen Augen. Wie meine Seele lenke ich auch meine Schritte nicht, sondern folge ihnen.

31. August Gestern waren wir mit zwei Wagen in Czerwonogród. [...] Auf dem Rückweg hielten uns Glocken an; in einem Uferdorf wurde Alarm geschlagen. Die Gemeinde verkündete die Mobilmachung. Es wird unwiderruflich, was das Herz verdrängen wollte. Die Glocken schallten über den Dnister, begleiteten uns die ganze Zeit. Auch in Horodnica war man schon informiert.

Heute Nacht reisen die Einberufenen ab. Verängstigte Zivilisten, Frauen, Kinder. Ich habe gewartet, um die gestern noch Fremden und Gleichgültigen herzlich zu verabschieden. Der Speisesaal ist voller Menschen und Gepäck. Ein Fräulein mit kesser Locke hat Angst vor dem Krieg. Ob sie allein bleibt, ohne Männer? Ich nehme sie in den Arm. Ich suche ein bestimmtes Paar und finde es in einer Ecke des Saals, verbarrikadiert hinter eleganten Koffern. Die Dame sitzt, in Reisekleidung, gebeugt da, plötzlich gealtert, fast eine »Schmerzensmutter«. Er wirkt um Jahre jünger. Morgen soll er sich bei seinem Regiment melden. Ein herrlicher Ulan[2]! Die Frauen werden ihn mit Blumen überhäufen. Er wird siegen.

1. September Ich bin mit dem Bleistift in der Hand unterwegs. Der Morgen versammelt podolische Aromen. Es ist so hell, dass man blinzeln muss. Beim Frühstück ist nur noch ein kleines Grüppchen. Ich reise auf jeden Fall in den nächsten Tagen ab. Schließlich muss ich auf dem zugewiesenen Posten sein. Vielleicht gibt es Krieg ... Vorher für ein paar Tage nach Zaleszczyki. Ich sage das dem Kommandanten und bitte um Rückgabe der 200 Zloty, die ich ihm zur Aufbewahrung gegeben habe. Er [...] gesteht: »Wir haben das Geld genommen, wir mussten die Bauern für ihre Lieferungen bezahlen, sie wurden eingezogen.« Haben sie ihm gedroht? Er verspricht, das Geld zurückzuzahlen, sobald er welches aus der Zentrale erhält.

Das Radio ist kaputt. Ob die Post kommen wird?

Nachmittags. Ich will ans andere Dnister-Ufer. An der Fähre sagt eine Frau, sie nehme diesen Weg nach Zaleszczyki, weil die Bahnverbindung durch Rumänien unterbrochen sei. Ein Schreck. Spaziergang durch den Wald mit dem ständigen Gedanken: Immer weiter! Sehen, was hinter der Sichtgrenze geschieht. Typisch für mich. Und zugleich die Sorge, es könnte schlechte Neuigkeiten geben. Ich kehre zum Fluss zurück. An der Fähre steht eine Britschka. Ein Offizier will übersetzen. Niedrigwasser, die Überfahrt wird dauern. Er hat es eilig. Er befiehlt einem Bauern, der mit einem Sack auf den Schultern wartet, bis er an der Reihe ist, eine Furt zu suchen. Der Bauer widersetzt sich, er sei nicht von hier, er kenne den Dnister nicht. »Von wo dann?!« Der Offizier unterstreicht seine Frage durch das Zischen der Peitsche, die er dem Kutscher abgenommen hat. »Papiere!« In seinem brutalen Verhalten spüre ich den Vorgeschmack des Kriegs. Ich erstarre. Dann wendet er sich an mich: »Was tun Sie hier?« »Ich bin im Ferienlager.« »Es gibt keine Ferienlager mehr. Wir haben Krieg.« Mein Gesichtsausdruck weckt Mitleid in ihm. »Ja«, sagt er sanfter, »wir haben Krieg. Sie haben schon Grodno und Lemberg bombardiert, doch wir sind in Ostpreußen einmarschiert. Der Westwall ist durchbrochen.«

Wir sind auf der Fähre. Offensichtlich will der Offizier die Stimmung im ukrainischen Dorf nicht verschlechtern, er lässt den Bauern seiner Wege ziehen. Jetzt steht er jung und kühn neben mir. Er tröstet mich: »Was soll's, das Ganze wird schnell vorbei sein.« »Sie haben leicht reden. Sie haben den Großen Krieg nicht erlebt.« »Doch ... Als Student bin ich in die polnische Armee in Frankreich eingetreten ...«

Plötzlich fühlen wir uns einander nahe. Ich strecke meine Hand aus. Er küsst sie. Wir nennen unsere Namen. »Sie haben mir den ersten Frontbericht erstattet ... Dafür kann ich Ihnen nicht genug danken.«

Er springt auf die Britschka. Eine Staubwolke wie in Korzeniowskis[3] Romanen entzieht ihn meinem Blick.

Ich kehre zum »Pavillon« zurück. Bringe den anderen die schreckliche Nachricht ...

Die Notizen des heutigen Tages, die plötzlich zum historischen Dokument geworden sind, verewige ich schnell auf der Schreibmaschine.

Abend. Das Radio ist repariert. Es spuckt unverständliche Wortkombinationen aus: »Achtung, Achtung, vorüber, vorüber.« Dann fremde Namen, geometrische Formeln, Neologismen. Was hat das zu bedeuten? Jemand erklärt: »Erinnern Sie sich nicht an die Probealarme? So signalisieren sie Luftangriffe.« Auf Warschau?

2. September Ein unerträglicher Tag ...

Von Horodnica nach Lwów, 3. September Eine entsetzlich dumme Situation – *fin de saison.* Wären nicht die Tragik des Kriegsbeginns und die zunehmend bedrohlichen Nachrichten ... Angeblich sind auch Frankreich und England ins Feld gezogen. Auf ganz Polen fallen Bomben.

Ich bin auf einen Weinbergshügel gewandert. Der Winzer empört sich: »Sie werfen Bomben auf eure Tschenstochauer Maria ... Das ist wie auf unsere Potschajiwer[4]«. Er erklärt mir die Aufteilung des gemeinsamen Guts, des Weinbergs, unter den Bauern. Ich bedaure, dass ich nie nach Zaleszczyki übersiedeln konnte, eine Arbeit hätte sich gefunden. Was ist mit der Familie? Wie wird es weitergehen? Ich nehme, was das Schicksal bringt. Und sei's der Tod, das ist mir seit einiger Zeit gleichgültig, aber was ist mit allen anderen, der Idee des Friedens? Klar ist: Der entfesselte Sturm wird sich nicht so bald beruhigen lassen, der Krieg weckt die schlimmsten Machtinstinkte. Ich habe es auf der Fähre gesehen, als ich den ersten Bericht erhielt. Heute weiß ich: Er war falsch. Man muss etwas tun, aber was? Weiter über unser unbedeutendes Land nachdenken? Wie eng sein Horizont jetzt doch ist ...

9 Uhr abends. Ich gehe mit Irena am Dnister-Ufer spazieren. [...] Wir gelangen an die rumänische Grenze. Ein Wachsoldat verlässt seinen Posten, um mit uns zu plaudern. Er sagt, die Bauern gingen gern zur Mobilmachung, manche sogar freiwillig. Man hört Detonationen. »Was sind das für dumpfe Explosionen?« »Keine Sorge, das ist die Kupfergrube. Sie arbeitet in zwei Schichten. Für den Kriegsbedarf.« »Jetzt erst. Ist das nicht zu spät?«

Ein plötzlicher Entschluss. Abreise in der Nacht von Sonntag auf Montag, vom 3. auf den 4. Wir schlafen mit Wache. Wir sind in den »Pavillon« gezogen, um uns gegenseitig zu wecken. Ich stehe als Erste auf. Ich gehe ins Büro, wo die Leitung über die Rechnungen wacht. Ich bitte um meine 200 Zloty, die bis zur Abreise aufgetaucht sein sollten. Wie sich herausstellt, können sie mir nur 20 geben, den Rest soll ich in Warschau bekommen. »Stypułkowski reist ja mit Ihnen«, sagt der Angestellte, der dableibt. Die Zentrale werde mir die Summe umgehend auszahlen. Wir könnten uns unterwegs verlieren, es könnten viele andere Katastrophen geschehen – ich versuche, meinen Besitz zu verteidigen. Vergebens. Ich habe nicht die Kraft, in diesem Moment eine Szene zu machen. Sie erklären, ich benähme mich wahrlich gentlemanlike, und händigen mir deshalb 25 Zloty aus.

Wir laden unsere Sachen auf das Fuhrwerk. Der Weg ist holprig, voller Steine. [...] Die Sonne geht am weiten Horizont auf und färbt ihn so rot, dass uns ein von Blut überlaufener Himmel umgibt. Die Bahnstation Horodenka erwacht zu frühem Leben, ein Stück Süden. Vom Herbst nichts zu spüren. Das Grün der Wintersaat ist frisch, fast duftend. Gepflügte Äcker mit flauschig-schwarzer Erde. Große Tabakfelder. Über den hoch aufragenden Blättern blühen rosa Kelche.

Auf dem Bahnhof herrscht relative Ruhe. Wir erreichen Kołomyja. Wir müssen umsteigen. Wir warten, dass es weitergeht. Gendarmen eskortieren eine Gruppe von Menschen durch den Bahnhof. Spione oder Diversanten? Hinter der scheinbaren Ruhe lugt das Gesicht des Krieges hervor.

Lwów nach 16 Jahren. Ich habe die Stadt auf dem Hinweg nach Horodnica gesehen, aber nur flüchtig im Tempo des Eilzugs. Jetzt sollen wir im Bahnhof bleiben, keiner weiß wie lange. Zum Glück hat sich eine warme Mahlzeit gefunden. [...] Die Trams fahren verdunkelt. Ich weiß nicht, ob es schon einen Luftangriff gegeben hat oder ob man einen erwartet. Kein Einheimischer hat Zeit für ein Gespräch. Ein Gewirr von Menschen und Geschäften. Irgendwo im Dunkel die einst geliebte Stadt. [...] Wir beziehen eilig unseren Posten zwischen zwei Gleisen. Es fährt ein Zug ein, der uns mitnehmen wird. Oder auch nicht. Es ist kalt. [...] Die Lautsprecher schweigen, Stille auch im Publikum. Der Zug nimmt uns mit und der Schaffner gibt uns sogar ein eigenes Abteil. Warum fährt niemand in diese Richtung, nach Warschau? Sei's drum, wir werden es bequem haben.

Von Lwów nach Warschau, 5. September Die Nacht war ruhig. Der Morgen ist fast fröhlich. [...] Auf jedem Bahnhof eine Schar begeisterter Frauen. Wen begrüßen sie? Wir sind noch keine Soldaten, obwohl wir auf unsere Posten zurückkehren. Sie verteilen Milch, Brot, Zigaretten.

Drei Uhr nachmittags. Einige Stunden Aufenthalt in einem kaum vom Hörensagen bekannten Ort, Rejowiec. Umsteigen. Abfahrtszeit unbekannt. Ich habe Lust auf einen landeskundlichen Ausflug. Ich zerreiße meine Begierde in vernünftige Fetzen. Wir suchen nach Essen, mit Mühe bekommen wir eine Suppe, während wir abwechselnd das Gepäck bewachen. Unter einem uralten Baum sitzt ein Arbeiter. Er liest Zeitung und kommentiert. Ich höre unerwartete Städtenamen: Płońsk, Przasnysz ... alle schon nicht mehr unser. Wir steigen in einen Güterzug, das nennt sich wohl vierte Klasse.

Lublin. Warten auf den Anschlusszug. Mit Gewalt gelangen wir in einen Zweite-Klasse-Waggon. Niemand hat nach Fahrkarten gefragt. Es ist dunkel. Unheimlich. Auf den Sitzbänken schlafen Offiziere. Mit Mühe finden wir ein freies Eckchen. Henryka lehnt sich an die Schulter eines unbekannten Nachbarn. Sie flüstert etwas. Ist das schon das Kriegsleben, ohne hemmende Gedanken ans Morgen? Der Zug fährt langsam. Er hält oft. Niemand schaut aus dem Fenster, kein Wunder – warum auch? Es ist früh. Wir passieren andere Züge. Sie stehen fast an jedem Bahnhof. Voller Soldaten. Warum fahren sie in die Richtung, aus der wir zurückkehren? Jemand beugt sich heraus, bittet uns, diese und jene Warschauer Nummer anzurufen. Er sei heil und gesund. Man darf nicht danach fragen, aber wo sollte er verwundet oder getötet worden sein?

Dęblin. Die höheren Chargen steigen um in Richtung Radom. Auch wir müssen umsteigen. In einen ärmlichen Zug, fast eine Vorstadtbahn.
Pilawa. Nicht mehr weit! Wir fahren immer langsamer. Die Straßen sind voll mit allen möglichen Fahrzeugen. Übers Feld ziehen Menschenkolonnen. Was bedeutet das alles?
Plötzlich stoppt der Zug: Luftangriff! Wir kauern uns an die Wände. Irena, die doch Rotkreuzschwester hatte werden sollen, bricht in hysterisches Lachen aus und presst sich an mich. Henryka und Stypułkowski stürzen aus dem Waggon. Ein Verwundeter ruft nach letztem Beistand. Eine junge Frau ruft: »Lasst ihn nicht allein sterben.« Wir hören das Kommando derer, die den Zug verlassen haben: »Wir sind im Gebüsch, alle ins Feld. Hinlegen!« Donnerschläge. Neben uns ein noch lauteres Stöhnen. Keine Kraft aufzustehen, hinzugehen ... Stille. Wir kehren zurück. Wir zählen durch. Der junge Arzt aus dem Nachbarabteil, der in Horodnica mit uns losfuhr, ist tot. Werden wir es nicht bis zum Hauptbahnhof schaffen? Wir halten in Praga. Wie nach Hause kommen? Es gibt weder Taxis noch Kutschen. Angeblich ist es verboten, die Brücke zu überqueren. Warum? Wir überlegen, wo wir übernachten können. Mir fällt das jüdische Akademikerheim ein, da findet sich bestimmt eine Ecke. Nein! Dr. Dresdner wohnte dort, ich habe ihn einmal besucht, als er krank war [...]. Jetzt ist es ein Krankenhaus! Aber nebenan sind Nonnen. Vergeblich bitten wir um einen Platz auf dem Fußboden. Für morgen machen sie vielleicht Strohsäcke fertig, aber »diese Nacht schlafen Sie woanders«. Wir stehen zwischen dubiosen, finsteren Gestalten. Unser Begleiter sagt, er habe Bekannte. Ein neuer Versuch. Wir gehen zu den Woźniaks in die Jagiellońska. Sie öffnen die Tür. Ausruhen! Wir ruhen uns nicht aus. Wir setzen uns ins Esszimmer, sie servieren Tee und erzählen schreckliche Dinge. [...] Nach

zehn Minuten wissen wir alles. Die Regierung ist geflohen. 20 Jahre Staatswesen sind ausgelöscht. Mehr noch. Das System ist bankrott, das Ansehen des Staates ruiniert, womöglich gar die Unabhängigkeit verloren ...
Ich fühlte mich, als hätte ich in dieser kurzen Zeit mein Leben verloren. Ich saß reglos da und dachte an nichts, als was ich hörte, ohne nachzufragen. Ein Wort hing in der Luft: Fliehen! So lautete der Befehl. Die Männer sollen Warschau verlassen, am besten auch die Frauen. Wohin? Und warum?
Stypułkowski will sein Regiment finden. Ich gebe ihm einen kleinen Koffer und viele gute Worte mit auf den Weg. Ich küsse ihn auf die Stirn. Stellvertretend für alle *poilus*[5].
Ich schlafe auf einem bequemen Bett ein, in einem Haus, von dessen Existenz ich bis vor einer Stunde nichts wusste. Ich erwache mit einem stechenden Schmerz und dem entsetzlichen Bewusstsein der faktischen und geistigen Niederlage.
Die Qual des Notizenmachens!
Ich habe nur ein paar Zloty in der Handtasche. Sind Verwandte und Bekannte dageblieben? Wo soll ich sie suchen? Es fallen Schüsse, die Welt dröhnt. Es heißt, der dritte Stock sei zu weit oben. Wir gehen in eine Wohnung im Erdgeschoss. Wir teilen die Gaben, die wir unterwegs bekommen haben. Jemand bringt heißen Reis. Ich hatte seit Tagen nichts Warmes mehr zwischen den Zähnen.
Dann knien sich alle hin und beten laut, hysterisch. Ich kann das nicht anhören. Ich gehe telefonieren – rufe die Familie an, Bekannte. Bei den Albertinern finde ich einen Apparat. Ich warte, bis ich an der Reihe bin. Unterdessen lausche ich den Gesprächen. Wieder heißt es: Fliehen! Ein Mönch sagt: »Man muss sich nur Zivilkleidung besorgen.« Vom Dienstmädchen erfahre ich, dass meine Schwester zum Bruder aufs Land gefahren ist – am schlimmsten Tag. Welcher Tag war der

schlimmste? Henryka und ich stellen uns bei Turek in der Targowa um Brot an. Wo verstecken wir uns, wenn die Schüsse gefährlich werden? Ich nehme ein Stück Papier mit, um meine Eindrücke festzuhalten.

Warschau, 8. September In der Karowa 5 im Bunker. In der Nacht vom 7. auf den 8. wurden wir um eins mit der Nachricht geweckt, man könne auf der Poniatowski-Brücke über die Weichsel. Unterwegs rief man uns zurück, obwohl Herr Woźniak versichert hatte, in Warschau sei es sicherer als in Praga.[6] In welcher Hinsicht? Wir beschlossen, es gegen Abend, wenn die Bombardements enden würden, über die Kierbedź-Brücke zu versuchen. Ich wollte zu mir in die Karowa. Der Abend kam im Schein ferner Feuer, wir gingen schnell, vorbei an Menschen, die in die Gegenrichtung zogen. War es nirgends sicher? Wir hatten es nicht mehr weit. Doch es ging nur schleppend voran, wir mussten Umwege machen, uns durch Passanten hindurchschlängeln. Es wurde dunkel. Sie fingen an zu schießen. Anders als bisher. Jemand sagte: »Die Artillerie zielt auf die Brücke.« Wir stürzten in die Bednarska, ein paar Schritte vom Haus, aber wir brauchten Deckung, drückten uns von Wand zu Wand. Die Menge schob uns in einen dunklen Raum. Einen Abort. [...] Nein, es war nur feucht. Ich blieb auf dem nassen Fußboden stehen. Ein abscheulicher Mief. Man konnte nicht atmen. Gedränge. Die Angst hatte, wie es schien, wildfremde Menschen zu einer unzertrennlichen Gruppe geformt. Es wurde still. ›Flüchten‹ war mein einziger Gedanke. Wir liefen, nun aber jeder für sich. Ich erreichte meinen Garten im Hinterhof. Das Tor war verschlossen, ich musste das andere nehmen. Als ich in mein Zimmer wollte, hielt mich jemand auf der Treppe an – in den Schutzraum! Schließlich fand ich Frau Bylinowa. »Was wollen Sie denn hier?«, fragte sie scharf. »Ich bin nach Hause gekommen.« Allgemeines Gelächter. Darf man jetzt nicht mehr in Warschau sein? Trotz des Verbots bin ich in den dritten Stock gelaufen und habe mich unter meiner Decke verkrochen. Der Steinboden, den ich mit Zeitungen ausgelegt habe, strahlte Kälte aus. Wir drei, Henryka, Irena und ich, kuschelten uns aneinander. Den Tag habe ich halb verschlafen. Aber ich muss alles notieren. Nichts Heißes zwischen den Zähnen.

9. September Eine beunruhigende Nacht. Bestimmt wird das Haus mit seinen fünf Etagen über uns einstürzen. Der Kommandant des Blocks bringt – einigen Auserwählten – schlechte Nachrichten. Ich beeile mich zu erfahren, was geschehen ist. Er weist mich schroff ab. Doch ich höre die düstere Mahnung aus dem Radio: »Merkt euch die Nacht des neunten Tags des neunten Monats des Jahres 39.« […] Daraus schließe ich, dass das deutsche Radio die Einnahme Warschaus gemeldet hat. In einer solchen Nacht untätig dasitzen zu müssen ... Am Morgen dementiert das polnische Radio die böse Drohung. Der Feind hat unsere Frequenz gekapert ...

Langsam erhole ich mich geistig von der Erschöpfung der Reise und dem ersten Schock ... Ich schütze mich mit der altbewährten Methode: Beobachten, was um mich herum passiert. Ich sehe zwei Parteien, Damen und Dienstmädchen. Letzteren droht offenbar keine Gefahr, wenn man sie nach oben schickt, um Futter für die lieben Hündchen zu holen. Sie müssen sogar mit ihnen Gassi gehen, wenn auch nicht weit. Die Damen wiederum stören sich an der zu großen Anzahl von Menschen im Schutzraum, zumal nicht alle rechtmäßig hier sind ... Im Sinne des Gemeinwohls sollen sie den Keller verlassen. Eine Anspielung auf meine Gefährtinnen.

Ein örtlicher Architekt wurde gerufen, gutmütig erklärte er, das Haus sei sehr unsicher, sowohl seiner Lage als auch seiner Höhe wegen. Man unternahm viele schöne Versuche, vor allem die Jüdinnen loszuwerden. Ein offensichtliches Spiel. Ich schaltete mich ein und fragte: »Habe ich ein Anrecht auf ein Fleckchen in diesem Schutzraum?« – »Natürlich.« – »Dann teile ich es in drei Teile ...« Empörung, die aber letztlich in Zustimmung mündet. Trotzdem hat die sensible Henryka sich die Sache zu Herzen genommen und ist noch am selben Tag in ihr Haus in der Innenstadt zurückgekehrt.

Die Damen blicken weiter ungnädig auf mich, die rebellische Unruhestifterin. Sie kochen gemeinsam Suppe für alle und essen in der Parterrewohnung. Ich bekomme nichts. Ein Dienstmädchen bringt uns seine Portion. Ich nutze aus, dass wir allein sind, und notiere rasch meine Eindrücke.

Karowa 5, Ausgabestelle. Die seriösen Bewohnerinnen tragen Gasmasken und weiße Schürzen. Sie teilen sich die Ämter und Würden. Die Arbeit überlassen sie den Dienstmädchen. Die energische Hauswartin führt das Kommando. Sie macht sich auf zum Empfang – von Soldaten. Ich höre den Befehl: »Füße waschen!« Woher kommen sie? [...] Befinden sie sich schon in Auflösung? »Von unserer Kompanie sind nur ein paar Mann übrig. Kein Offizier weit und breit. Wir haben keine Munition, streunen herum, keine Einheit will uns.« Welche Waffengattung? Er lacht bitter. »Wir sind jetzt alle Infanteristen. Ich habe 70 Kilometer gemacht, habe Gewehr, Koppel und Munition weggeworfen, um schneller voranzukommen. Diese Stiefel ...« Die Tragödie des Schuhwerks rückt an die Spitze der nationalen Schicksalsschläge.

Am Abend war ich kurz auf meinem Balkon. Ringsum überall Blitze.

10. September Am Morgen höre ich bei der Hauswartin Radio. Starzyński[7] ruft zur Ordnung auf. Ich nehme den Befehl wörtlich. Trotz der Schüsse gehe ich in den dritten Stock und räume ein bisschen auf. Die Läden sind befehlsgemäß offen, obwohl Sonntag ist. Ich muss mich mit Lebensmitteln versorgen. Viel kann ich nicht kaufen, aber Tomaten sind sehr billig. Irena rührt sich nicht vom Fleck, sie hat Angst. Ich muss auch an sie denken.

Nachmittags. Ich war bei Bekannten in der Warecka. Wir haben zum ruhigen Garten hin am offenen Fenster gesessen. Man hätte meinen können, es gewittert, obwohl es weder Blitz noch Donner gab. Man hörte die Kugeln fallen. Ein schwerer, schwerer Hagel. Ich kehrte durch das halbdunkle Warschau zurück und hielt kurz auf dem Hügel, von dem aus ich vor kurzem noch mit Dr. Dresdner das Juli-Fest im Garten des Ministerrates beobachtet hatte. Heute – ein Blick in die Ferne [...]. Grochów brennt. Der Feuerschein flutet den Horizont.

11. September Ich bin aus der Karowa ausgezogen. Nach telefonischer Abstimmung mit den Januszewskis, das heißt mit ihrem Dienstmädchen Marysia, denn sie sind nicht da – sie ist in Wielgolas, er im Krieg. Ich habe Irena gesagt, dass ich sie mitnehme. In ihre Wohnung irgendwo beim Plac Narutowicza kann sie nicht zurück. In der Ulica 6-go Sierpnia sind viele Menschen, trotzdem habe ich das Mädchenzimmer. Die treue Marysia gibt mir zu essen. Ich muss Lebensmittel besorgen, das ist das Dringendste, und dann mich zur Arbeit melden.

Hier ist es still und gut. Die Bombardements sind überstanden, die scheußliche Stimmung auch.

12. September Ich kaufe, was noch zu haben ist, Mehl, Kaffee, Zucker, Nudeln, sogar Rosinen. [...] Gestern war ich beim Żeromski-Institut in der Senatorska, um meine 200 Zloty abzuholen. Es war niemand im Büro. Alles leer. Haben sie ihre Dokumente eingepackt oder verbrannt? Adieu, 200 Zloty! In der jetzigen Lage hätten sie mir und anderen viel Gutes tun können.

13. September Es gibt keine Front – die Front ist überall. Die Stadt ist mit Glas übersät. »Rasenfläche nicht betreten« – das Schild steht auf der Spitze einer im Zickzack verlaufenden Barrikade. Ich gehe in die Puławska, Brot besorgen. Stehe stundenlang Schlange. Erobere einen Laib. Erfahre vieles. Witze über die Einrichtung eines Ulaninnen-Regiments. [...] Aktuelle Stimmen: »Ich kann mein Elend ertragen, solange nur der Deutsche nicht kommt. Ich bin fast gestorben, als ich gehört habe, was sie tun. Sie führen die Zivilbevölkerung vor sich her in den Angriff. Ihre Flieger sind sehr jung, oft Frauen. Berauscht vom Benzin.«
Ich habe ein paar kleine und große Tafeln Schokolade gekauft. In den Läden gibt es keine. Ein Vertreter der Piasecki-Fabrik, der aus dem vierten Stock bei uns eingezogen ist, hat uns »usurpierte« verkauft.

14. September Ich war beim Schriftstellerverband in der Pierackiego. Er ist ins Nebenhaus umgezogen und nennt sich nun Literarische Bereitschaft. Die Amtsgeschäfte führt Jan Nepomucen Miller, der stellvertretende Vorsitzende. Warum hat er so ein seltsames Gesicht? Habe auch ich meine übliche Miene in Horodnica gelassen? Er hat Feuilletons fürs Radio bestellt. Optimistisch sollen sie sein. Ich schreibe im Bett unter dem Donner der anrückenden Geschütze. Ich höre nicht nur das Pfeifen, ich sehe fast die Geschosse. Ich erfasse die Bahn jeder Kugel, nicht weil sie mir gelten könnte, sondern weil ich den Luftzug so deutlich spüre.

Mit dem Brot wird es zusehends schlimmer. Präsident Starzyński erklärt, die Mühlen seien abgebrannt. Die Stadt mahlt ihr eigenes Mehl, gibt es keine Vorräte? Ich halte eine Lobrede auf Pferdefleisch, die guten Hausfrauen winken entrüstet ab. Schon ist eine Maxime aus dem letzten Krieg wieder aktuell: »Gast im Haus, pack die Butter in die Speisekammer.«

Marysia herrscht hier im Namen einer bisher unbekannten höheren Ökonomie. Sie serviert nur Suppe. Der Hunger hält Einzug in ein Haus, in dem die Kinder das beste Mittagessen stehen ließen.

Ich muss meine Sachen aus Praga holen. In der Bereitschaft habe ich Anna Świrszczyńska getroffen. Sie schlägt mir Nachtdienste im Krankenhaus vor. Bei den Sterbenden. Dazu braucht man Schuhe mit leisen Sohlen. Meine sind noch im Koffer.

15. September Es sind äußerlich schöne Tage. Ich laufe die Aleje Ujazdowskie hinunter zur Belwederska. Man hat mich zu einem richtigen Mittagessen eingeladen. Über mir ein helles Blau, um mich herum der Geruch welkender Blätter. Mir kommen Gedichte in Erinnerung, eins nach dem anderen. »Ehre und Vaterland« – die in den Frontgiebel der Armeebibliothek gemeißelte Losung der Dąbrowski-Legionen fällt mir freudig ins Auge.

Nachmittags. Wir hören russisches Radio. Was hat das zu bedeuten? Polnische Flugzeuge sollen die sowjetische Grenze überflogen haben. Wahrheit oder Provokation? [...] Gegen fünf machen wir uns auf den Heimweg. Die netten Gastgeber begleiten uns bis zu ihrer Grenze. Sie wollen sich die Beine vertreten, es ist wunderbar, heiter. Plötzlich ein, zwei, drei Don-

nerschläge. In kurzer Folge. Wir stürzen ins erstbeste Haustor. Warten. Kurze Stille. Die Gastgeber bieten uns an, zu ihnen zurückzukehren und in improvisierten Betten zu übernachten. Die unteren Nachbarn sind fort und haben die Schlüssel dagelassen. Ist heute nicht egal wo man schläft, solange man nur das müde Haupt betten kann, und sei es in Sorge? Das ganze Fenster ist von Blitzen erhellt ...
Ich wollte Briefe in den Postkasten werfen. Am Eingang zum Gebäude am Plac Napoleona stand ein Uniformierter. Er nahm die Sendungen entgegen. Eine neue Form der Post – von Hand zu Hand ... Starzyński hat im Radio die Jugend zur Gründung einer Warschauer Legion aufgerufen. Wird sie gebraucht? Die jungen Leute sind dem Appell gefolgt. Gestern ist einer der Freiwilligen gefallen. Der Präsident war auf seinem Begräbnis.
In Ochota haben Frauen Panzerwagen mit Benzin übergossen.

17. September Ein warmer Sonntag. [...] Die Ankündigung eines Hörspiels von Irzykowski[8]: *Im besetzten Warschau.* Man spricht von Bajans[9] siegreichem Torpedo, von der Westerplatte – dem polnischen Alcázar, vom Partisanenkampf gegen motorisierte Truppen. Der Ingenieur Jan Weber erzählt, er habe eine Technische Bereitschaft gegründet, die Bomben- und Granatschäden beseitigen soll. Menschen aus Trümmern bergen, einsturzgefährdete Gebäude stützen, Brände löschen. Das ist nötig, denn die Feuerwehr wurde ans andere Weichselufer abgezogen. Häuser, deren Mauern Risse haben, müssen evakuiert werden. Arbeitsbrigaden des Magistrats sind im Einsatz. Man hat Rettungstrupps aus – jetzt beschäftigungslosen – Straßenbahnern gegründet. Der Stadtpräsident setzt sie auch zum Schutz der Brücken ein.
Am Abend meldet das Radio: »Unsere Grenzen wurden von

den Bolschewiken überschritten, die ihr Vorgehen so begründeten: ›Polens Regierung hat das Land verlassen, also ist der mit ihr geschlossene Pakt hinfällig.‹« Das erfahren wir ohne den üblichen Kommentar von Major Lipiński[10]. Nur Starzyński spricht lange über deutsche Vorschläge zur Erleichterung der Ausreise von Diplomaten. [...] Wir streiten und trösten uns gegenseitig. Starzyński hat ja keine Unterhändler ausgesandt, um einen Frieden oder wenigstens einen Waffenstillstand auszuhandeln. Es geht nur um die Vertreter neutraler Staaten. Wo sind unsere Truppen? Marschieren sie weiter?

18. September Im Radio die Litanei der Suchenden und der Gesuchten. Ein Durcheinander von Kreisen, Dörfern, Städten, Vierteln, Ost und West. Die Liste wird jeden Tag länger. Erbarme dich, Herr, der Vermissten, behüte sie! Ich gebe der Familie ein Lebenszeichen.

Aus den offiziellen Nachrichten lässt sich schließen, dass die Bolschewiken vorrücken – kampflos? So hört es sich für uns an. Die viersprachigen Kommentare für die Welt klingen anders. Optimistisch. Warum? Gerade das Ausland müsste man doch laut um Hilfe anrufen. Höhere Politik? Die Nachricht des Grenzübertritts wird ruhig verkündet, als *fait accompli.* Also wie nun? Gestern wiederum sagte der internationale Militärbericht die Wahrheit, während der nationale log. Ich verstehe das nicht. Mangelnde Koordination selbst im Radio? Was ist das? Der Präsident gibt die Macht ab. Zwangsläufig übernimmt der Senatsmarschall. Paderewski[11] ruft zum Durchhalten auf. Werden wir durchhalten? Die Naivität der Fliege auf dem Weg zum Kampf mit dem Elefanten. Überdies glaubt und versteht jeder Starzyński oder Lipiński auf eigene Weise. Während des letzten Kriegs sagte man: »Er lügt wie ein Augenzeuge«, heute heißt es: »Er verdreht die Tatsachen wie ein Radiohörer.«

Mit Schokolade und Bleistift in der Tasche gehe ich in die Chocimska, um Brot zu kaufen. Die Erde atmet noch herbstliche Wärme. In den Parks blüht der Feuersalbei, die letzte Freude des Jardin du Luxembourg. Einheimische Pelargonien, gleichfalls rot. Purpurn. Ganz Warschau ist blutig. Nein, dort steht weißes Blumenrohr. Ich stehe ein paar Stunden an. Vergebens. Der vormittägliche Luftangriff traf auf den passiven Widerstand von Frauen und Kindern. Sie kehren halbtot in ihre Häuser zurück. Auf der kleinen Wiese vor dem MSW[12] sehe ich Pferde liegen. Auf den ersten Blick scheinen sie zu schlafen, aber sie wurden letzte Nacht von Kanonenschüssen getötet. Direkt neben meinem jetzigen Zuhause. Sieht so ein Schlachtfeld aus? Ich schaue lange hin. Und freue mich sehr, als ich später einem ungezäumten Pferd begegne, es steht da und scharrt ganz normal mit den Hufen ... Ein Mütterchen tritt heran und bittet mich um ein »Stückchen« Brot ... Ich habe keins. Ich gebe ihr ein Stück Schokolade.

Je älter sie sind, desto mehr sorgen sich meine zufälligen Gefährtinnen ums Leben. Jeder meiner Ausflüge ist für sie ein Abschied für immer. Sie sitzen lieber zu Hause. Einmal kam ich abends im letzten Moment, bevor das Tor geschlossen wurde – es fing gerade erst an zu dämmern, aber so ist der Befehl. Der ganze Chor fragte: »Warum bringen Sie sich in Gefahr?« Allen voran Irena. Sie wartete ernsthaft besorgt in einem Winkel des Vorzimmers. Dann ging sie in unser gemeinsames Zimmer. Auf meinem – zeitweiligen – Bett lag ein Schrapnellsplitter. Er hatte nicht die schönen alten Möbel erwischt, sondern sich in die Bettdecke gebohrt ... Wenn ich dort geruht hätte ... in Sicherheit ...

Ich hätte ein erbauliches Feuilleton über die polnisch-französische Freundschaft schreiben sollen, bekam dann aber Lust, über den Präsidenten zu schreiben. Ich werde auch noch über die Zeit am Dnister schreiben. Ich werde Miller sagen, dass ich von Bauern hörte, die der Einberufung gern gefolgt sind und sich sogar freiwillig gemeldet haben. Wunderbar. Ich tue der Propaganda Genüge und schaue gleichzeitig auf die sonnigen Tage zurück. Unterdessen habe ich eine Runde durch die bislang unbekannte Welt der Zerstörung gemacht. Es kursieren diverse Gerüchte über bombardierte Objekte. Die Zeitungen melden heute die Zerstörung des Krankenhauses Verklärung des Herrn. 700 verletzte Patienten, viele Tote. Bisher waren Brücken und die Zitadelle das Ziel. Jetzt auch die Innenstadt? Tagsüber Flieger, nachts Artilleriefeuer. 220-Millimeter-Kanonen, sagt man. Technisch heißt das wohl Störfeuer. [...] Rydz-Śmigły[13] soll gesagt haben: »Zielt genau, aber spart Munition.« Mangelt es vielleicht schon daran? Je lebhafter die Vorstellungskraft, desto größer die Angst. Der Verstand kann sie nicht bremsen. Dagegen hilft nur der angeborene Optimismus.

Zu Anusia mit der Bitte, abzutippen, was ich für die Literarische Bereitschaft geschrieben habe. Meine Maschine ist in Praga. Existierst du noch, treuer Gefährte? In der Szpitalna ist ein Drahtverhau errichtet worden. Liliputanerinnen aus dem Zirkus überholen mich und überwinden flink die Hindernisse. Sie können das. Ich schaffe es nur mit Mühe. Im Dunkeln wird es noch schwerer sein. Vielleicht sollte ich bei Anusia übernachten? Ich habe jetzt immer Nachthemd und Zahnbürste dabei, wenn ich nachmittags losziehe. Ich übernachte bei ihr. Wir essen nur ein halbes Kriegsabendbrot. Dann hören wir Radiomusik. Jemand spielt Chopin. Dann eine abgenutzte Schallplatte mit dem Paderewski-Menuett. Zu sanft für heutige Ohren.

Nachmittags. Ich war beim Radio – sie nehmen heute keine Suchanzeigen an. Es sind zu viele. Die Post arbeitet bis auf weiteres nicht. In der Pierackiego überreiche ich Miller verschämt mein gekünstelt zuversichtliches Geschreibsel ... »Vielleicht

machen wir eine Sonderausgabe. Liefern Sie uns bitte mehr.«
Man muss schreiben, auch wenn der Glaube fehlt. Wir wissen es beide, verstehen uns ohne Worte. Millers Gesicht ist noch grauer geworden. Oder grüner. Auf jeden Fall versteinert. Ich muss etwas tun, irgendwohin gehen, mich ablenken. Nicht in die 6-go Sierpnia zurück. Im Café Blikle nehme ich einen Kaffee und ein Brötchen – für vier Zloty. Zu Hause wartet eine kurze Nachricht von Zbyszek. Der Herr Oberleutnant steht mit seiner Patrouille in der Aleja Szucha. Er bittet mich, sofort zu ihm zu kommen!

Abends. *À la guerre comme à la guerre*. Der sanfte Zbyszek erzählt von seinen Kriegstaten ... Auf dem vorherigen Posten in der Szucha hat er die Exekution von Saboteuren befohlen. Sie hätten deutsche Namen gehabt und auf verdächtige Weise Licht gemacht, aus der Küche sei merkwürdiger Rauch aufgestiegen. Offensichtlich hätten sie dem Feind Signale gesendet. Es gibt viele derartige Fälle. Ist der Eifer nicht vielleicht übertrieben? Er erwidert empört: »Überall wird doch gewarnt: Der Spion hat Augen und Ohren.« Richtig. Das ist die Ursache für die Jagd nach Opfern. Die vielen Fälle. Verzerrt die Legende nicht die Realität? Und der Fallschirmspringer, der sich im Łazienki-Park versteckte? Ich weiß. In großer Zahl hetzte die Meute ihm nach. Das Radio mahnt unablässig: Wachsam sein, den Feind auf unserem Boden aufspüren ...

Ich esse mit den Honoratioren der Einheit Erbsensuppe. Zum Dessert gibt es Birnen aus Rydz-Śmigłys Garten. »Wir sind heute Nacht dort gestanden«, rechtfertigt sich ein Korporal. Ich bin keineswegs empört, zumal ich noch ein paar mit nach Hause bekomme. Eine vortreffliche Sorte. Fast wie Duchesse. Gleichzeitig zeigt jemand Handgranaten. Sie haben die Gestalt von Birnen. Oder eher von kleinen, braunen Ananassen. Ihre Oberfläche ist uneben, von Furchen durchzogen. Er erklärt den Mechanismus. Ich schaue hin, höre aber nicht zu. Gerade ist ein Soldat ins Zimmer gekommen. Er macht es sich in einem Sessel bequem, ohne auf die Einladung eines Offiziers zu warten. Vorsichtig beginnt er eine Debatte über die Notwendigkeit des Salutierens vor höheren Chargen. »Das ist in Friedenszeiten gut, nicht im Krieg.« Er spuckt ganz offiziell auf den Teppich.

Zbyszek will den schlechten Eindruck wettmachen, den der Untergebene gemacht haben könnte, und bittet mich ins Nebenzimmer. Wir inspizieren die Bibliothek. Schöne Ausgaben. [...] Ein Soldat kommt wegen seiner Zuweisung, ein anderer bringt eine lange Liste mit Namen und Adressen. Er bittet mich, den Familien übers Radio Nachricht von ihnen zu geben. Ein frommes Ansinnen! [...] Ein Dritter bringt ein Flugblatt der Deutschen. Sie fordern die »irregeleitete polnische Bevölkerung« auf, sich zu ergeben. Die Armee werde nach Hause zurückkehren, Ruhe und Ordnung würden wiederhergestellt werden. Ich habe dieses Zeugnis der Dreistigkeit mitgenommen. Außerdem habe ich die Broschüre von General Sosnkowski[14] bekommen, keine erbauliche Lektüre. Ein Vademekum für Offiziere. Entsetzlich. Das, wofür wir uns schämen sollten, soll uns retten. Der General vergleicht die kulturellen Bedürfnisse deutscher und polnischer Soldaten. Die polnischen bräuchten nichts, also seien sie überlegen.

27. September Ruhe. Ein plötzlicher Anflug von Hoffnung. Zbyszek hat Essen gebracht. Eine riesige Scheibe Schinken auf Brot. Bonbons von Wedel, dazu Streichhölzer und Kerzen. Um elf Uhr morgens, als ich auf meinem provisorischen Nachtlager im Esszimmer lag und daran dachte, dass ich seit zwei Wochen kein Fleisch gesehen habe. [...] Selten nimmt ein Traum so rasch konkrete Gestalt an.

Ich bin losgezogen, um nach dem letzten *désastre* das neue Antlitz Warschaus zu betrachten. Einen anderen Abschnitt als gestern: die Marszałkowska ab Plac Zbawiciela. Die Backsteine der Häuser liegen auf der Fahrbahn wie aus dem Sack geschüttete Kartoffeln. An der Ecke zur Śniadeckich hängt ein unbeschädigtes Plakat der *Wasserjungfrau,* wenngleich das Theater, das die Aufführung annonciert, komplett zerstört ist. Weiter unten sind auf beiden Seiten der Straße ganze Häuserreihen in Trümmern. Die geplünderten Läden stehen offen und leer. Der Hauptbahnhof ist in seinen Grundfesten erschüttert. In der Widok hat sich eine Schlange zum Wasserholen gebildet [...]. Um das Eckhaus, in dem die Konditorei Szwajcarska war, schlingen sich seltsame Eisenspiralen. Ich habe nie bemerkt, wie viel Draht über unseren Köpfen schwebt, der nun, herabgefallen, ein schwer zu durchdringendes Geflecht bildet.
Es ist ein sehr schöner Tag. Doch statt Herbstwind liegt ein beißender Geruch in der Luft. Die Frauen halten sich Tücher vor die Gesichter. Erst dachte ich, sie wollten ihr Schluchzen unterdrücken. Weit gefehlt, die unverhüllten Augen blicken neugierig [...], sie halten sich bloß die Nase zu, so entsetzlich ist der Mief. Sie kommen kaum vorwärts, der Weg ist beschwerlich, von unfreiwilligen Barrikaden verbaut. Ich erreiche den Plac Napoleona. Alles steht, wenn auch schwankend. Post und Prudential halten sich, auch wenn Löcher von zahlreichen Bombeneinschlägen zeugen. [...] Ich höre Neuigkeiten, die von vielen Stimmen bekräftigt werden: englische Landungstruppen in Danzig. Wie das? Die Bolschewiken haben doch Ostpreußen besetzt, um den Verbündeten die Befreiung Warschaus zu erleichtern. »Die Engländer sind übrigens schon in Okęcie[15]«, versichert ein anderer gut Informierter. [...] Ich kehre über den Plac Trzech Krzyży zurück, wo Flammen lodern. Brennt die Kirche? In diesem Augenblick geht die Schießerei

wieder los, also biege ich in die Krucza ein und schlängele mich durch Asche und Trümmer.
Flugzeuge in der Luft. Andere als bisher. Ohne Bomben. Jemand sagt englische, jemand anderes sowjetische. Der Ujazdowski-Park. Frühmorgens gehen wir heimlich hin, Wasser holen. Jetzt steht er weit offen und wartet auf Spaziergänger. [...] Unter einer Kastanie liegt, in einen Soldatenmantel gehüllt, ein Warschauer Held. Ihm gegenüber, am Eingang zur Konditorei, sein Kamerad, ebenfalls unserem Blick entzogen. Sein Gesicht ist mit einem Mantel bedeckt, die klägliche Gestalt des Körpers spricht vom Tod. Er ist allgegenwärtig. Er hat den ganzen Platz Na Rozdrożu eingenommen. Vor einer weißen Mauer glänzen die schwarzen Flecken der ebenfalls im Kampf getöteten Pferde. Ob sie lange auf ihr Begräbnis warten müssen? Wieder ein menschlicher Leichnam auf meinem Weg, fast wäre ich draufgetreten. Welche Freude, als ich am Eingang zum Park einem lebendigen Soldaten begegne. Er sitzt im Gartenwärterhäuschen, mit einem Holzlöffel isst er Bonbons aus einer Blechdose.
Ich gehe in den Park hinein. Ich habe den ganzen Prozess des Zerfalls von Menschen- und Tierleibern gesehen, ich habe die einzelnen Phasen beobachtet, an denen sich die Nichtigkeit des Lebens studieren lässt. Ich kann nicht über die toten Landsleute schreiben. Obschon auch das Pferd ein Gefährte des Menschen ist. Ich sehe, wie sich eines zu sterben anschickt. Es fällt, erhebt sich, versucht mit letzter Kraft aufzustehen. Ein vorbeikommender Soldat ermuntert es mit der Peitsche. Er scheitert. Es liegt wieder da. Für immer. [...] Vor meinen Augen hat es sich von einem lebenden Geschöpf in etwas Totes verwandelt. [...] Ich gehe weiter, tiefer in den Park hinein. Säbel, Sporen, Gasmasken liegen verstreut herum. Rund um den Teich Helme, die vielleicht Toten gehörten – jetzt dienen sie zum Wasserschöpfen.

Um die Gräben herum gelange ich zur Górnosląska. Es ist merkwürdig still, die Luft voller Zuversicht. Durch unfreiwillig offene Fenster blickt man in leere Räume. Durch frisch in die Mauern gebrochene Arkaden scheint das Blau eines italienischen Himmels. Ich gehe weiter bergab, fast bis zur Czerniakowska. Auf einem Zettel notiere ich meine Eindrücke. Zu einer Gruppe von Menschen auf dem Trottoir sage ich: »Dieses Viertel ist vergleichsweise wenig zerstört« und frage mit Blick auf ein kaum beschädigtes großes weißes Haus: »Was ist das für ein Gebäude?« »Eine Kinderfabrik«, antwortet eine Frau. Ich nehme es als traurigen Witz und zugleich als die Wahrheit. In vielen Schößen keimt frische »Kriegssaat«. Ich habe viele Dienstmädchen in dunklen Hausfluren flirten sehen, die Fortführung von heimlichen Straßenbekanntschaften. Den Damen fehlen die passenden Chargen, während der Belagerung traf man bestenfalls einen Oberleutnant. Das heißt nicht, dass sie keine Ablenkung vom Grauen des Krieges suchen. Nie haben die Menschen so sehr gegenseitige Nähe gesucht wie in diesen Septembertagen. All die flüchtigen und engeren Bekanntschaften mit Personen, denen ich unter anderen Umständen nie nahegekommen wäre. Jemand kommt auf mich zu und fragt: »Sie sind Reporterin?« »Ja.« »Das war eine Autofabrik, jetzt befinden sich hier die Staatlichen Luftfahrt-Werke.«

Plötzlich steht ein Soldat vor mir. Offenbar hat ihn jemand eilig herbeigerufen, er wirkt außer Atem und verlegen. »Ihre Papiere bitte.« Ich gebe ihm den Ausweis des Schriftstellerverbands. Er betrachtet ihn verständnislos. »Kommen Sie bitte mit auf die Wache.« Wir gehen, eine kleine neugierige Schar folgt uns in sicherem Abstand. Ich sehe mich nicht nach ihr um, ich fühle mich sicher und selbstbewusst. Der Wachhabende versteht mein Amt auch nicht oder hat seine Befehle – er schickt mich weiter. Jetzt umgibt mich eine dichte, feindselige, aufgebrachte Menge. Nur ein Straßenbahner sagt wohlwollend: »Sie hätten nichts aufschreiben sollen. Sie hätten die Leute nicht ausfragen sollen. Die Obrigkeit, ja, die entscheidet, aber manchmal kommt es gar nicht dazu. Man hätte Sie lynchen können.« Erst jetzt dämmert es mir. Sie halten mich für einen Spion oder Diversanten. [...] Hat mein letztes Stündlein geschlagen? »Abführen zum Bataillonskommando«, lautet der Befehl. [...] Wir gehen bergauf, den Weg zurück, den ich vor kurzem allein gegangen bin. Ein Soldat neben mir. Ich will ein Gespräch unter Landsleuten beginnen, wie es meine Art ist. Er reagiert nicht. Als wir in die Wiejska einbiegen, erfahre ich nur, dass das Bataillonskommando im YMCA-Haus sitzt. [...] Der Soldat fragt den Wachposten, wo er sich und mich melden muss. Wir gehen ins Untergeschoss des Gebäudes. Es ist dunkel. Nur manchmal strahlen uns Scheinwerfer direkt in die Augen. Eine Tür geht auf. Ich höre den Befehl: »Die Verhaftete vorführen.« Die Verhaftete bin ich? »Warten.« [...] Ich weiß nicht, wie lange ich gewartet habe, bevor sich eine weitere Tür öffnet und ich höre: »Die Verhaftete hereinführen.« Die Bezeichnung erstaunt mich nicht mehr, wie leicht man sich doch an alles gewöhnt. In Kriegszeiten geht das sehr schnell. Ich trete ein, hinter mir mein Begleiter. »Herr Hauptmann, melde gehorsamst, diese Dame hat militärische Objekte beschrieben.« »Darauf steht eine Kugel in die Rübe.« Aber ich habe keine Rübe, sondern einen Kopf, angeblich sogar einen klugen, und Dr. D., der meinen Schädel hat röntgen lassen, fand ihn hübsch gebaut. Er riet mir, die Aufnahme ins Familienarchiv aufzunehmen. Richtig, das Foto wird bleiben! Der Gedanke muss mir schnell durch den Kopf gehuscht sein, denn beim Anblick meines Henkers in spe ergreife ich sofort und unaufgefordert das Wort: »Herr Hauptmann, ich glaube nicht, dass ein Spion am helllichten Tag herumläuft und die Leute ausfragt. Er beschafft sich seine Informationen anders und merkt sie sich auch anders, statt sich vor aller Augen Notizen zu machen. Das ist eine literarische und journalistische Methode. Eine gefährliche in Zeiten wie diesen, das gebe ich zu.« »Seien Sie so gnädig und erklären Sie mir nicht, wie Spione arbeiten«, fährt er mich drohend an. »Ich erwäge nur die Psychologie der Sache. Auch eine berufliche Gewohnheit.« »Wie ist Ihr Nachname?« Ich nenne ihn. Aus der Schar der Offiziere weiter hinten im Raum tritt einer hervor. Ich kenne mich mit den Rängen nicht aus. »Aura?«, erkundigt er sich nach dem Vornamen. »Ja.« »Was machen Sie in Warschau?« Also ein Bekannter aus Paris. »Ich frage, was Sie hier machen?« »Ich wohne hier.« »Schon länger?« »Fast zwei Jahre.« »In welcher Straße?« »6-go Sierpnia, Nummer 8.« »Gegenüber vom MSW?« »Ja.« Jetzt will er wissen seit wann genau. Ich sage seit dem 11. September [...]. Ich sage wahrheitsgetreu alles, wie es ist, auch wenn es sicher einen schlechten Eindruck macht, dass ich zur falschen Zeit an den falschen Ort gezogen bin. Sei's drum, die Wahrheit ist meine einzige Verteidigung. Aber während es in mir arbeitet, bleibe ich neugierig und frage ihn, woher wir uns kennen. Ich gewinne eine kurze Pause und erfahre, dass wir uns tatsächlich in Paris und später in Warschau begegnet sind. »Sie erinnern sich nicht an mich, ich war in Zivil. Ich habe Ihnen sogar eine Schreibmaschine für Herrn P. geliehen.« Dunkel erinnere ich mich. [...] »Schreiben Sie immer noch für ›Bluszcz‹[16]?« Konversation oder Verhör? »Ja. Noch im August hatte ich zwei Artikel dort.« Jetzt wird der Offizier moralisch. »Ja, ich weiß, es war verrückt und leichtsinnig. [...] Aber das ist meine Methode. Ich bin empfänglich für gesehene oder erlebte Eindrücke, doch das Neue verdrängt sie schnell. Deshalb notiere ich alles.« »Wir haben doch Kriegszustand! Wäre ich nicht zufällig hier gewesen ...« Wohl aus Takt will er nicht aussprechen, welchem Schicksal ich entgangen bin. »Halten Sie sich künftig von Militärobjekten fern.« »Ganz Warschau ist ein Militärobjekt, seit es zur Festung wurde.« »So hat es sich zu Ihrem Glück gefügt.« Er wendet sich an einen sehr jungen Oberleutnant: »Führen Sie bitte die Dame aus dem Gebäude.« [...] Im Hinausgehen bekomme ich vom Herrn Hauptmann den Zettel mit meinen Notizen und meinen Ausweis zurück. Ich sage: »Offenbar ist mir noch zu leben bestimmt, von wegen – Kugel in die Rübe.«

28. September Die Nacht war schwer. Zbyszek war da, um zu sagen, dass Warschau kapituliert. [...] Der Junge, der gestern noch voll guten Mutes gewesen war, stand völlig niedergeschlagen vor mir. Das Flüstern im Vorzimmer weckte Verdacht, also erfuhren auch die anderen die Wahrheit. Zwei Stunden danach begann meine Nachtschicht. Bis zum Morgengrauen ging ich im Gang vor dem Haustor auf und ab. Viel Bewegung im Hof. Die hier stationierten Verteidiger wussten, dass es die letzte Nacht sein würde ...

Erst dachte ich noch, es sei vielleicht ein Gerücht. Doch der Morgen bestätigte Zbyszeks Worte. Unsere Damen krochen mutig aus dem Haus. Unter Obhut übrigens von Begleiterinnen wie mir. Das Wichtigste war nun, die zur Aufbewahrung weggegebenen Pelze zurückzuholen. Zur Ujejska[17] in die Nowy Świat. Trümmer und Ruinen. Ein eingestürztes Haus [...] an der Ecke Chmielna bildete eine Barriere, fast wie ein Berggipfel. Statt Kletterpartien helfende Hände. Am Fuß des Ziegelhaufens eine dekorativ in ein Tuch drapierte Leiche. Der Tod trifft Menschen und Pferde in unterschiedlichen Posen. Dieser Junge hatte die Hände erhoben. Weiße, schöne Hände. In ihrer Steifheit hatten sie etwas Flehendes.

Oktober Belgien soll Deutschland den Krieg erklärt haben. Stimmt das? Ich bin in die Aleje gelaufen, um zu sehen, ob auf dem Palais, in dem sich das Konsulat befindet, die Flagge gehisst ist. Sie hängt noch. Beredtes Zeugnis der Lüge [...]. Ich habe den seltsamen Anspruch, dass die Leute edle Gedanken haben müssten, obwohl sie frieren und hungern. Alle haben zu viel gelitten, und mancher denkt sicher, dass es unnötig war. An der Ecke Aleje und Koszykowa verteilen sie Brot [...]. Sie werfen die Laibe in die Luft, irgendwer schafft es, einen zu fangen. Eine Idee unserer Bürgerwache. So amüsiert sich die Öffentlichkeit.

5. Oktober Erst herumlaufen, jetzt unter die schützenden Fittiche des Bettes kriechen. Ich betrüge mich mit dem tröstenden Gedanken: Ich muss leben, um die Wahrheit zu berichten, wenn einst in Polen wieder frei gedruckt werden kann.

6. Oktober Janka Porazińska war da. [...] Sie schilderte ein Erlebnis vom 10. September. An einem Abhang war ein Flugzeug abgestürzt. Es brannte. Sie ging mit der Menge dorthin. Die Frauen waren außer sich vor Freude. »Vielleicht hatte auch er eine Mutter?«, rutschte es ihr heraus. Um ein Haar hätte der Pulk sie gelyncht. Sie flüchtete.
Ich habe einen Rundgang gemacht. Die Barrikaden stehen noch, obwohl ihre Tore immer größere Breschen bilden. Am französischen Konsulat hängt das Hakenkreuz. Eine Anordnung zum Umtausch von Zloty in Mark. Geldbeschränkungen für Juden. Der Friedhof auf dem Plac Trzech Krzyży wächst weiter, hier ist es schön, obwohl ganz Warschau stinkt. Das einst blühende Warschau. Nicht wiederzuerkennen. Häuserskelette. Der Handel hat sich wie im Orient auf die Straße verlagert. Illegal. Diebesgut wird in Hauseingängen verkauft,

um der Obrigkeit nicht aufzufallen. Jeder, der einst an Gott glaubte, hat gestohlen und geplündert. [...] In der Pierackiego erklärt ein Fräulein: »Unser Verband ist aufgelöst worden.« [...] Die evangelische Kirche, die ich nach den ersten Bombardements gesehen habe, erinnert jetzt noch mehr an das Kolosseum. In der Wierzbowa ist das Brühlsche Palais teilweise zerstört. [...] Ich war bei Gebethner in der Krakowskie Przedmieście.
Julia Dickstein-Wieleżyńska erzählt vom Tod ihres Vaters, sie ist mit ihrem Bruder dabei, Gemälde zur Verwahrung ans Nationalmuseum zu geben. Auf dem Rückweg kaufe ich Kerzen und Bonbons. Eine Frau spricht mich an und fragt nach dem Weg. »Ich suche Nachricht von meinen Söhnen. Ich komme von Żoliborz und will in die Filtrowa. Verzeihen Sie, dass ich von meinen Sorgen erzähle. Ich bin so kindisch.« Sie meint bestimmt: arm und einsam.
Nachmittags stand ich Schlange für Brot. Erfolglos. Manche bekamen zwei Laibe, andere nichts. Als die Menge anfing zu drängeln, schossen die Soldaten, zwar nur in die Luft, aber die Leute liefen auseinander und formierten sich neu. Wer schon fast an der Reihe gewesen war, stand nun wieder hinten. Man spricht über das Essen. Vereinzelt flüstert jemand: »Warum haben sie die Hauptstadt nicht früher übergeben?« Die Geschichte wird zeigen, ob es so kommen musste oder ob Verrat oder passive Unfähigkeit dahintersteckten. Am Abend kam Zbyszek aus Wielgolas. Seit der Belagerung hatte er von seinem Posten in der Szucha über mich gewacht. Er brachte Butter, Käse, gebratenes Huhn, Wurst und Speck. Nur Brot gab es keins, dort auf dem Land dachte niemand daran, dass das das Wichtigste ist.

7. Oktober Die Suppenpreise wurden festgelegt. In einem erstklassigen Restaurant kostet eine dicke Suppe eineinhalb Zloty, Fleisch mit Gemüse zwei Zloty. Unser Verband existiert nicht mehr. Die Goetlowa[18] richtet eine Wirtschaft mit billiger Suppe ein.

8. Oktober Besuch von Irena [...], die gleich nach dem Waffenstillstand zu sich nach Hause zurückgekehrt ist. Sie bringt Gartenblumen mit. Ihre Nelken leuchten. Sie berichtet, was sie in den letzten Tagen gesehen und gehört hat. Die Deutschen verteilen Konserven ans Volk. Die Damen machen ihnen schöne Augen. Die Juden werden zur Arbeit gezwungen, ein alter Mann brach zusammen, sie gaben ihm mit Bajonetten den Rest. Sie lassen sie singen: »Wir sind schuld am Krieg.«
Nach der Tragödie des Vaterlands kommen wieder die privaten hervor. Kein Haus. Keine Habe. Kein Ziel, keine Beschäftigung. Das Gefühl der Einsamkeit. Im Grauen des Krieges haben wir trotz allem zusammengehalten. Dieses Haus etwa, das so voll war, ist jetzt leer. Jeder ist zu sich zurückgekehrt, um sein altes Leben zu finden oder ein neues aufzubauen. Ich bin völlig aus der Bahn geworfen. Sogar äußerlich abhängig vom Wohlwollen Marysias – ob sie mir Brot zum Frühstück gibt. Der Hunger ist der Motor des Lebens. Sie gibt. Auch ich teile mit ihr, was ich habe. [...] Auszüge aus einem Brief an meine Schwester: »Zum Schluss zu Deiner Nachricht. Ihr habt also sehr gelitten? Ich habe Widersprüchliches gehört. Leute, die durch Wielgolas kamen, sagten, dass der Hof noch steht, aber sie wussten nichts von den Bewohnern. Ich dachte, ihr seid vielleicht nach Osten geflohen, wie so viele andere. Ich komme zu euch. Mich ängstigt die lange Fahrt mit dem Fuhrwerk. Momentan raten alle davon ab. Ich nehme ein paar Etagen wie nichts, aber das Wild in den Wäldern ... Um mich müsst ihr euch nicht sorgen.

[…] Körperlich geht es mir halbwegs gut. Der Kopf darf nicht schmerzen. Das Herz schon eher … Die Beine haben sich an lange Märsche gewöhnt, die Hände ans Tragen von Lasten. Seit einigen Tagen verkehren wieder Busse, doch sie sind überfüllt. Sie fahren selten und langsam. Wer wie ich gut zu Fuß ist, kommt schneller ans Ziel. Ich schreibe, vermische alles und alle, entsprechend dem Chaos in der Welt und im Kopf …«

Marysia und ihr Bruder gehen auf Beutezug in ein vermeintlich billiges Land, nach Praga. Sie nehmen den Brief mit, er geht bei erster Gelegenheit ab. Eine Gans kostet 50 Zloty, ein Kilo Fleisch sechs. Ich habe heute Geld bekommen und diesen Wahnsinnskauf angeordnet. Wir haben einen herrlichen Braten. Bis jetzt habe ich, zugegeben, gehungert. Manchmal bin ich nachts aufgewacht und habe nach Essbarem gesucht.

9. Oktober Ein Kapitel für sich sind die Veränderungen, die das zerfallende Glas in der Stadt bewirkte. Erst funkelten große Scherben wie dickes Eis in der Sonne. Sie zerbrachen in dünne Eistäfelchen. Dann knirschte es unter den Füßen wie Meersand, um sich schließlich als in den Augen brennender Staub in der Luft zu verteilen.

Brände und Bomben haben der städtischen Architektur den Charakter eines makabren Films verliehen. Zinnen an unpassenden Orten. Für unsere Breiten unübliche Attiken und Ajours […], Briefkästen lassen sich ohne Schlüssel öffnen. Nach dem Einsturz der Mauern, die das Familienleben schützten, bleiben kleine Relikte: Ein Spiegel hängt in den Trümmern, eine Lampe vollzieht ihr Ritual, sie gehört über den Esstisch, die Heiligkeit eines Marienbildes konnte die Katastrophe nicht abwenden.

Alle Frauen schleppen Bretter, um neue Nester – Festungen – zu bauen. Auch ich müsste auf Beutezug gehen. Nein. Ich will

nichts bauen! [...] Auf dem Plac Trzech Krzyży wachsen die Grabhügel. Die anfangs unebenen Haufen werden im Laufe der Tage immer glatter. Auf einem steht eine ukrainische Inschrift. Soldatenmützen wackeln auf improvisierten Kreuzen.
Das Pferd, ein Allesfresser. Ich habe gesehen, wie eines an der Teppichstange knabberte und im Eisen Nahrung suchte. Wie es im Hof des einst sauberen, eleganten Hauses in der 6-go Sierpnia ungeduldig mit den Hufen scharrte. [...] Das verstoßene Tier hinkte unsicher durch das Tor. [...] Andere Klepper stehen reglos da. Liegen leblos auf den Grünflächen. Getötet, das heißt eines zufälligen Todes gestorben. Man kann ihnen nicht nur das Fell abziehen, was immer geschieht, sondern auch ein Stück Fleisch herausschneiden. Man sieht die nackten Rippen.
Ich begrüße jedes Lebenszeichen als normal. Das Messerschärfen, selbst das Teppichklopfen ist heute geregelt: bis elf Uhr morgens. In der Buchhandlung Gebethner ist Betrieb. Die neuen Bewohner Warschaus kaufen Ansichtskarten. »Was ist das für ein Platz?«, fragt einer. »Man erkennt ihn gar nicht.« Wie auch, wenn selbst wir unsere Straßen nicht wiedererkennen? Sie erwerben auch Bücher – solche, die bei ihnen verboten sind.
Das jüngst vergangene Leben wirkt schon historisch. Meine Schilderung von Powiśle,[19] der Altweibersommer, den ich unter guten Bedingungen verbrachte. Ich fühlte mich größer, leichter, fröhlich. Ein intelligenter und lieber Gefährte zeigte mir die Stadt neu, die ich zum ersten Mal lieben lernte. Um nun umso mehr ihre Zerstörung zu beweinen.
Man spricht über die Regierung in Paris. [...] Radiolügen über nahende Verstärkung. Paderewski hat zum Durchhalten aufgerufen. Der Alte hat gut reden, er sitzt in der wohl auf ewig sicheren Schweiz.
Das Chaos der ersten Tage. Feuerwehr, Rotes Kreuz, Regie-

rung – alle geflohen. Das habe ich gleich nach der Ankunft in Praga erfahren. Umiastowskis Flüchtlinge[20] schleppten sich auf Knien dahin, um zurückzukehren. Unterwegs wurden sie von niedrig auf die Bevölkerung gerichteten Gewehren niedergemäht. Jemand streute gute Nachrichten: »Hilfe ist unterwegs.« Die Selbstüberschätzung Einzelner und des ganzen Volkes. Rydz gab den Befehl, Warschau bis zum letzten Panzer, bis zum letzten Soldaten, bis zur letzten Frau zu verteidigen. Er selbst ist verduftet. Woraus wurden die Barrikaden errichtet? Aus allem, was gerade zur Hand war.

Während des Abwehrkampfs war die Solidarität in der Bevölkerung groß. Später wich sie Feindseligkeit. Die Disziplin lässt nach. Es gibt Streitereien in den Schlangen.

Die ersten antijüdischen Symptome. Unsere Leute, Starzyński etc. haben verkündet: »Es wird keine Repressionen geben.« Dasselbe sagt, in seiner ersten Ausgabe, der »Nowy Kurier Warszawski«.[21] Die jüdische Bevölkerung solle nicht anders behandelt werden als der Rest. Aber gleich darauf heißt es: »Leere Wohnungen und Zimmer melden« – ausgenommen die jüdischen.

10. Oktober Eine für die Stadt untypische nächtliche Stille umgibt mich. Nur die Wanduhr leistet mir Gesellschaft. Ich lese Klaczkos[22] *Wieczory Florenckie*. Ich sehe, dass die meisten meiner Ansichten zur Kunst von dort stammen. Mit einem Buch geht es mir gut. Der Abstand hilft mir, die Gegenwart zu ertragen.

Man hat Reis in die Weichsel gekippt, statt ihn zu verteilen und auf diese Weise ... Keine Weise kann helfen. Polen soll als Reststaat regiert werden und leben. Der Staat ist vor unseren Augen in den Abgrund gestürzt, und das Volk betrachtet die Niederlage unter dem Aspekt des Mangels an Nahrungsmitteln.

Chaos, Unfähigkeit, Scham. Im Angesicht der Barbarei.
Ich habe mich schlafen gelegt, ohne daran zu denken, dass man allzeit bereit sein muss, das brennende oder einstürzende Haus zu verlassen. Ich muss Kleidungsstücke bereitlegen, in die ich schnell hineinschlüpfen kann – ich kann nicht in Kleidern schlafen wie andere, die sich wochenlang nicht ausziehen. Das für den Vagabunden unverzichtbare Bündel mit Sachen und Essen vorbereiten. Eine Tafel Schokolade vor allem, die hat anderen und mir viel Gutes getan.
Der Kurs des Zloty zur Mark wurde bekanntgegeben. Besser als erwartet. Im Rathaus soll wieder elektrisches Licht brennen. Abgesehen davon liegt die Stadt im Dunkeln. Ich sehe neue, glänzende Autos. Sie sitzen Rücken an Rücken darin. Perfekt aneinander angepasst.

14. Oktober Morgen. Zum ersten Mal ertönt im Hof die Stimme ehrlicher Arbeit. Es werden Bäume gefällt. Die Mauern sind mit Bekanntmachungen tapeziert.
Selbst die Läden müssen ihren Inhalt erklären, die Schilder wurden vom Höllenfeuer entstellt. Bettler ziehen durch die Straßen der Stadt.
Jemand sagt: »Schau, ein neues Grab.« Die Antwort: »Na und, lass uns schnell Wasser holen.« Essen und Trinken, das Gebot der Stunde.
Das normale Leben kehrt zurück. Das Café in der Dobra ist leerer als früher. Ich rieche den warmen, schweren Duft des süßen, fettigen Kuchens. Hier haben Dr. Dresdner und ich unsere landeskundlichen Ausflüge durch Warschau begonnen.
Seit Mittwoch, dem 11., erscheint der »NKW«. Während der Belagerung teilte man seine Eindrücke miteinander, jetzt liest man stumm. Über den Köpfen brummt der stählerne Vogel der Unruhe.

Mitte Oktober Not im Elend – so lässt sich die allgemeine Lage beschreiben.
Man läuft durch die Stadt wie durch ein Bergsportgelände. Die Beine wundern sich über die Unebenheit des Pflasters. Gefahreninseln lauern überall in der Stadt, nicht nur in den Randgebieten. Beim Blick auf die Zerstörungen kann ich gut das Werk von Spreng- oder Brandbomben unterscheiden. [...] Ich kann Stör- von Angriffsfeuer unterscheiden und einzelne Flugzeugbewegungen zuordnen. Die wissenschaftlich-anschauliche Methode.
Marschall Rydz, ein Titel, den man sich in Polen ehrlich verdienen muss. Alles existierte nur auf dem Papier. Er war ein schlechter Verwalter der realen Bestände, er überprüfte sie nicht. Militärdepots drei Kilometer von der Grenze entfernt. Die Armee taugte für Paraden auf dem Platz Na Rozdrożu! Allgemeine Unfähigkeit oder kollektiver Verrat?
Wasser. »Sie Glückliche, Sie haben es so nah zum Brunnen.« Ich gehe immer noch hin. Manchmal schwach vor Hunger. Ich esse Rosinen aus der Tasche. [...] Mir fällt ein ungehöriger Witz ein. An einem Frühlingstag war ich auf den Balkon gegangen. Unter dem Eindruck der Nachrichten aus Prag sah ich plötzlich die Hakenkreuzflagge über dem Schloss wehen. Die Bekannten, denen ich scherzend von der unpatriotischen Sinnestäuschung erzählte, waren empört ... Und jetzt ... Das Schloss ist zerstört ... [...] Das rote Dach hat sich schwarz gefärbt.

16. Oktober Es ist warm. Ich schaue vom Balkon. Die Leute bewegen sich wie immer um diese Jahreszeit, mit dem Schwung der neuen Saison, gestärkt von der Energie des Sommers, voller Hoffnungen für den Winter ... Manche stromern träge herum, tragen keine Einkäufe, schleppen keine Pakete. Viele sind

mit Rucksäcken bepackt. Die Frauen tragen Kopftücher, das ist der Stil der Kriegsmode. Die Bewegungen der Männer haben um diese mittägliche Spazierstunde weder Temperament noch Chic. Es fahren Kutschen, Fuhrwerke, höchstens noch Lastwagen. Dann wieder Stille. Selbst ein Leierkasten wäre willkommen. Klaviere sind wieder beliebt. Je tiefer, umfassender jemand gelebt hat, desto größer sein Schaden.
Was wird von Polen bleiben? Die Jugend und die Erde.

19. Oktober Zurück in der 6-go Sierpnia. Dort treffe ich auf den Vizestarosten[23] von Kutno und seinen Gefährten auf der Odyssee in den fernen, inzwischen sowjetischen polnischen Osten. Gegenseitige Berichte. »Du warst keine Heldin?«, wundert sich Władzio, den viele Frauen mit der Darstellung ihrer heroischen Rolle während der Bombardements begrüßten. Andere Personen hielten ihm vor: »Wegen euch, der Verwaltung, ist alles so schlimm gekommen.« Auch sie, die mit dem Auto losgefahren waren, machten den Rückweg zu Fuß oder bestenfalls mit dem Pferdewagen. »Das Fuhrwerk ist das Nationalverkehrsmittel«, sagt der Vizestarost, der keineswegs mit seinem, geschweige denn mit dem polnischen Schicksal versöhnt ist. Seine Frau, die er nach Warschau kommen lässt, meinte zunächst, sie sollten an ihren Wohnort zurückkehren und sich beim Landrat vorstellen. Vielleicht bekäme er einen Posten. Ihre Begründung war perfekt: »Sonst gewinnen die unerwünschten Subjekte die Überhand.« Darauf er: »Unter diesen Umständen nimmt nur ein Schuft einen Posten an, kein anderer taugt dazu.« [...] Zuvor ist schon Mila aus Wielgolas gekommen, um sich gemäß Anordnung bei der Bahn zu melden, wo sie vor dem Krieg arbeitete. Wieder ist das Haus voll von ungemeldeten Personen, obwohl diesbezüglich schon ein strenges Verbot erging. [...] Mila und ich lachen darüber, dass vor meiner Abreise nach Horodenko unsere größte Sorge der für Menschen in »unserem« Alter unangemessenen Form des Campingurlaubs galt. (So viele Nächte waren seither schlimmer als die im Zelt verbrachten.) Jetzt müssen wir uns zu zweit ein Sofa teilen.

20. Oktober Mit einem Zettel in der Handtasche, weil mich nichts zur Vernunft bringen kann. Ich betrachte Splitter der Stadt, die das nächste Bild aus dem Auge verdrängt. Deshalb muss ich sie *sur la vie* festhalten. Ein älterer Herr, Akademiker, noch mit Binokel, schleppt einen Eimer Wasser. Ein junger Intellektueller mit Brille drückt einen Laib Brot an sich wie früher ein Buch. Die Leibesnahrung wurde mit größerer Mühe errungen. Schmutz. Ein Haufen armer Schlucker – das sind wir. Man muss im Zickzack durch die Straßen. Schlammpfützen und Schluchten. [...] Eine Preisliste für Begräbnisse wurde ausgehängt. Sie gilt nicht für Juden.
Ich sehe den Briefträger. Er verteilt Briefe aus Ungarn und Rumänien.
An den Mauern Schriftzüge: »England, das ist dein Werk«. Im Vordergrund Chamberlain und ein verwundeter polnischer Soldat, im Hintergrund eine brennende Stadt.
Manche (Frauen) machen schon den Deutschen schöne Augen. Andere drohen mit ihnen.
Die Konsolidierung von Trauer, Verzweiflung, Kritik ...

26. Oktober Wir werden [...] nach Wielgolas fahren. Es bietet sich eine Gelegenheit. [...] Einige Fuhrwerke, die Lebensmittel vom Land brachten, sollen mit Stadtprodukten zurückkehren.

Warschau-Wielgolas, 27. Oktober In der Senatorska habe ich das aus Wielgolas gewünschte Religionsbuch für Stasio und [...] Strümpfe gekauft. [...] Wir klettern auf die Wagen. Jede neben einen Knecht, die Koffer verstauen wir, wo Platz ist. Wir fahren durch Grochów, dessen Untergang mir Anfang September den Weg erhellte. Ein Trümmerfeld. Ein offenes Zimmer mit Rückwand gibt durch den Farbkontrast ein futuristisches Bild ab. Manche Häuser wollen zurück zur Normalität, auch auf Kosten der Ästhetik. Sperrholz vereint sich mit Glas. [...] Wir kommen an Olszynka vorbei, das ich im Sommer zum ersten Mal besucht habe. Dort wurde Mitte September wieder gekämpft. [...] In den Tagen der Flucht lagen Leichen auf der Landstraße [...], sagt der Kutscher. Mit Schätzen gefüllte Krokodillederkoffer. Nur wer nichts hatte, verlor nichts. Ich kenne das Bild aus Erzählungen. Leider nicht *de visu*. Wenn das Böse schon geschehen musste, wäre ich gern überall gewesen. Mila ist die Strecke zu Fuß gelaufen, sie sagt, so müsse Napoleons Rückzug von Moskau ausgesehen haben. Ebenso tragisch, wenn auch nicht in Zivil. [...] Am Straßenrand liegen jetzt viele Autoskelette. Der Tod öffnete den Fahrenden die Tür. Am Straßenrand Kreuze. [...] Und dahinter goldene Herbstfelder. Das stille Land ... [...] Gegen zehn erreichen wir den Hof. Ich war lange nicht hier. Fünf Jahre. Auf der Veranda steht eine »Wache«. Zwei Soldaten. Mila geht ins Haus, ein Soldat folgt ihr. Ich frage den zweiten, ob alle schlafen. Die *Herrschaften* sind oben. Celinka kommt gelaufen, ein Offizier taucht auf und hält trotz des Passierscheins, der Nachtfahrten erlaubt, die Wagen fest. Wir aber haben im Dunkeln viele Kilometer gut hinter uns gebracht. Selbst die Patrouille, die uns in Pogorzel anhielt, fragte nur nach dem Inhalt der Koffer und wünschte uns auf Polnisch eine gute Nacht.

Wielgolas, 1. November Der Weg zur Kirche gestattet einen Blick auf den Krieg im Abschnitt Latowicz. Die Dörfer sind zerstört, wie überall, ins Auge fallen als Erstes Kachelöfen, die nicht heizen. Die Löcher in der Kirche sind mit Stroh gestopft. Die Lesung des Tages handelt von den 140 000 Versiegelten (womit?). Es folgen die zwölf Stämme Israels. Und dann: »Selig, die um der Gerechtigkeit willen verfolgt werden.« Und wenn es gar nicht um Gerechtigkeit geht? Ich betrachte den Weißen Adler auf rotem Grund an der angeblich dieses Jahr renovierten Wand.
Nach der stillen Messe ein Bittgebet in verschiedenen Anliegen. Unter anderem für Frieden. Der Weg zum alten Friedhof führt durch das zerstörte Latowicz. Dort liegt mein Cousin, begraben 1905. Ich habe das Kind sehr geliebt. Jahrelang war der Friedhof verwahrlost, jetzt, neu aufgeräumt, dient er einer neuen Generation von Toten. [...] Der neue Friedhof birgt andere Verwandte, Vater und Bruder. Wir begegnen kleinen Fuhrwerken, die in Stille zum Hochamt fahren, die Glocke schweigt zum Zeichen der Trauer. [...] Nachmittags zieht eine Prozession von der Kirche hierher. Es ist nicht Sache der Herrschaft, daran teilzunehmen, darum sprechen wir jetzt das »Herr, gib ihnen die ewige Ruhe«. Stasio erklärt: »Es gibt keine Kerzen für die Gräber.« Schon im letzten Jahr wurden sie gestohlen, wie dann erst jetzt.

2. November Am Gemeindehaus die Bekanntmachung, dass Fahrradfahren verboten ist.

4. November Die Stimme eines geschlachteten Schweins riss mich aus dem Traum in den Tag. Ein weiterer Beleg für die Autarkie des Dorfs, die heute auch nötig ist. Ich hörte die Stimme des Tiers, nein, mehrere Stimmen. Auf den Protest-

schrei folgte beinahe ein Kinderweinen. Ich steckte den Kopf unters Kissen, wie es Feiglinge tun.
Der Aufenthalt hier hat teils etwas von solcher Politik. Man verdaut die Eindrücke der letzten Wochen, ohne dass neue hinzukommen. Es wird viel über Flüchtlinge gesprochen. Von allen Seiten treffen fast unwirkliche Gerüchte und Nachrichten ein. In mir überlagern die Bedürfnisse des angeschlagenen Körpers die geistige Erschöpfung. Ich schlafe gern lange oder liege einfach da. Im Warmen lässt es sich so gut erholen. Mit Appetit esse ich alles und laufe beinahe froh durch die Felder, die künftiges Korn in sich tragen, statt durch Ruinen, denen nur weiterer Zerfall bevorsteht. Die Gedanken lassen aber nicht locker. Wie konnte der junge Staat mit seiner unsicheren geographischen Lage unnötige Reformen in Angriff nehmen, vor denen sich etablierte Staaten hüten? [...] So war die Rechtschreibreform ein Luxus. Auf Krieg waren wir indessen nicht vorbereitet.

6. November Ich hatte Gelegenheit, nach Mińsk zu fahren. Der »NKW« berichtet von der Gründung einer westlichen Ukraine, die der Sowjetunion angeschlossen wurde. Keine lokalen Nachrichten. Die Zeitung könnte ebenso gut in Honolulu erscheinen. [...] Viele Vermisstenanzeigen. Ansonsten Zeichen einer Normalisierung des Lebens. [...] Die Post ist noch nicht wieder in Betrieb.
Gestern waren Deutsche hier: Zivilisten, Arbeiter; sie kamen, um Essen zu kaufen. Besonders beliebt sind Eier. Ein begehrtes und sicheres Produkt. *Et pour cause,* selbst die Polen vermögen sie nicht zu vergiften. Sie sagten, sie hätten England bombardiert wie Polen. Im »NKW« stand davon nichts. Warum sich mit uns abgeben. Es lief besser, als die blühendste Phantasie sich hätte ausmalen können ...

7. November Wir gehen schauen, ob es am Gemeindehaus neue Bekanntmachungen gibt. Eine Verordnung zur Registrierung von Fahrrädern. [...] Hinter vorgehaltener Hand heißt es, dass selbst deutschen Staatsbürgern das Radio verboten wurde [...]. An der Kirche in Siennica hängt eine Hakenkreuzflagge. Man spricht viel über die staatsbürgerliche Untauglichkeit der Bauern, ihre Gier und Profitsucht. [...] In der Zeit der Fluchtbewegungen haben sie Nahrungsmittel gegen teures Geld abgegeben, wer keines hatte, wurde schlicht abgewiesen. Jetzt wollen sie nicht einmal den Agrarinstruktoren, die ihnen einst halfen, einen Scheffel Kartoffeln überlassen, weil sie hoffen, astronomische Summen dafür zu bekommen. Immer wieder heißt es: Das sind die Folgen der »staatsbürgerlichen Erziehung«. Oder ist es das Böse im Menschen, das heute überall triumphiert?

11. November Das Gut und die Kirche haben heute den Nationalfeiertag begangen. Die jungen Leute wollten ihn religiös feiern. Fela hat aus Solidarität mit dem roten Buchstaben im Kalender ihr Sonntagskleid angezogen. Manche hier sagen, es gebe den Tag erst seit zwei Jahren. Er sei eine Erfindung nicht einmal Piłsudskis[24], sondern seiner Nachfolger.
Gestern ein Besuch des hiesigen Pfarrers. »Ich war zuerst Pole, dann Priester. [...] Jeden, der Polen aufgebaut hat, und wir haben ja alle ein Stück daran mitgewirkt, schmerzt all das sehr.« Wobei jeder andere Gründe für die Niederlage sieht und anderen Personen die Schuld zuweist. Er ist Nationalist, also beschuldigt er den Marschall und geht bis in dessen Magdeburger Zeit zurück. [...] Ansonsten hat er viel Gescheites gesagt, aber nicht reagiert, als einer der jungen Leute sich sorgte: »Was, wenn Frankreich und England siegen? Das sind doch Freimaurer ...« Er erzählte auch manches von Panzern, die

Gattinnen und Habe ziviler wie militärischer Amtsträger in Sicherheit brachten, von Rot-Kreuz-Bandagen, die jetzt Kinder beim Pferdspielen als Zügel benutzen. [...] Von Taten von Reservisten, die [...] tapferer waren als die Professionellen. Nicht weit von hier habe ein Kommandeur, Anwalt im Zivilleben, seine Leute versammelt: »Werft die Waffen weg, Männer, und bringt euch in Sicherheit.« Er selbst habe sich das Leben genommen.

12. November Ich lese *Der Weg zurück*. Es hat Parallelen zur Gegenwart. Auch dort gibt es Tauschhandel, sucht man neue Formen des Wirtschaftslebens. Einmal liest der Protagonist einen alten Schulaufsatz: »Warum muss Deutschland den Krieg gewinnen?« Das erinnert an Vorkriegszeitungen. Wenn er auf die Wirklichkeit blickt, hat er die Erinnerung von zwei Frontjahren vor Augen, ich bin bis heute Gefangene des Septembers. Die Bilder dieses Monats, die Stimmen, sind immer noch präsent. Eine Nacht in der 6-go Sierpnia in einem unsicheren Zimmer, das am nächsten Tag selbst sehr erschöpfte müde Soldaten nicht wollten. Geschützfeuer. »Sie haben ein MG-Nest entdeckt und halten drauf«, erklärte jemand aus dem Vorzimmer, zu dem die Tür offenstand. [...] In der Stille von Wielgolas höre ich die überstandenen Nächte [...] vielleicht klarer, als ich sie in Wirklichkeit hörte, schläfrig und erschöpft auf einem Strohsack auf dem Boden liegend.

13. November Ich komme auf das gestern Geschriebene zurück, denn solange ich dieses Buch lese, fühle ich mich wie ein Remarque in Klein. Ich sehe jene Erlebnisse realer als die Wirklichkeit. [...] Wie ich am 7. von Praga durch die Karowa lief, um möglichst schnell [...] in den Schutzraum zu kommen, ein Abort voll schmutzigem Wasser und Gestank direkt neben meinem Haus in der Bednarska. [...] Vom Viadukt aus konnte man sehen, wie Grochów brennt. [...] Der Feuerschein erhellte den ganzen Weg, reichte bis zum weiten Horizont, als ich oben auf der Treppe stehenblieb. Von dort hatten Dresdner und ich auf das feiernde Powiśle geblickt. [...] Wir waren so viele Stunden gemeinsam unterwegs. Wie geht es deinem Herzen jetzt, Karol? Das Feuer ist ein fremdes, fernes Element, dem ich im Laufe dieses Monats immer wieder begegnet bin. [...] Als gegenüber von uns das Militärministerium brannte, züngelten die Flammen am Gebäude entlang, mehr spielend als die Wände verschlingend ... Ich erinnere mich an die dunklen Schwaden, die später erst aufzogen. Schmutz in der ganzen Wohnung. Man bekam die Hände nicht sauber [...]. Der Ruß fraß sich tief in die Haut. Was man auch anfasste, war dunkel und klebrig. Der kleine Offizier in der Krucza, dem ich Bonbons anbot und der sich verlegen von der Süßigkeit abwandte, auf die er Lust hatte. Die Bilder kommen immer wieder zurück. Ich blicke auf eine jetzt dunkelgoldene Lärche, und es separieren sich einzelne Erlebnisse. Damals formten sie ein Ganzes, verschmolzen zu einem einzigen Unglück ohne Datum. Niemand wusste, wie lange es schon währte, welcher Tag es war. [...] Was ich in der raschen Folge der Ereignisse oder aus Geringschätzung nicht notierte, will jetzt aus der Feder, die über den heutigen Tag nicht viel zu sagen hat: Mündliche Zeitung von Ankömmlingen, Gerüchte und Vermutungen, Wünsche statt Wirklichkeit. Doch auch diese Lebensechos sind wichtig.

Der polnische Kreis verengt sich. In letzter Zeit war das Ausland für uns unerreichbar, jetzt haben wir noch weniger Platz unter der Sonne. Wie groß das Protektorat sein wird, wissen wir nicht. Krakau soll Hauptstadt werden.

16. November Es heißt, die Juden sollen in ein Reservat in der Gegend von Lublin ziehen. Sie müssen ihre Ladenbestände bis zu einem bestimmten Datum verkaufen. Aber niemand will kaufen.

21. November Wenn ich abends durch das Esszimmer gehe, sehe ich vor dem Kamin den deutschen Oberst, der hier gern die »graue Stunde« verbrachte. Er wartete in der Abgeschiedenheit auf den nahen Tag, an dem er an die Westfront gehen würde. Das war keine Frage des Schicksals, sondern ein längst festgelegter Termin. Er sagte, Wielgolas sei ihm für die Zeit nach dem Polenfeldzug vom 15. bis zum 29. Oktober zur Erholung zugewiesen worden, ohne Zweifel am Ausgang des Unterfangens. Das nennt man Disziplin – sie vermag den Lauf der Ereignisse zu lenken. Deshalb wurde dieses Haus auf der Karte anders markiert als zur Vernichtung bestimmte Orte. Das arme Siennica oder das unschuldige Latowicz. Dort ließen sie immerhin die Schule stehen.
Der Kopf schmerzt. Manchmal ist mit den Schmerzen jetzt auch Glück verbunden. Wenn man in Ruhe liegen kann, ohne Sorge, dass das Telefon ruft oder ein Kind weint. Der Optimist vergleicht sein Geschick mit denen, die unglücklicher sind, der Pessimist mit dem der Glücklichen. Nicht nur jetzt, immer schon ging es vielen Menschen schlechter als mir. Und sei es, weil ich die Kraft habe, mein Leid zu tragen.

2. Dezember Die Häuser werden wiederaufgebaut werden, die Äcker wieder Früchte tragen, die Ställe neue Generationen von Vieh hervorbringen. Wer bringt die Kulturschätze, die geraubten Museen, die aufgegebenen, geschlossenen wissenschaftlichen Institutionen zurück? Das alles geschieht deshalb, weil die Deutschen keine polnische Intelligenz brauchen, die

eigene ist ihnen genug. Auf der Straße begegnen mir möbelbepackte Fuhrwerke. Für ein, zwei Scheffel Kartoffeln kann man so viel kaufen! Die Pelze und das Kristall der Reichen kommen jetzt in den Besitz der einstigen Hungerleider.
Besuch. Ein Deutscher kauft etwas bei meinem Bruder. Er fragt: »Wären Ihnen die Sowjets lieber oder wir?« Keiner von beiden. »*Natürlich.* Aber wenn es nicht anders ginge?« Ich weiß nicht, wie die zweite Antwort lautete.

18. Dezember Nicht nur Hitler denkt, dass die Juden an allem schuld sind. Die größte Sorge (eines gewissen Teils) der Jugend ist, was man »hinterher« mit ihnen anfangen soll. [...] Es geht die Kunde, dass in Łódź das ONR[25] sich bereitwillig den neuen Herrschern angenähert hat. »Es schadet nicht, dort Kontakte zu haben«, heißt es mit dem Gedanken an Protektion.
Man redet von Plänen, das Schloss zu sprengen, deshalb sollen die Leute 48 Stunden lang ihre Häuser nicht verlassen dürfen. Ein ähnliches Schicksal soll den Denkmälern bevorstehen, in Łódź wurden schon einige zerstört, Kościuszko[26] liegt in Trümmern. Auf ihm steht ein Soldat. Sie lassen sich fotografieren wie Großwildjäger in der Savanne, den Fuß auf dem Kopf des erlegten Löwen.

1940

Warschau, 10. Februar Ich habe lange nicht geschrieben, zuletzt wohl Mitte Dezember in Wielgolas. Die Feiertage verliefen unerwartet gut, das heißt Heiligabend und die beiden darauffolgenden Tage. Es waren viele Personen versammelt. Ich hatte jede von ihnen zu Wort kommen, in ihrem eigenen Ton sprechen lassen wollen. Doch die Krankheit und der Tod meiner Schwester trieben die Gedanken und das Herz in eine andere Richtung. Eine schwere Woche. Ich musste die Arme an die Schwelle zum anderen Leben geleiten. Sooft ich den Tod einer Person von Nahem erlebe, habe ich den Eindruck, dass hinter dieser Schwelle nichts ist. Nur der Zerfall des Körpers. Vielleicht ist deshalb jeder Tod ein ewiger Abschied und damit umso schmerzhafter.
Ich war noch gut zwei Wochen in Wielgolas und beobachtete gleichgültig die wunderbare Blüte des Januars. Dann die Rückkehr im Schlitten nach Warschau [...]. Die Wohnung war kalt, was ich mit einer Erkältung bezahlte. In die Krankheit fiel die Nachricht von einem Banditenüberfall auf Wielgolas. Er war für den 7. Januar geplant gewesen, die Nacht von Milas Tod. Aus Furcht, dass die Deutschen im Hof stehen könnten, hatten sie den Raubzug verlegt.

15. Februar Die Kälte raubt den letzten Rest Energie. Was bleibt, um sich innerlich zu wärmen? Auf dem Plac Narutowicza liegen reglose Wale aus Schnee. Im Park stehen die Bäume, weil es ein distinguiertes Viertel ist, in Bielany werden sie als Brennmaterial gestohlen, obwohl Herren aus verschiedenen Ministerien Wache stehen. Unbewaffnet, sie bekommen fünf Zloty am Tag.

22. Februar Im Bett der Entschluss: Das Alltagsleben notieren, vor allem, um dem Marasmus entgegenzuwirken. Gestern bei den Wysznackis. Der Haushalt lebt auf kleinerem Fuß als früher, aber mit denselben Tendenzen. Die Familie hat den Krieg in Warschau durchgemacht. Alle arbeiten. Die Tochter hat auf ihrem Posten Verwundete und Tote getragen. Später im Lazarus-Krankenhaus, selbst als die Ärzte schon abgezogen waren. [...] Heute vertieft sie sich ganz in die Medizin. Die Mutter ist rasch in den normalen Schulalltag zurückgekehrt, obwohl ihr das Deutsche Probleme macht. Als sie als Direktorin die Schule wiedereröffnete, wusste sie – zum ersten Mal im Leben – nicht, was sie den Kindern sagen sollte. Sie ließ das Rätsel der Veränderungen ungelöst. [...]
Später mit anderen Damen zu Lardelli. Durch das Gespräch zog sich das Problem der Beschaffung von Lebensmitteln – was wo zu bekommen ist. [...] Der Krieg macht Appetit, aber befriedigt ihn nicht, deshalb richtet sich alle Sorge auf dieses Thema.

27. Februar Gestern bin ich durch Straßen gestromert, die aussahen wie in der Provinz. Schmutzig, verwahrlost, schlecht beleuchtet, willkürliches Überqueren von Kreuzungen. Ein völlig anderes Publikum. Zugleich hatten sie etwas vom alten Warschau [...], als es noch keine Fahrbahnen gab. [...] Außer dem Brennen in den Augen ständige Stiche ins Herz. Das offenbar noch empfindsam ist. Bei Wedel hing eine Bekanntmachung: Man darf weder an jüdische Geschäfte noch an Juden verkaufen. An der Kierbiedź-Bibliothek der Schriftzug: »Zutritt für Juden verboten.«

1. März Ich breche auf zum evangelischen Krankenhaus, zur Zahnärztin. Jedes Mal nehme ich möglichst einen anderen Weg, um so viel wie möglich zu sehen. Wird das die letzte Leidenschaft sein, die mich verlässt? Nowolipki. An einer Stelle ist die Straße mit riesigen Leitern versperrt. [...] Platz für Trümmer, die jeden Moment herabfallen können. Aufgebaut sicher von den Arbeitern, die schon mit Hämmern die Mauern des Gebäudes abklopfen. Die Juden gehen trotzdem weiter, manche laufen über die gefährdete Fläche. Ich zögere, aber dann mache ich einen Bogen um die Stelle. Ich, die Furchtlose? Ich wollte meine Nerven schonen, und vielleicht ist ja Israel auch, wie der Araber, Fatalist?
Zurück gehe ich durch die enge Mylna, die Długa, an »unserem« Café vorbei. Im Sommer haben Dresdner und ich dort das herrliche Eis genossen. [...] In der Długa haben wir Häuser angeschaut. Hier wohnte Mochnacki, hier Lelewel. Wir planten einen Film über das alte Warschau. Ich hatte eine historisch-künstlerische Dokumentation im Sinn. Mirski hätte sich darum gekümmert. Auf diesem Weg sehe ich in der Altstadt einen Christus mit weggerissener Stütze unter den Füßen. Der harmlose Kiliński[27] fuchtelt mit dem Schwert. Vorbei an den im letzten Jahr ausgegrabenen Mauern, gehe ich durch das offene Tor in der Piekarska, das freilich mit der Warnung »Achtung, Seuche« versehen ist, zurück in die Świętojańska. Wie im Mittelalter bei der Pest. Ob sie noch weiter gehen und, wie in Łódź, ein Ghetto errichten?
In den Verband zum Mittagessen. Das Ganze heißt jetzt »Literarische Küche«. Wieder Suppe aus Gemüseschalen, eine vitaminreiche Neuerung?

2. März Was tun? Das bisherige Leben fortführen, Notizen machen, einem Chronisten gleich die flüchtigen Fakten festhalten. Damit eine Spur von ihnen bleibt. Ein Dokument für die Zukunft ... Wenn es nicht überdauert oder von niemandem genutzt wird, sei's drum. Ich habe das Gefühl, dass ich meine bescheidene Mission erfülle. [...] Jemand sagt: »Gut, dass abends um acht das gesellschaftliche Leben außerhalb der eigenen vier Wände endet.« Man kann nicht mehr auf Kosten des Geldbeutels und der Gesundheit bis Mitternacht Gäste bewirten. Obwohl, meine liebe Cousine war immer am meisten auf ihr Ansehen bedacht. Und jetzt kann sie nach dem Mittagessen zum Bridge einladen. Bridge – die einzige Sache, der weder der Krieg noch Hitler etwas anhaben können.

Anfang März Gestern haben wir Marmelade gekauft. Sie hat die Farbe von Möhren. Dabei entspannt sich die Lage in den Geschäften, sie sind nicht mehr so leer wie Ende Januar.
»Lass mich nicht so viel Leid ertragen, Herr, wie ich kann«, höre ich jemanden auf der Straße sagen. Der Mensch ist kein Held mehr, wie noch zu Beginn des Krieges. [...] Es gibt noch mehr Blutsauger als früher. Natürlich sehe ich auch positive Beispiele. Die junge Wysznacka arbeitet heldenhaft im Krankenhaus, der Priester Zenon Kalinowski nimmt Scharen die Beichte ab, Stanisław Piotr Koczorowski hütet die Bibliothek in schweren Zeiten. Und in allen anderen.
Es hieß, in Warschau seien 60 000 Menschen getötet worden, jetzt wurde eine Null gestrichen. Eine Marktfrau aus einem nahen Dorf bringt Butter. »Für wie viel?« »Nein, ich will kein Geld?« »Wie bitte?« »Ich will etwas aus Gold.«

7. März Fela ist fest entschlossen, zum normalen Leben zurückzukehren. Und ich? Erst schien es mir meine Aufgabe zu sein, Material zu sammeln, um ein Zeugnis der Zeit, der traurigen Wahrheit zu schaffen, dann suchte ich im Schreiben Halt, inzwischen ist es mir zur Gewohnheit geworden. Davon abgesehen fürchte ich keine Zukunft, erwarte nichts für mich. Wenn ich von etwas »träume«, dann von Gift. Einer sicher in einem Teil der Garderobe eingenähten Dosis, sicher verborgen wie die Brillanten, die man jetzt im Knopfloch der Weste versteckt.

Zu Rita Rey[28]. [...] Sie war in Krakau. Dort herrschen Niedergeschlagenheit und Furcht. Gotische Lettern bezeichnen die Straßen. Die Sigismund-Glocke ist stehengeblieben. Sie lässt sich nicht einmal mit elektrischer Kraft bewegen. Aus der Marienkirche wurden während der Messe Kunstwerke und Kultgegenstände entfernt. Uns blieben die Restaurants »Żywiec« und »Pod setką«. Ansonsten: *Juden und Polen verboten.* Ebenso die Hotels. Das Tannenberg- und das Kościuszko-Denkmal sind fort. Mickiewicz soll Hitler weichen.

10. März Ich mache beim Frühstück Notizen auf einer Papierserviette, später tippe ich sie auf der Maschine ab. [...] Was vor knapp einem Jahr noch eine böse Vision war – der plötzliche Anblick des Hakenkreuzes auf dem Schlossdach (nach der Einnahme von Prag) –, sehe ich jetzt real am Akademischen Haus gegenüber. Der freundliche Märzwind rollt das rote Tuch zusammen und wieder aus. Damals scherzte ich mit der entsetzlichen Prophezeiung, zur Empörung der Mirskis und Dr. Dresdners, die mich an diesem Abend besuchten. Nun erfüllte sie sich, wenn auch an einem anderen Ort. Der Doktor hat ein sehr gutes Gedächtnis, er hat das von mir skizzierte Bild bestimmt noch im Kopf. Wie frage ich ihn? Auf privaten Ätherwellen?

17. März Gegen Abend […] habe ich einen langen Spaziergang gemacht. Die Staszic-Kolonie[29] wird teilweise abgerissen. Jedes einstige Haus bildet eine eigene Trümmerschicht. Das große Warschau leuchtet heute backsteinrot – wie geronnenes Blut. Im Licht der untergehenden Sonne ähneln die Mauern den Felsen am Dnisterufer. Auch dort schuf eine Katastrophe, wenn auch keine historische, große Flächen mit kräftigen Farben. Erstarrt und abgeschlossen in ihrer Entwicklung, aber wie lebendig und schön. Nicht so wie hier. Was muss dieser Anblick in einem Menschen auslösen, der sein mitunter jahrelanges Zuhause in Trümmern vorfindet? Wie Karol Irzykowski. Die Arbeitstage, die Bibliotheken, alles, was ein Literatenleben ansammeln kann.

Wir haben Krieg, doch mangelt es nicht an Langeweile für die Zivilisten. Ich war […] in der Literatenküche. Welch geistige Leere, obwohl es manchmal voll ist. Normalerweise gäbe es ein unglaubliches Palaver, jetzt hört man Flüstern, Andeutungen, allenfalls Begeisterung über einen Hund, der *de la compagnie* ist, oder über die Klößchen. Die Abwechslung im Speiseplan tut gut, die Klößchen sind klar, fast durchsichtig, mit Zwiebeln garniert. Man könnte eine zweite Portion vertragen. Die Gesichter der Gäste sind blass, verängstigt, fast wie die, die man im seuchengefährdeten Bezirk zu sehen bekommt. […] Danach war ich in der Mazowiecka, im Lesesaal der Schriftstellergenossenschaft.[30] […] Guter Tee und genug Zucker. Doch wer kann sich diesen Luxus leisten, der 50 Groschen kostet? Ich habe Zeitschriften in drei Sprachen gelesen […].

Schmutz und Unrat. […] Die Maske des Schnees ist von Warschaus Gesicht gefallen. Ich irre buchstäblich durch den Häuserfriedhof der Stadt. Das Terrain von der Chmielna […] bis zur Królewska links von der Marszałkowska ist mit Stacheldraht verbarrikadiert. Manchmal will man zu einem Haus und

stellt fest, dass man von der anderen Seite kommen muss, um hineinzugelangen. Weil der Weg von Trümmern versperrt ist. Die leeren Augenhöhlen der Häuser starren in die Tiefe. Telegrafendrähte hängen an dünnen Seilen. Was, wenn ein stärkerer Wind sie packt?
Was tut sich im Untergrund, die seit Generationen bekannte Arbeit? Ich weiß nicht, wer dort arbeitet, welche Körner sie für die Frühjahrssaat vorbereiten. Manchmal bekommt man ein Zeichen ihres Wirkens direkt in die Hand, manchmal nur durch die Erzählungen eines glaubwürdigen Dritten.
Ich suche nach einer Handtasche, meine wurde in der Karowa gestohlen – von Verwandten der ehrlichen Hauswarte oder von zeitweiligen Treppenhausbewohnern? [...] Die Handtaschenpreise schwanken wie heute alles, ohne jegliches ökonomisches Verhältnis zwischen den Dingen. Abwertung ist nicht das richtige Wort, aber wie soll man es nennen? Einfach die Logik des Lebens – alles Notwendige ist teuer, das Unverzichtbare am teuersten [...]. Ich habe zwei Läden von gleichsam städtischem Aussehen entdeckt. Einen offensichtlich »arisierten« auf der Świętokrzyska, aktuell gibt es dort Meterware. Die Verkäuferinnen haben wenig Ahnung vom Geschäft, sie wissen nicht, wo sie die Preise suchen sollen. Der Patron spricht perfekt Deutsch und berät freundlich einen kaufenden Soldaten. »Bettina« steht auf dem Ladenschild. Die Buchhandlung »Arcta« heißt jetzt Gemeinschaftsgeschäft und hat sich in Kioske aufgeteilt. Einer verkauft Kerzen, ich habe mich für alle Fälle eingedeckt, als vorsorgliche Haushälterin. [...] Ein anderer Kiosk verkauft Kurzwaren. [...] Bücher gibt es auch, und wie. [...] In der Abteilung »Zum Wiederentdecken« finde ich Iwaszkiewicz und einige Arbeiten zum Freimaurertum. Das nennt man auf Höhe der Zeit sein – sicher ungewollt. Auf der Suche nach einer Handtasche war ich noch im Kommissions-

kaufhaus in der Nowy Świat. Vom Charakter wie die »Bettina«, nur eleganter. Perlenketten, im Schaufenster moderne Möbel und einige schöne Schuhe.
In der Universitätskirche St. Anna das Grab Christi: Das Kreuz ist zerbrochen, eine Atmosphäre des Grauens, Feuer erhellt die Sterbeszene. Das fromme Volk schaut mit schmerzendem Herzen zu – während in diesen Tagen die Jungen, getrieben von Raubgier oder Furcht, den Einflüsterungen »Los, auf die Juden« erliegen und Jagd auf die leichten, sich versteckenden Opfer einer doppelten Bestialität machen.
Plakate kündigen Sportwettkämpfe in Zakopane an. Zu Ostern.

19. März Ich schaffe es nicht, den Menschen Gutes zu tun, aber noch kann ich kleine Freuden bereiten (Lebensmittel, Süßigkeiten).
Sie haben *Kraft durch Freude,* wir hatten während der Bombardierungen Solidarität, jetzt den erbitterten Kampf der abweichenden Interessen im Untergrund.
Ab April gilt die Sommerzeit. [...] In Paris wurde am ersten Aprilwochenende, in der Nacht von Samstag auf Sonntag, nach der letzten Metro die Uhr eine Stunde zurückgestellt. Tags darauf erwachte ich morgens zu früh, weil ich noch nicht an die Umstellung gewöhnt war. Was tun mit der gewonnenen Zeit? Manchmal wusste ich es, dann nahm ich die Zugabe freudig an ...
Die Deutschen haben den Kindern befohlen, zur Kirche zu gehen und das Andenken des Marschalls[31] zu feiern. Angeblich sagen sie: Wenn der *»alte Papa«* noch lebte, hätte er es nicht zum Krieg kommen lassen. Meinen sie, er hätte Danzig abgetreten *et tout ce qui s'en suit?*

20. März Von draußen ist ein frühlingshaftes Hämmern zu hören, Menschen laufen durch Trümmer und Ruinen. Die Arbeit beginnt. Ich gehöre zum Typ der wählerischen, aber glücklichen Feinschmecker. Mir ist alles recht. [...] Die Möhrenmarmelade ist wunderbar. Gestern habe ich zum ersten Mal seit zwei Monaten wieder einen Apfel gegessen. Das erste Telefonat. Ich habe kaum die Stimme gehört.
Eine Szene vor dem Hotel Polonia. Ein einhändiger, einbeiniger Invalide verkauft Zigaretten. »Guten Tag, Herr Bootsmann«, begrüßt er einen Kunden, der gerade als bloß dreißigprozentiger Invalide aus der Gefangenschaft heimgekehrt ist. Der hätte fast den Matrosen aus seiner Einheit nicht erkannt. Er setzt sich zu ihm auf den Boden »und beide weinten«[32].
Ich habe der Wäscherin etwas Butter gegeben. »Das ist mein ganzes Osterfrühstück.« Fela hat Brot mitgebracht und entschuldigt sich, dass es nicht besonders frisch ist. »Es gibt heute kein unfrisches Brot.«
Wenn uns das ewige Leben erwartet, dann ist es gut, wenn nicht, ist es immer noch besser als hier. Warum haben die Menschen Angst vor dem Tod?
Gestern in der Tram war es scheußlich. An jeder Station Menschentrauben; die Starken drängeln sich vor. Wie kommt diese Mutter mit den Kindern nach Hause? Es ist nicht mehr nur eine Frage der Bahn, die man womöglich verpasst. Im Fall der letzten Tram kann es das Todesurteil bedeuten.

22. März Das Fotoplastikon. Als das Kino noch in den Anfängen steckte, ging ich in Krakau in die Floriańska, setzte mich vor die Gucklöcher und ging auf Reisen. Jetzt rufe ich mir die Welt in Erinnerung, die ich damals nur auf diese Weise kennenlernte.
In der Innenstadt treibt ein Mannweib sein Unwesen, halb

männlich gekleidet, statt eines Feldherrenstabs einen Stock. In seinem Gefolge Jugendliche: »Heja, auf die Juden!« Zum Gefallen der vorübergehenden Deutschen. Eine Frau mit Armbinde fällt nach einem harten Schlag in den Schmutz. Jemand springt ihr bei. »Sind Sie ein Judenadvokat? Was haben sie Ihnen gezahlt?« Wie werden sich die Beziehungen später gestalten? Die jungen Leute, denen ich begegne, halten neben den Freimaurern die Juden für die Ursache unseres nationalen Unglücks.
Morgen werde ich allein schlafen, nach so vielen Nächten in unterschiedlicher, bisweilen zahlreicher Gesellschaft. Etwas, wofür ich kämpfte, als Teil des Daseins für mich und andere, die eigenen vier Wände hier auf Erden, wichtiger als ein Grab nach dem Tod – es ging verloren wie vieles andere. Jetzt bekomme ich es zurück – für wie lange?
Wie nach dem Tod eines lieben Menschen kehrt das Leben für andere langsam zur Normalität zurück. Die Warschauer Straßen werden heller, es gibt mehr Licht. *Carpe diem,* sagte man früher, jetzt heißt es: »Sei dem Augenblick voraus, dann kaufst und verkaufst du gut.« Man sieht sehr viele Bettler, mir scheint, ihre Klagen rühren niemanden als sie selbst.

29. März Aus den Wanderungen eines Originals. Ich bin mit der Tram 27 gefahren. Und habe in die andere Richtung aus dem Fenster geschaut als beim letzten Mal. In der Żelazna ein kubistisches Bild aus den Wänden eines zerbombten Hauses. Der Plac Bankowy in Trümmern. [...] Durch die Rymarska in Richtung Leszno. Das Heilig-Geist-Krankenhaus ist komplett zerstört. Schmutzige Schneehaufen. Unwegsames Gelände. Scharen von Menschen mit Armbinden. Verkauf von blauen Davidsternen auf weißen Grund. Der Straßenhandel hat sich um diesen Zweig erweitert. [...] Über den Plac Teatralny, durch die Senatorska Richtung Schloss. Die Straße ist verbarrikadiert, aber an der Seite kommt man durch. Was macht es schon, wenn einem ein Stück Mauer auf den Kopf fällt? [...] Der Eingang in die Świętojańska ist mit Drahtverhauen versperrt und wird von einem Polizisten bewacht. Deshalb weiche ich in die Piekarska aus. An ihrem Eingang stehen zweisprachige Warnschilder: »Zaraza – Seuche«. Dazwischen ein Tor, so breit, dass sogar die Fuhrwerke durchpassen, die sich über den holprigen Straßenbelag mühen [...]. Ich schlängle mich zwischen Passanten und Fahrrädern hindurch [...]. Auf Umwegen gelange ich zur Korsettmacherin in der Świętojańska. Ein kurzes Gespräch über die lokalen Verhältnisse. Es gibt keine Seuche. Kein einziger Fall ist bekannt. [...] Ich kehre auf den Plac Zamkowy zurück, wieder auf Umwegen. [...] Das Schloss ist nach dem Brand und nach der Abnahme des Daches ein seiner alten Pracht beraubtes Skelett [...]. Sigismund[33] harrt geduldig aus.

Es nahen die Iden des März. Zum »NKW« wegen der Nummer mit der Chronik der Septembertage [...]. Als ginge ich zu einer Redaktion, um einen eigenen Artikel abzuholen. Dann zu Koczorowski, dort treffe ich Zuzanna Rabska [...]. Sie hat der Nationalbibliothek ihre Sammlung polnischer Lyrik der letzten vier Jahrzehnte zur Aufbewahrung gegeben. Was ist mit ihnen geschehen? Koczorowski steht in der Galerie meiner Bekannten für berufliches Heldentum. Im September brachte er Handschriften und wertvollere Drucke zum Fort Legionów, die er vor dem Feuer gerettet hatte. Während der kurzzeitigen »Herrschaft« der Vorstadtbewohner (27. und 28. September) hatte die Menge die wertvollen Bände geplündert und die anderen zerstört. Die Werke sind wieder an ihrem Platz, doch welches Schicksal erwartet sie jetzt? Bringen sie sie fort, um sie gegen Devisen zu verkaufen, die ihnen fehlen? Nicht aus Lust an der Vernichtung, sondern für den Profit.

1. April Im Zeitschriftenlesesaal ein Heft zum *Feldzug.* Unser Herbst in Bildern, aus Sicht der anderen Seite. [...] Interessante Luftaufnahmen der zerstörten Hauptstadt. Das *Inferno von Warschau.*

6. April Der erste Aprilsonntag. Blauer Himmel, der Wind tut seine Pflicht und lässt die leichten Schals flattern.
Die Türme des Wiener Bahnhofs zerfallen einer nach dem anderen und stürzen ein. Ihre Ziegel haben dieselbe rötlich marmorierte Farbe wie Japan im Fotoplastikon. Ich habe es gestern gesehen wie in Jugendzeiten. [...] Nur schaute ich damals mit größerer Neugier. Heute war ich fast allein – ich suche naiv nach Eindrücken!

8. April Die Bibliotheken müssen französische und englische Titel aus dem Verkehr ziehen. Damit versiegt eine große, heute die einzige Quelle geistiger Freuden. Alt und Jung preist heute das Lesen. Die Befürchtung, dass mir bald nur noch Felas Bibliothek bleibt, beginnt sich zu bewahrheiten. Jetzt, wo ich zur *liseuse acharnée* geworden bin, so viel lese wie schon lange nicht mehr.
Gewisse Punkte der *misère de la vie* verlieren an Gewicht. Es ist wärmer, man muss sich nicht mehr wie die Eskimos kleiden und im Pelz wohnen, das Telefon funktioniert wieder, man kann länger draußen sein. Dafür machen sich die Einschränkungen des geistigen Lebens stärker bemerkbar.

9. April Bald wird Efeu die frischen Ruinen umkränzen ... Wie wird das Morgen? Ich bin nicht nur materiell in einer besseren Lage als andere. Die moralische bleibt unverändert. Ich habe nichts zu verlieren. Ich erwarte nichts mehr vom Leben, also kann man mir nicht die Hoffnung nehmen.

Wie jeden Sonntag war ich bei den Mirskis in der Aleje Niepodległości. Demokratisierung. Nachmittagstee [...] mit Brot und Marmelade. [...] Der abendliche Heimweg. Ein herrlicher Abend. Zu Fuß. Opernhaftes Licht und Farben. Der Horizont wie nach Rezept blutig, das Firmament blau, auf ihm der Halbmond. Und der vertraute Stern, der uns seit Monaten begleitet.

Vom 12. auf den 13. April Ich weiß noch nicht, wie die Mauern verlaufen werden, es kursieren phantastische Gerüchte. Ich selbst habe gesehen, wie vor den Augen der Passanten zwischen Marszałkowska und Sienna eine gleichsam opernhafte Mauer in die Höhe wuchs. »Sehen Sie nur, mit Zement«, bemerkte eine Frau. Auch auf der Królewska und in der Altstadt soll eine stehen. Man wird nur mit Passierschein herauskommen können, die Trams sollen im Transit verkehren. Ein Staat im Staat. Vielmehr eine Hölle in der Hölle!

Nach dem 23. April Der YMCA sammelt Bücher für Kriegsgefangene. Ein Anlass, in die Karowa zu gehen. Dort liegen vielleicht noch die Bücher, die letztes Jahr für politische Häftlinge bestimmt worden waren. Zofia Petersowa hatte die Übergabe verzögert. Sie ist nicht mehr beim Patronat, aber heute ist auch nichts mehr zu machen. Obwohl früher viel für den Pawiak[34] getan wurde. Es gibt eine große Bibliothek, aus der Zuza Rabska sich Burckhardts *Renaissance* ausleihen konnte. Sie beklagte sich aber, dass sie nur selten Zeit zum Lesen gehabt habe, obwohl die Leidensgenossinnen Schweigestunden vereinbart hatten. Es kamen die dort üblichen Sorgen dazwischen, die Gespräche erforderten. Jemand wurde zum Verhör abgeholt, jemand erlitt einen Nervenzusammenbruch.
Die »Schutzmauer« in Warschau wächst. Noch ist nicht be-

kannt, wie sie verlaufen wird. Ich muss zu den Bekannten in der Złota, bevor die Zugänge gesperrt werden.

Außer dem »NKW« kaufe ich keine Zeitungen. Ich gehe in den Lesesaal, wo ich mich für 30 Groschen an einer größeren Dosis Gift berausche. Es gibt deutsche, russische, italienische und (in Rumänien erscheinende) französische Zeitschriften. Beim Studium der oft unverständlichen Artikel komme ich mir vor wie in einem fremden Land.

Die Deutschen haben 6000 Männer mit Armbinden verlangt. Sie bekamen 5000. Deswegen gab es eine Razzia am Sabbat. Auf dem Weg durch die Leszno sehe ich, wie sie Gefangene machen. Sie nehmen in lockerer Reihe die ganze Straßenbreite ein. Die festlich gekleideten Juden fliehen, verstecken sich in Hauseingängen und Winkeln, schicken die Kinder auf Kundschaft, ob die Luft wieder rein ist. Elegante Fräuleins halten Wache, sie warnen die Passanten: »Geh nicht weiter, kehr um.« Plötzlich höre ich fast neben mir die Stimme eines – buchstäblich – erst aufgespürten, dann gejagten Tieres. Gefasst! So urtümlich schreit der gequälte Mensch ...

Mit dem Frühjahr verschmelzen die »Neuankömmlinge« mehr mit dem Ganzen. Das Grün irritiert weniger, zumal es auch bei Frauenmänteln in Mode ist. Die »Exotik« nimmt ab, wenn selbst in den Schaufenstern der Fotografen immer mehr Uniformen zu sehen sind.

Ein Hygienekomitee, so hieß es am Morgen, kontrolliert Betten und sogar Köpfe. Es war da, in einer langen Prozession zog es durch die Wohnung. An der Spitze ging ein junger polnischer Beamter, dann ein Polizist, eine junge Frau [...] in einem Schutzanzug und ein junger Mann, der ihr fast ähnelte, sicher wegen des Anzugs. Das wären im Zweifel die Vollstrecker gewesen. Sie rochen nach Desinfektionsmittel, obgleich der Spezialist mit dem Eimer im Treppenhaus geblieben war. Bei uns war die Anwendung finaler Mittel natürlich nicht nötig. Der Anführer des Zugs entschuldigte sich höflich, sagte aber, wir müssten alle zum Präventionsbad. Morgen ist der Termin. Ich bin gespannt, wie diese Exekution ablaufen wird, obwohl ich es im gegebenen Fall vorziehen würde, meine Neugier nicht *de visu* zu befriedigen, der Bericht eines Augenzeugen würde mir genügen.

Ende April Eine starke Spritze schützt vor Krankheit ... Ich hatte den Mut, nach Warschau zurückzukommen, darum ist mir vorerst nichts Schlimmes widerfahren. Noch stehe ich unter dem Regiment des Lebens, nicht des Todes. [...] Ich esse genug, denn die verlorenen Pfunde waren eine unnötige Beigabe zur Leibesfülle. Natürlich betreffen die Güter, die ich im Gegensatz zu anderen besitze, überwiegend das äußere Leben, doch das ist schon viel. Ich habe die Provinz im Rücken, ich kann dorthin fahren, kann abends ohne schlechtes Gewissen Klunkersuppe essen, kleine Gefälligkeiten erweisen, jemanden in die Konditorei einladen, und das allenfalls auf Kosten eines billigeren Mittagessens tags darauf. Welch kleiner Preis für eine große Freude! [...] Momentan habe ich mehr denn je Lust, zu geben, und ich frage nicht, was ich als Gegenleistung bekommen könnte. Ich möchte einfach geben, wenn ich Geld bekomme, denke ich zuerst an andere. [...] Andererseits macht man mit diesen kleinen Hilfsleistungen auch der Seele etwas vor, die immer weniger an die alten Wahrheiten glaubt – den Fortschritt der Menschheit, die Möglichkeit einer allgemeinen Erneuerung usw.

1941

Anfang Januar Beim Aufwachen zog heute vor den noch schlaftrunkenen Augen sehr lebendig ein Bruegel-Bild vorüber, das ich kürzlich in einer deutschen Zeitschrift sah: *Die Krüppel.* Mit Grauen, beinahe Ekel betrachtete ich diese Menschen, ihre schiefen Bewegungen und schmerzverzerrten Gesichter. Nur Bruegel vermochte das an Monstrosität grenzende Gebrechen derart darzustellen. Unsere jungen Männer humpeln fröhlich, aber im Alter … Vielleicht ist es gut, dass man sie trotz »Staatstrauer« im Glauben lässt, das Leben beginne morgen. Wie viele Beinamputierte es in Europa gibt und noch geben wird. Nicht nur Soldaten, die Zivilbevölkerung ist in gleichem Maße geschädigt […]. Überhaupt denke ich viel über unsere Schützlinge nach, mein Verhältnis zu ihnen klärt sich. […] Es gibt keinen Grund, sie zu Helden zu verklären. Oder Großes von ihnen zu erwarten. Jemand kann aus Zufall den Gipfel der Hingabe fürs Vaterland erklommen haben, ebenso wie ein anderer sein Leben oder seine Gesundheit geopfert haben kann, ohne es zu wollen. Sie sind einfach ein Teil der Gesellschaft, im Guten wie im Schlechten, und entsprechend muss man sie betrachten. Zufall oder Schicksal wollten es, dass ausgerechnet ich, die Pazifistin, ihnen ein wenig Hilfe bringe.

Der Fall Julia Dickstein-Wieleżyńskas, ihre Verhaftung. Sie sitzt in ihrem Zimmer, in das man nur über das Vorzimmer, das Esszimmer und den Flur gelangt. Drei Männer kommen herein, zwei in Zivil, einer von der Gestapo. »Warum haben Sie nicht angeklopft, was wollen Sie hier?« »Wir haben geklopft, aber mit den Handschuhen hört man das nicht.« [...] Sie hatten die Tür mit einem Dietrich geöffnet. »Sie werden gleich erfahren, was wir wollen.« Sie dürfe hier nicht wohnen, sie trage teuren Schmuck, es folgt eine Durchsuchung des zweiten Zimmers mit besonderem Augenmerk auf den Strumpfbandgürtel. Sie durchkämmen die ganze Wohnung, plündern, was geht [...]. Die Papiere rühren sie nicht an, wohl um den Schein zu wahren. Am Morgen soll sie verschwunden sein. Ein »guter« Bandit bietet ihr Hilfe an, obwohl die Delinquentin einräumt, sie habe kein Geld. »Das macht nichts.« Sie waren offensichtlich gut über den Schnitt der Wohnung und die Bewohnerin informiert. »Sie sind eine mutige Frau und werden nicht den Kopf verlieren.« Trotz weiterer Bemühungen der Polizei war nichts zu machen. Vielleicht, weil *presser l'affaire* nicht in Frage kam, damit nicht andere Dinge in den Vordergrund rückten.

Gestern habe ich im Krankenhaus einem Patienten aus einem Dorf bei Żółkiew einen Brief seiner Frau vorgelesen, sie hatte auf Polnisch geschrieben. Ohne Absätze, wie alle Bäuerinnen oder wie Proust. [...] Sie schrieb von ihren Sorgen und der Arbeit, reihte falsch geschriebene Namen aneinander, der Kranke musste sie mir soufflieren. Ukrainische und polnische gleichermaßen. Gerührt hörte der Bauer, wie wacker sich seine Bäuerin schlägt. [...] Wenn der Hund bellt, schrieb sie, laufen alle vors Haus, weil sie seine Rückkehr erwarten. Nur das achtmonatige Kind, das nach seiner Abreise geboren wurde, weiß nichts von seinem Vater. Doch es schickt »tausend süße Küsse«, zusammen mit der »wohlmeinenden Frau«. Der Brief kam an Heiligabend, der Kranke hat vor Freude stundenlang geweint. Er hat kein Geld für die Antwort, er musste die Kollegen fragen. Ich habe ihm 50 Groschen gegeben, die listigen schwarzen Augen haben sehr gelacht.

14. Januar Drei Stunden im Krankenhaus. Manchmal ist das Herz robuster, manchmal stark angefasst. Die armen Schlucker überhäufen einen mit schlechten Nachrichten. Einer erhielt einen Brief aus Nowogródek, die Familie ist umgesiedelt worden [...]. Ein Oberst weint, man hat seine Tochter verhaftet. Einer hatte einen Passierschein und eine wichtige Sache in Czerniaków, er war schnell wieder da, weil es eine Razzia gab. Etwas Erfreulicheres, ein Schützling [...] ist aus Żelechów zurück, wo er die Feiertage verbracht hat. Im letzten Augenblick hatte er die nötige Ausrüstung zusammenbekommen, die Hosen gab ihm eine Betreuerin, Skihosen ihres Sohnes, der in Gefangenschaft ist (sie hätte sie gut verkaufen können, sie ist in einer schwierigen Lage). Der Junge nahm sie unter Tränen entgegen. So konnte er drei Wochen »wie zu Hause« verbringen. [...] Sie fertigen Ringe mit kleinen Adlern. Die Adler sind unterschiedlich gestaltet. Sie glauben, dass sie eines Tages fliegen werden.
Als ich gestern aus der überfüllten Tram stieg, half mir ein Flieger, der aus dem Waggon springen musste, weil man anders nicht herauskam [...]. Ich sagte *»Danke«*. Ich weiß nicht, was das bedeuten soll, was das Schicksal mir damit sagen will [...]. Ich komme nicht mit Deutschen in Kontakt und sehe im Verhältnis zu meiner Betriebsamkeit und Neugier sogar nur wenige Fälle, in denen sie ihre Macht missbrauchen. In Wielgolas habe ich mich mit dem Landwirtschaftsstarosten unterhalten, der sich entschuldigte, dass er kein Polnisch sprach, und der überhaupt sehr höflich war und ist. Das ist alles. Manchmal dringt etwas unmittelbar zu mir durch, etwa die Stimme eines hysterischen Weibsbilds, das in der Tram den Zugang zum deutschen Teil verteidigt.

18. Januar Gestern den ganzen Tag ein unruhiges Herz wegen Julia gehabt. Sie wollte mich für den Fall ihres Todes zu ihrer Bevollmächtigten machen. Der Tod ist heute weniger leicht zu haben als Folter, die leider wohl den Stärksten brechen kann. Ich bin bereit, diese Welt zu verlassen, aber ich weiß nicht, wie ich mich angesichts der Folter verhalten würde, von der ich höre. Andere sehen sie mit eigenen Augen: auf dem Bauch kriechen unter Knüppel- und Knutenschlägen oder Tritten. Mir erspart das Schicksal solche Anblicke. Oder sollte ich unerwartet fallen? Jeder muss heute damit rechnen. [...] Schließlich stehen wir alle im Dienste Polens. Ich habe mir mich Individualistin nie derart fügsam vorgestellt. [...] Heute, wo ich so wenig tue, eigentlich fast nichts außer der Arbeit im Krankenhaus, fühle ich mich unter einem strengen Regiment, und dem unterwerfe ich mich bereitwillig. Was ich an Bürgerarbeit noch auf mich nehme, erfülle ich wie ein Soldat. [...] Ich habe mich verändert, ja, aber andere? Es hängen weiter so viel Hass, so viele ungelöste Konflikte über Polen.

20. Januar Nachrichten aus dem Ghetto, auf der Hauptversammlung des PRK[35] sprach man sich [...] dafür aus, alle Einrichtungen jenseits der Mauer aufzulösen. Aus Loyalität gegenüber den Herren. Und die Loyalität gegenüber dem IRK, in dessen Auftrag sie handeln?
Nach nebulösen Gesprächen und konspirativer Korrespondenz – ein Mann bittet mich um ein sicheres Rendezvous außer Sichtweite der Gattin – soll ich mich morgen mit Irena im Gericht treffen[36].

22. Januar Mich verfolgt die Szene von Julias Auszug aus dem Elternhaus, in dem die Familie 40 oder 50 Jahre lang lebte. Wenn sie nicht freiwillig ausziehen, nehmen sie es ihnen mit Gewalt. [...] Ich sehe diese unsichtbare Szene, ich habe den Ablauf vor Augen. Das Haus ist längst nicht mehr das alte, die Wiege so vieler Unternehmungen, für die es offizielles Lob und Ehrungen gab, Sitz so vieler Gesellschaften in der heroischen Zeit vor dem Großen Krieg und danach. [...] Die ganze Nacht war ich in Sorge um Julia, in der Frühe ein Anruf [...], ob ich ihr ein Paket mit Wäsche in die Daniłowiczowska[37] bringen könne. Natürlich kann ich.

Das Treffen mit Irena war das einfachste der Welt. Das große Gerichtsgebäude hat zwei Eingänge, einen für uns und einen zweiten für sie. Der Treffpunkt war perfekt gewählt, im Warschauer Saal *des pas perdus* kann man sich im Gewirr anderer Gespräche ruhig unterhalten. Ich habe manches über das äußere und innere Leben derer erfahren, die manche privilegiert nennen – was drohe den Itzigs schon, allenfalls Zwangsarbeit, und der Umgang mit ihnen in den Lagern oder auf der Straße unterscheide sich nicht von dem, was auch wir kennen würden. Auf dem Weg vom Pawiak ins Ghetto und zurück [üben die Spezialisten noch auf der Straße], ein Passant bekommt die Knute zu spüren, ein anderer das Bajonett, und der Herr Architekt wird mit dem eigenen Stock so verprügelt, dass er nach zwei Wochen immer noch nicht aus dem Bett kommt. Sie spielen auch mit menschlichen Gefühlen. Ein eleganter Advokat muss Pferdeäpfel vom Boden in seine Melone [...] sammeln. Nebenbei befehlen sie einem Greis, einen selbst für junge Menschen zu schweren Karren zu ziehen. Irenas Vater tanzt mit seiner Tochter unter einem Regenschirm zu den Klängen des lokalen Orchesters. Man besucht keine Grippekranken, sondern Zusammengeschlagene. Der Typhus bricht aus, wo die Deutschen wollen, dann sperrt man Straßen oder Häuser und gibt sie gegen Lösegeld wieder frei. [...] Es gibt Büros, in die man gegen eine »Kaution« von einigen Tausend Zloty eintreten kann, ohne später für seine Arbeit entlohnt zu werden. Aber man ist vor Zwangsarbeit geschützt. Die Reichen sind also wie immer im Vorteil. [...] Überhaupt ist überall, wie auch bei uns, »des Volkes Geist vergiftet«, die Aggressoren haben großenteils erreicht, was sie wollten.

6. Februar Ein *Liebesbrief* von Julia. Die Verschwörerin aus russischen Zeiten schreibt ohne jede Rücksicht auf andere oder auf die Umstände. Komplimente wie *beste Frau der Welt* oder *Freundin* werfen dort, wo man die Karte zuerst liest, kein gutes Licht auf die Adressatin. Wie viel Leben in dieser Frau steckt, sie fragt nach ihren Pflanzen und Büchern und ob das Arbeitszimmer vermietet ist. Selbst hinter Gittern verschwinden die Alltagssorgen nicht.

14. Februar Literarisches Bridge, die gängige neue Form des Symposiums. Was gibt mir das? Intellektuell wenig, ästhetisch auch nicht viel, mehr Ermutigung fand ich im Gespräch mit einem Soldaten beim Grammophon. [...] Vielleicht ist es nur für mich nicht der richtige Ort, ich habe mit diesen Leuten nichts gemein. [...] Mir sind rein gesellschaftliche Versammlungen lieber als literarisch unterfütterte; was die Literatur betrifft, ziehe ich die existierenden Bücher denen vor, die das Heute hervorbringt.

20. Februar Vielleicht ist es nicht mehr meine Zeit, und der gesunde Lebenssinn, den ich immer hatte, bewahrt mich vor unnötigem Energieaufwand. Ich verwende heute viel mehr Kraft für fremde und allgemeine als für eigene Zwecke. Die Dinge gehen *son petit train,* vorläufig ohne materielle Erschütterungen, ohne Alltagssorgen. Die Anomalien indes sieht man auf Schritt und Tritt, jedes Gespräch macht sie bewusst.

Derzeit ist es die Aussiedlung der Juden aus den Vororten. Die Methode ist [...] immer dieselbe. Es heißt: Ihr sollt ins Warschauer Ghetto, man treibt sie aus den Häusern, die bis auf den Grund geplündert werden, anschließend badet man sie in heißem Wasser, dann steckt man sie in frisch desinfizierte Kleider. Alles ungeachtet der Außentemperaturen. Man lädt sie auf Wagen und los geht's, inzwischen packt man sie sogar in Keller und Hauseingänge, denn es mangelt an Platz für das nicht auserwählte Volk. Am einstigen Wohnort beginnt der zweite Akt, die Bevölkerung stürzt sich auf die schon durchwühlten Häuser und sucht gründlicher nach versteckten Schätzen. Fensterrahmen werden aus den Mauern geschlagen, Türen zerstört, Fußböden herausgerissen. Der dritte Akt: An diese verpesteten Orte bringen sie die polnische Bevölkerung aus dem *Reich:* Wohnt nun ohne Türen und Fenster, die eure Landsleute geraubt haben. Wussten sie, wer einzieht und wem sie schaden? Bisweilen ja, bisweilen nein, ohnehin war es ihnen egal, sie brauchten Brennholz und ließen sich von der Hoffnung auf Schätze verführen [...].
Näher, auf Warschauer Terrain, ereignen sich »kleine« Szenen, die Feder scheut sich, sie zu beschreiben, aber sie muss, auch wenn ich die »Stimmung« des Grenzstreifens zwischen arischem und nichtarischem Bezirk nicht wiedergebe. Eigentlich ist es kein Streifen, sondern [...] viele einzelne Punkte. Jüdische Kinder schlüpfen zum Einkaufen hinaus, sie nutzen die Unachtsamkeit, bisweilen Gutmütigkeit der deutschen oder polnischen Wachen. Mit Säcken auf dem Rücken kommen sie zurück. Polnische Halbwüchsige lauern ihnen auf, um ihnen ein Bein zu stellen, wenn sie in einem günstigen Moment über die Grenze huschen wollen. Sie stürzen, was den Durchmarsch verzögert und selbst die nachsichtigsten Posten aufmerksam machen muss. Zur Demoralisierung überlassen sie die konfis-

zierten Lebensmittel den Verursachern des Unglücks, die doch Bewohner derselben Erde sind.
Eines weiß ich, der Geist des Volkes hat sich nicht »zum Besseren« verändert, der Antisemitismus blüht weiter [...]. Was hätte sich auch ändern können, wo die Winkel der Seele mit anderem Leid gefüllt sind? Die äußere Gewalt hat nicht zur Einheit geführt. Ich sollte wohl alle Illusionen über die Menschheit endgültig aufgeben. Sind wir nicht wie Treibhauspflanzen, die nur unter bestimmten, entsprechend geschaffenen Bedingungen gedeihen?

21. Februar Ein Zyklon in Portugal, ein katastrophales Feuer in Santander (Spanien), verheerende Stürme in Bagdad. Es gäbe so viel zu tun, um die Natur zu beherrschen, die uns Böses bringt, aber die Menschen fügen sich in einem Ausmaß weiteres Leid zu, wie es die boshafteste Natur nicht erfinden könnte.

Ende Februar »Auge um Auge«, wie im Alten Testament [...], so werden wir es ihnen vergelten. Müssen wir? Allenthalben hört man in Anekdoten und wahren Schilderungen derartige Drohungen. Ein Betrunkener packt in einer überfüllten Tram einen Soldaten am Kragen und macht ihm für die Zukunft undiplomatische Versprechungen von einem Messer und einer durchgeschnittenen Kehle. Schreck, Unruhe, Stille. Der Soldat nimmt die Ankündigung ruhig hin, sie ist eindeutig, auch wenn man die Sprache nicht spricht. Dann erklärt er in gebrochenem Polnisch, er sei auf das Schlimmste gefasst. Im Volk kursieren heimlich Gerüchte zu den Vorbereitungen, hier wie dort. Der Rat: Merk dir, wo dein Bauer das Benzin und die Axt hat. Der Heimweg der Gefangenen und Zwangsarbeiter, auch der Opfer von Razzien, soll vom Schein der von ihnen gelegten Brände erhellt werden. Das bislang menschliche Herz erbebt vor solchen Bildern. Wir haben in unserer Geschichte die Parole »Für unsre und eure Freiheit«[38], eine andere wird hinzukommen: »Für unsre und eure Schuld.«

6. März Gespräch zwischen Mutter und Sohn vor Gästen (wie sie privat reden, weiß ich nicht): »Es wird gewiss alles gut.« Sohn: »Gewiss ist nichts, aber man kann immer hoffen.« Er wirkte nie wie einer, der von der Hoffnung lebt. Aktuell arbeitet er im Hotel Bristol, die Mutter sagt: »Man muss sich an das neue Leben anpassen, soll er die Hotellerie lernen.« Zuvor machte er im Landwirtschaftsministerium Karriere, wurde wegen seiner Sprachkenntnisse zu vielen Kongressen geschickt. Im Hotelgeschäft braucht er sie sogar, obwohl im heutigen, neuen Europa eine Sprache genügt.
Aus »hygienischen« Gründen – Tausende Menschen betrachten Bücher und verbreiten dadurch »Krankheitserreger« – soll der Straßenverkauf von Büchern verboten werden. Die Bouquinisten in Paris schaden den deutschen Soldaten nicht, die Brötchen auf der Straße sind nicht einmal, wie es in guten polnischen Zeiten die Hygiene verlangte, mit Musselin abgedeckt. Es ist sicher illegaler Handel, also werden ihm keine Regeln auferlegt. Man drückt ein Auge zu.

10. März Eine Karte von Julia. Sie lebt offensichtlich noch immer nur im Umkreis der Marszałkowska. Was anderen geschieht, berührt sie nicht. Sie bittet, ich solle mich um ihre Bücher, Manuskripte, ja Pflanzen kümmern. Wie die Ärmste gehungert haben muss, um von ihren Rationen Mehl, Zucker usw. aufzusparen. Mehr denn je gilt heute die Maxime *carpe diem,* vor allem wenn es ums Geldausgeben, das Verteilen von Habe und Essen geht [...]. Ein »kleiner Vorrat« muss aber bleiben, das ist mein Grundsatz. Umso mehr, als es nicht auf Kosten des Heute geschieht, sondern vom *superflu* abgeht.

21. März Begebenheiten von gestern: Ich steige am Plac Narutowicza in die Tram 27. Ins Abteil für Deutsche kommt eine Bekannte der dort sitzenden Flieger. Sie scherzen: »Auch nach Palästina?« Wir fahren. Der Grenzübertritt, wie üblich mit Geschrei, Angst, Wartezeit [...]. Zum ersten Mal sehe ich eine Tram mit [...] Davidstern. Für die Fahrt braucht man wohl eine Erlaubnis, zudem ist sie sehr teuer. Ich steige [...] in der Chłodna aus, nehme den schon vertrauten Weg. Er ist weiß, die Häuser gehören zum Ghetto, ebenso das Trottoir, die Fahrbahn ist »unsere«, ein recht hoher Zaun trennt die beiden Interessenssphären, doch durch die Bretter hindurch kann man Kontakt halten. Ein Polizist wendet dem Austausch von Geld, Briefen und sogar Waren den Rücken zu, ein anderer schreit: »Abstand vom Zaun!« Stoff für wenigstens eine Novelle: *Die Menschen hinter dem Zaun* – nur kann ich mir heute nichts ausdenken. Ich versetze mich in Situationen und Bekannte hinein, bin aber nicht – mehr – imstande, das in »literarische Werte« zu überführen. Als ich das schöne Gerichtsgebäude betrete [...], sehe ich an den Wänden des nun nichtarischen Nachbarhauses ein großes Kreuz, hoch aufgehängt, wie es bei uns häufig vorkommt, wenn die Erbauer oder Handwerksmeister fromme Leute waren. Heute ist dieses Kreuz ein Symbol für, wirklich, ich weiß nicht was, wohl für unendliches menschliches Leid. Im dritten Stock setze ich mich hin und warte. Anwälte und Anwältinnen spazieren vorbei, ihre Mandanten und solche wie ich, die Justitias Haus aus anderen Gründen anzieht. Ich sehe einen älteren Herrn, gut gekleidet, die Kleidung freilich verschlissen. Er tritt näher: »Frau Wyleżyńska?« »Ja.« Es ist der Vater von Irena, mit der ich mich gleich treffen soll. Er macht nicht den Eindruck, als ob er es eilig hätte. [...] Offenbar ist der [Aufenthalt in] diesem neutralen Gebäude für die [jüdische] Bevölkerung eine Art geistige Erholung. Wie sich herausstellt, hat er nämlich nicht [geplant oder] erwartet, jemanden zu treffen. Er freut sich [...], küsst mir die Hand und bedankt sich: »Sie sind so gut zu uns.« [Dann] setzt er seinen Spaziergang fort und lässt mich mit Irena allein. Anschließend kommt Ludwika Kramsztyk dazu, die ich seit Ende Oktober nicht mehr gesehen habe. Sie freut [sich über meinen] Anblick, als wäre ich ein Teil ihres früheren Lebens. Dabei kennen wir uns kaum. Wie ein beschenktes Kind nimmt sie die Süßigkeiten dankbar an. Irena [...] packt den Käse in ihre Tasche, in der sie das Werkzeug ihrer jetzigen Arbeit als Manikeurin transportiert – früher war sie Fremdsprachenkorrespondentin einer großen Firma in Łódź, eine ausgezeichnete Stellung.

Nachmittags in Ritas schöner Wohnung, der Tee wird auf alte Art serviert, wenn auch »kein echter«, das Gespräch ist oft akademisch. Nur die Karte von Konstancja Hojnacka aus Lwów, an mich adressiert, zeigt eindeutig, dass es drastische Veränderungen gegeben hat. Ich soll ihr schreiben, aber bitte ohne die Anrede »Pani«, und als Adresse nicht Ulica Listopada, sondern Ulica Engelsa angeben. Es ist aber zu sehen, dass diese Frau sich wie immer über Wasser zu halten vermag.

26. März Julia hat die mit dem Lebensmittelpaket geschickten Medikamente nicht erhalten. Vielleicht, weil die Ampullen nicht mit einem Rezept versehen waren und für Gift gehalten werden konnten. Die Rezepte hatte ich zerrissen, die ausstellende Ärztin bestand auf derartiger »Diskretion«. Die Leute fürchten sich vor allem. [...] Ich gehe zum Patronat und frage, ob sie helfen können. [...] Wie langsam sind doch wir, die wir noch in scheinbarer Freiheit leben, in unserem Handeln. Obwohl meine Schwester stichelt, ich ließe mich von allen »ausnutzen«. Ich empfinde es nicht als unwichtig, was ich tue, es hält mich im Gleichgewicht und lässt mich glauben, dass mein Leben zu etwas nütze ist.

2. April Gestern Morgen war ich in der Daniłowiczowska, um ein mit vereinten Kräften gekauftes Lebensmittelpaket für Julia abzuliefern. Hinterher der normale Kreuzweg über den Platz Teatralny zum Lesesaal in die Mazowiecka. Mit einem Halt am Grab des Unbekannten Soldaten. Deutsche Soldaten traten heran, salutierten, lasen die noch vorhandene Aufschrift auf der roten Tafel von 1863. Zur neuen Saison neue Kränze, Weidenkätzchen mit Bändern in den Nationalfarben. Wie früher brannte ein ewiges Licht [...]. Der Plac Marszałkowski war von Lastwagen zugestellt. [...] Mehr zum Gruß gereckte Arme als anderswo. Offenbar der Sitz der treu Ergebenen. An anderen Orten grüßen sie sich mit gewöhnlicher militärischer Verbeugung. Zwei Wagen mit Schulbänken fuhren vorbei, die Schulen ziehen auf der Suche nach einem Obdach durch Warschau. Manche haben schon drei Mal den Ort gewechselt. Die Kinder schleppen die Möbel, die [...] Erwachsenen organisieren wohin. In der Mazowiecka eine Überraschung, das Pariser Magazin »La Gerbe« [...]. Vor Rührung konnte ich kaum lesen.

23. April Ich lese Lion Feuchtwangers *Geschwister Oppenheim*. Europa, wie unbedacht wir waren. Was in Deutschland 1933 mit den inneren Feinden geschah, wurde auch auf die äußeren angewandt. Alles deutete darauf hin, dass die auf dem heimischen Markt erprobte neue Ordnung auf weiterem Terrain etabliert werden würde. Die rechten Schriftsteller waren wohl doch weitsichtiger. Ich denke da etwa an Henri Berauds *Ce que j'ai vu à Berlin* (1926) oder an Jacques Bainville, der im »Gringoire« regelmäßig warnte. Die Demokratie glaubte an ihre Kraft, andere Demokraten anzuziehen. Aber wie sollten sie zu Wort kommen, wenn sie unterdrückt wurden?

30. April Welche Wonne muss es sein, sich in so stürmischen Zeiten zu lieben ... Die Stimme der früheren Aurelia Wyleżyńska beim Anblick eines einander sehr zugetanen Paares in der Tram.

»Wenn sie nur auf die Sowjets losgehen würden« – so »träumen« manche in der Hoffnung auf neue Posten, die derzeit immer penibler an Ukrainer, Russen und Volksdeutsche vergeben werden, so dass nur schlechtbezahlte körperliche Arbeit übrigbleibt. Die Intelligenzler leisten sie nicht auf höheren Befehl oder weil sie sich selbst nicht mehr achten, sondern für das tägliche Brot, erbärmliches trockenes Brot, das heute der höchste Luxus ist. Der Preis ist von zwei auf acht, neun, zehn Zloty gestiegen.

7. Mai Ein Erkundungsgang über die Krakowskie Przedmieście. Wendes Apotheke heißt jetzt »Deutsche Apotheke«. Das Schloss zeigt immer größere Teile seines Skeletts. [...] Ich wollte zum Plac Teatralny zur Tram 27, doch ich beschloss, in die Daniłowiczowska abzubiegen, weil ich dachte, dass in dieser stillen Straße selbst Schritte, die man oben hört, Zeichen eines anderen, echten Lebens sein könnten. Oder wurden sie vielleicht von Schreien, Streit, dem Lärm der Frauenstimmen in der Abteilung der armen Julia übertönt? Ich wollte kurz stehenbleiben, aber aus einer Nische kam ein Wachmann in grüner Uniform. Ich trat vorschriftsgemäß auf das Trottoir gegenüber der Gefängnismauer zurück. Vielleicht hat mich jemand gesehen, mich erkannt und sich über den gleichsam abstrakten Besuch gefreut.

Früher, das heißt vor dem Krieg, musste jeder [...] von seinem oft uninteressanten Leben wie von etwas höchst Aufregendem erzählen. Der gewöhnliche Alltag lieferte Material für stundenlange Gespräche. Jetzt reden die Leute lieber nicht darüber. Wem es besser geht, der hält es für sicherer, keinen Neid zu wecken. Und wer abgestiegen ist, der will sein Elend nicht offenlegen. [...] Ich habe Irena im Gericht getroffen, auch sie erzählt ungern von sich und ihrer häuslichen Situation. [...] Als ich 1939 für einen Vortrag in Łódź war, wohnte ich bei ihr in einem eleganten Zimmer, auch der Rest des Hauses war auf einem hohen kulturellen Niveau. Jetzt höre ich, dass in einer Vierzimmerwohnung schon zwölf Personen leben, was dem Quartieramt immer noch zu wenig ist. [...] Sie hatte nie Kontakt zu den Menschen, die jetzt ihre Brüder sein sollen, kannte ihre Lebensweise nicht, als Europäerin, der die jüdische Mentalität fremd war. Jetzt ist sie unter schlimmsten Umständen mit ihnen zusammengepfercht, und ein Teil ihres Schmerzes verwandelt sich in Abneigung gegen die unfreiwilligen Verursacher ihres Schicksals. Die ursprünglichen Einwohner von Nalewki ertragen das gewiss anders als die Hinzugekommenen. Irena sieht die Widerstandskraft der an die Armut Gewöhnten und sie quält der Gedanke, dass diese unversehrt aus der Bedrängnis kommen, die Intelligenzler aber zusammenbrechen könnten. Weil wir uns recht oft treffen und offenbar manche Gerichtsdiener auf Personen achten sollen, die nur zum Reden herkommen, fragt wieder ein [...] Ordnungshüter, worauf wir warten. Wir [...] weichen in einen Sitzungssaal aus. Dort wird ein banaler, öder Fall um unbezahlte Rechnungen eines Hausbesitzers verhandelt, Fragen und Antworten, wir flüstern uns politische und gesellschaftliche Neuigkeiten ins Ohr. Sie glaubt *contra spem spero?* Soll sie ruhig. Das hält einen aufrecht. [...] Vor dem Hintergrund des drögen Gerichtsverfahrens umreißen wir knapp die Lage »bei uns« und »bei euch«. Zuerst natürlich die Versorgung: Was kosten Brot und Kartoffeln? Bei ihnen ist es teurer, ein Kilo Kartoffeln kostet bei uns zwei Zloty, bei ihnen drei. »Die Leute brechen vor Hunger auf der Straße zusammen.« »Das passiert auch auf der Marszałkowska«, betone ich rasch unsere Gleichheit. In Belgien verhungern die Leute in großer Zahl auf der Straße. Erst gestern hat mir jemand erzählt, wie Passanten zur Hilfe eilten. »Und wie reagiert man bei euch?« »Unterschiedlich, der Tote bleibt liegen, manchmal legt ihm jemand eine Zeitung aufs Gesicht.« Wie kann man auch an die Toten denken, wenn die Lebenden in ständiger Gefahr sind? »Die Gestapo schießt aus dem Auto nach rechts und nach links, sie feuern aufs Geratewohl in die Leute.« Das höre ich in einem Raum, der Justitia geweiht ist! Wo hart bestraft wird, wer seine Pflichten als Hausbesitzer oder Mieter vernachlässigt.

Wielgolas, 9. Juni Gestern haben wir zum *Valse Brillant* Mittag gegessen. Aus der Stille des von den Deutschen okkupierten Salons klang plötzlich die von unsichtbarer Hand gespielte Melodie herüber. Manchmal genügt der Klang eines Liedes, und diese Menschen sind für mich keine Feinde mehr. Zwischen den weißen Fliederbäumen trocknet nicht allerweißeste Soldatenunterwäsche, es gibt in Wielgolas keine Ecke ohne eine Spur ihrer Anwesenheit.

Ein Offizier kommt in die Eingangshalle. Er sieht sich neugierig um. Bohdan sagt für alle Fälle rasch: »Das ist ein Teil unserer Wohnung.« »Ich schaue nur. Schöne Möbel und noch unbeschädigt ... Das sieht man selten.«

Gespräch der Schwester mit einem Unteroffizier auf Französisch, er hatte sie um Vermittlung im Tauschhandel gebeten, denn anderen gibt es nicht. Brot gegen Eier. [...] Er bedauerte unsere bombardierte Hauptstadt, das Ghetto, er fürchtete, von dort könnte eine Seuche ausgehen. Er sagte, in Deutschland würden alle jungen Männer eingezogen. Er beteuerte, plötzlich erregt und nun in seiner Sprache: »Ich bin nicht schuld am Krieg!«

22. Juni Beim Frühstück höre ich die Neuigkeiten. Jemand hat die Nachricht von irgendwo mitgebracht. Heute Morgen hat es begonnen. Ist das wahr? [...] Der 22. Juni, ein historisches Datum. 1812 machte sich Napoleon ebenfalls auf den Weg nach Moskau.

Ich beobachte die Deutschen. [...] Sie sind stark, wie von Anfang an. Wir sind sogar geistig schwach. Empfänglich für ihre Güte oder Höflichkeit. Ist sie zufällig oder berechnet? Einmal haben sie bei Regen die Hühner in ihre Baracken genommen. Wie rührend! Den herumstreunenden Kindern schenken sie Brot. [...] Alten Frauen, jungen nicht, helfen sie bei der Arbeit! Der Tauschhandel [...] verstärkt die Verbindungen zwischen den Völkern.

Am Morgen sind sie weggefahren, Erleichterung, nachmittags Motorenlärm.

Ich höre merkwürdige Stimmen, die Bauern folgen den Deutschen, sie plappern ihnen nach, die Juden hätten den Krieg gebracht.

23. Juni Gestern wollte ich gesund sein, heute zeigt sich, dass es schlimmer ist als gedacht. Das schwache Herz hilft der Lunge nicht. Liegen, sich auskurieren – der Arzt, ein hier gestrandeter Russe [...], alle sind sehr gut zu mir. Mein Bruder gibt mir drei Mal am Tag eine Spritze. Ringsum ist es still [...], von weitem hört man vereinzelte Schüsse. Also sind die Deutschen ohne Widerstand vorgerückt. Dennoch besteht weiter

die Sorge vor einer Evakuierung. Ich weiß, dass ich in jedem Fall bleibe. Ich habe nicht die Kraft oder den Willen, nicht einmal das Bedürfnis, das Bett zu verlassen.
Ich soll so viel wie möglich allein sein. Nicht sprechen.

1. Juli Eine neue Teilung Polens steht bevor. Wie wird man sie nennen? Welche »Privilegien« wird die östlichste Mark erhalten?

6. Juli Gestern war der Hof voll von Soldaten verschiedener Formationen. Die Infanteristen waren müde, wie einst unsere. Sie haben nachts [...] 50 Kilometer gemacht und weitere 50 vor sich. Zum Ausruhen warfen sie sich auf die vom ausgiebigen Regen ausgewaschene Erde. [...] Beneiden uns vielleicht manche der Sieger? Eingeigelt in den größten Teil des Wielgolaser Hofs [...] leben sie wie in der Einöde, am Rande der Normalität. Wir dagegen, in ein paar Zimmer gezwängt, sind zu Hause. Wir arbeiten, wir reden und – trotz allem – wir lachen, auch über sie. Nur im Garten wird ein Soldat von den unkrautjätenden Mädchen freundlich empfangen. [...] Als ich auf altpolnische Art vorüberspaziere, flüchtet er verschreckt hinter den Zaun.

9. Juli Ein Zug von Juden, sie fliehen aus dem Ghetto, wandern vor sich hin. Sie kommen in die Küche. »Gelobt sei Jesus Christus.« Sie bitten um ein Stück Brot. Die Haushälterin sagt, an einem einzigen Nachmittag hätte sie 30 Bittsteller gezählt – Juden, Intelligenzler und gewöhnliche Bettler. Alle haben Bettelsäckchen bei sich. Auf dem Tisch steht eine Schüssel mit Mehl. Jeder bekommt eine Handvoll. Das Brot reicht nicht aus, aber sie wissen, was sie mit dem Mehl anfangen.

11. Juli Ich liege am offenen Fenster, nicht mehr im Bett, sondern auf dem Sofa. Der Körper träge und starr. Ich wünschte, mich trügen irgendwelche Geister – und sei's in den Himmel. Das Herz ist immer noch sehr schwach.
Es heißt, die Bolschewiken hätten sich ausgezeichnet verteidigt, die Deutschen seien auf einen verzweifelten Gegner gestoßen, manche sagen »auf Schufte gleichen Kalibers«.
Ein Offizier hatte meine Schwägerin gefragt, ob man sich hier mit ungekochtem Wasser die Zähne putzen könne. »Marta, Marta, du machst dir viele Sorgen.« Mich treibt die Frage um, ob dieser Offizier noch lebt.

15. Juli Alle sind in die Waldkapelle gegangen, die Frauen aus den Gesindehäusern haben eine Messe bestellt, um für Regen zu beten. Wenn ihn das Feuer der schwersten Geschütze nicht herbeirufen konnte, wie sollte es dann Gott aus der Höhe gelingen? (Nachtrag: Die Messe muss allzu gut gewirkt haben, es hat geregnet und regnet bis jetzt, Anfang September.)

1. August Vor der Abreise aus Warschau ging meine Schreibmaschine kaputt, die ich einst liebte wie ein Kind. Hier fiel mir gleich nach der Ankunft die Uhr auf den Boden und hat bis jetzt keinen Arzt gefunden. [...] Heute habe ich den kürzlich bekommenen Füllfederhalter zerbrochen. Ich denke: »Warum bin ich nicht gestorben?« [...] Aber ich lebe. Und genese sogar mit Appetit. Die Freude an der Luft, dem Park, den Feldern. Selbst an der Hausarbeit, am Erbsenschälen oder Kirschenentkernen.
Der Bruder lässt einen Polizisten aus Latowicz holen, weil immer wieder Kartoffeln gestohlen werden. »Das wird noch schlimmer«, sagt der nicht gleich am Tatort erschienene Beamte. In der Tat, jeden Tag kommen neue Vergehen hinzu, man

muss Nachtwachen aufstellen, nicht nur die Ärmsten stehlen, auch Flüchtlinge und sogar Bauern. Bisweilen wird jemand »in Krawatte« erwischt, was die Stallknechte verwundert.

10. August Es ist, als schriebe ich damals, als die Unordnung der kleinen Welt so viele Schwierigkeiten machte! Nach Paris frappierten mich die provinziellen Verhältnisse. Großen Anteil daran hatte die Kirche, insbesondere ihre Vertreter. Sie haben sich kein bisschen geändert! Der Pfarrer trinkt bis heute echten Tee und raucht gute Zigaretten. Nach der Kirchweih gibt er einen Empfang. Bohdan hat die Einladung nicht angenommen, er fragt den Vikar nach Einzelheiten. Der vorherige Pfarrer, ein Asket und großer Patriot, hatte gesagt: »Ich bin in erster Linie Pole und erst dann Geistlicher.« Ein abgebranntes Gehöft baute er im Nu so auf, dass er ein Dach über dem Kopf hatte. Der jetzige hatte noch keine Zeit, sich fest einzuquartieren, also nutzte er das warme Wetter, um sich ein Esszimmer im Freien einzurichten. Sorgt das unter den Bewohnern des Weilers, unter denen auch viele Ausgesiedelte sind, nicht für Empörung? Das üppige Mittagessen wie auch die Pokerrunden mit Einsätzen um die 500 Zloty? »Nein«, sagt das Priesterlein treuherzig, »wir haben den Platz mit einem Sichtschutz aus Teppichen versehen und mit Ästen überdacht – im Kriegsstil! Und wir haben einen Mann angestellt, der mit dem Knüppel herumgeht und neugierige Späher und Lauscher verjagt.«
Nachtrag beim Abtippen Ende August: Ein Vorfall, der beide Seiten bewegte, unsere wie auch ihre. Eine Einheit hatte für eine Nacht Station gemacht. [...] Sie schlossen sich im Esszimmer ein, um Kriegsrat zu halten, darum speisten sie nicht im Salon, der »Restaurant Casino Wielgolas« hieß, sondern baten, unser Esszimmer weiter nutzen zu dürfen. Hier aßen sie nach uns zu Abend und nahmen vor uns das erste Früh-

stück, Kaffee und weiche Eier. Am nächsten Tag fuhr einer der Offiziere mit [...] Motorrad im Hof vor und erzählte meinem Bruder und der Schwägerin etwas, das zunächst ohne Zusammenhang schien. Er sei hier gewesen und habe seinen Ehering verloren. Wie sich herausstellte, hatte er ihn als Untersetzer für die Eier benutzt. Gestern sei der Namenstag seiner Frau gewesen und er habe plötzlich bemerkt, dass der Ring fehlte, den er seit zehn Jahren mit großer Liebe trage: »Ich habe auch Kinder, ich habe Kinder.« Der Verlust sei das schlimmste Omen für die ja keineswegs klare Zukunft. »Ich nehme den Ring nie ab, nicht einmal zum Waschen, warum habe ich ihn da abgenommen?« Er sitzt auf dem erstbesten Stuhl, erschöpft vom Weg (sie stehen schon am Bug), betrübt wie ein sentimentaler Liebhaber. Man versucht, die Szene zu rekonstruieren. Sie waren von Ordonnanzen bedient worden. Ja, aber in der Eile des Aufbruchs hatten nicht sie den Tisch abgeräumt, sondern unser Diener Józef und das Zimmermädchen Marysia. Sie gehen ins Esszimmer, er zeigt, wo er saß, verspricht der Dame des Hauses eine Belohnung, ruft wie in derlei Fällen üblich den hl. Antonius an und schlägt vor, im Müll zu suchen, vielleicht gebe es ja noch Abfälle der letzten Tage. Die ganze Kommission zieht los. Marysia, die mit einem Stöckchen herumstochert, entdeckt als Erste den goldenen Ring auf einem Stück Eierschale. Der Offizier wird rot vor Freude. Er will Marysia 20 Zloty geben, sie lehnt mehrfach ab, er notiert ihren Namen, will ihr ein Andenken schicken. Wir triumphieren, nicht nur weil der Ring sich gefunden hat, sondern auch weil die junge Polin die Belohnung des Deutschen zurückwies. »Ein Andenken, das ist etwas anderes«, sagte sie. Nicht nur bei uns wuchs sie zum Ideal der Uneigennützigkeit auf, der Offizier, der sich zuvor von den Kameraden ferngehalten hatte, eilte flugs ins Casino, um die Geschichte zu erzählen. Dann, o Wunder, verabschiedete er sich mit einem Handkuss von der Dame des Hauses, schüttelte Józef und Marysia die Hand, setzte sich aufs Motorrad und brauste davon. Der Vorfall wurde noch einige Tage lang von beiden Seiten kommentiert. Für mich war es die polnische Vergeltung für die Mädchen, die den Soldaten schöne Augen machen.

(Nachtrag: Ich weiß nicht, ob ich schon erwähnte, dass der Offizier kein Andenken schickte. Er kam nicht dazu, warum auch immer, denn ich bezweifle, dass er es vergaß. Wirkte vielleicht der Talisman bei den Sowjets nicht? Als klar war, dass keine Post von ihm kommen würde, habe ich Marysia einen Ring von unseren Soldaten im Krankenhaus gegeben. Sie soll ihr Andenken haben – ein besseres.)

Warschau, 19. August Theater mit den Trams. Weil das Personal nur sechs Zloty bekommt, was allgemein als ausreichender Arbeitslohn gilt, hat es – ich weiß nicht, auf welchem Weg – einen ungeschriebenen Pakt mit den Fahrgästen geschlossen: Du gibst die Fahrkarte zurück, und ich verkaufe sie ein zweites und drittes Mal. Als die Behörden per Bekanntmachung an den Wagenfenstern warnten, dass dieser Betrug mit Gefängnis bestraft werde, erfuhren auch die Ahnungslosesten von der Aktion, die daraufhin allgemeines Ausmaß annahm. Angeblich hat aber der listige Feind einen anderen Weg gefunden. Er drohte den Straßenbahnern mit Verhaftung, sollten ihre Tageseinnahmen geringer ausfallen als vor Beginn der Sabotage.

5. September Eine neue Sicht auf die Deutschen: Sie sitzen in Waggons, die an die Front fahren oder mit Verwundeten und Gefangenen zurückkehren. In Krakau haben sie die Mützen geschwenkt und mit leicht erhobenen bandagierten Händen die polnische Bevölkerung als verlässliche und vertraute gegrüßt – nach der Bekanntschaft mit den Bolschewiken. Angeblich sah man auch Hände in Handschellen, die sich verstohlen durch Waggongitter schoben und symbolische Zeichen machten. Man redet auch davon, dass Schwerverwundete an der Front eingeschläfert werden, damit sie leichter zu transportieren sind.

6. September Ein anderer [...] Gedanke: Das Hitlerchen auf einen Spaziergang durch Warschau mitnehmen, irgendwo in der Gegend des Bahnhofs, wenn ein Zug ankommt. Wie die mit Säcken beladenen Personen herausstürzen, wie die Kartoffeln in kleinere Portionen aufgeteilt werden, in welcher Hast das geschieht, wie viel Staub auf die Lebensmittel fällt. Gut, wenn es nur Kartoffeln sind und nicht Fleisch, auf dem im Waggon ohnehin schon jemand saß, andere standen, fast tropfte ihr Schweiß auf das Fett. Schmutz und Staub – das sind die Folgen der deutschen Wirtschaft in der einstigen Stadt der Blumen.
Gestern brachte eine unbekannte junge Frau einen Brief aus Lwów. [...] Auf dem Umschlag die vertraute Schrift einer sorgfältigen Maschine und die noch zu polnischen Zeiten aufgedruckte Adresse: Konstancja Hojnacka, ul. Listopada 28m6. Später hieß die Straße Ulica Engelsa, hat sie ihren alten Namen zurückbekommen? Sie schreibt [...]: »Ich habe diese entsetzliche Zeit der bolschewistischen Herrschaft überlebt, aber ich bin nicht mehr dieselbe [...] wie vor zwei Jahren! Vieles ist schwer aus dem Gedächtnis zu löschen, die Ohnmacht beim Anblick der Folterqualen anderer, selbst völlig fremder Menschen. Und [...] das Warten auf die Deportation in eisigen Nächten, in Kleidern, mit einem kleinen Bündel unter dem Arm. [...] Alles, was ihr in den Zeitungen gelesen habt, liefert

nur ein blasses Bild unseres Lebens und des satanischen Mordens bei ihrer Flucht aus der Stadt. [...] Von Dresdner weiß ich nichts.«

11. September Erst jetzt sehe ich, wie leidenschaftlich ich Zeitschriften gelesen habe. Ich suchte nach der Wahrheit zwischen den Zeilen. Erst in »L'Indépendence Roumaine«, dann in italienischen Zeitungen, vorübergehend glaubte ich dem Brüsseler Organ des russischen Exils, das aktuelle Schmierblatt kaufe ich nicht, in der Mazowiecka habe ich nicht einmal nach deutschen Illustrierten gefragt.
»Wir wollen, dass die Deutschen verschwinden, die Bolschewiken wegbleiben und die Emigrierten nicht heimkehren« – so schildert mir jemand die vorherrschende Meinung.

16. September Gestern war ich »betteln«, ich habe Lebensmittel für Julia gesammelt. Mit meinem Beitrag bringe ich sie in die Daniłowiczowska. Ich habe die Päckchen »hübsch« eingewickelt, damit schon ihr Anblick Freude bereitet. Wie sehnlich muss die Arme solche Boten aus der Welt erwarten.

3. Oktober Ich beende meine Lektüre von Kisielewskis[39] *Ziemia gromadzi prochy.* Unsere Propaganda soll die erste Auflage aufgekauft haben, weil die Beziehungen zu den Deutschen damals gerade gut waren. Die zweite Auflage haben sie gekauft, als im Frühjahr 39 das Klima umschlug. So wurde mir gesagt. Aus historischer Perspektive ist das Buch weniger interessant [...]. Dafür vergegenwärtigt es noch einmal die deutschen Methoden, die sie jetzt an uns praktizieren. [...] Gut und objektiv herausgearbeitet ist auch das Wesen der Hitler'schen Reformen vor dem Hintergrund des Nationalcharakters. Früher sagte man: der Preuße, heute gilt das leider für alle Deutschen. Wie soll man mit ihnen weiterleben, mit Barbaren im Herzen Europas?

6. Oktober Das Gespräch als Überbietungswettbewerb: Die einen erzählen von den Qualen in bolschewistischer Haft, die anderen von deutschen Gefängnissen. Mir fehlte schon immer der Glaube an die bessernde Wirkung des Gefängnisses wie auch an die Verbesserung der Institution an sich. [...] Doch was man hört, übersteigt jeden menschlichen Begriff – so hätte man früher gesagt. Heute hat sich der menschliche Begriff unendlich geweitet. In Bolschewien brachte man jemanden in einem Schrank zum Verhör, diese Schränke standen, einer neben dem anderen, auf einem Lastwagen – für einen Menschen zu klein zum Stehen, das war der Clou, man rechnete damit, dass er sich bewegen, seine Position ändern, den Kopf drehen wollte. Für einen Yogi wäre es vielleicht ein Klacks gewesen, aber für einen durchschnittlichen Erwachsenen ... Apropos Yogi [...]: In den Warschauer Straßen bietet sich häufig ein Anblick, den man unter dem Titel: »Hunger in Indien« aus Zeitschriften kennt. [...] Nackte, abgemagerte Körper. Und ich und alle gehen an ihnen vorüber ... Nachdem das für den Tag vorgesehene Quantum an Barmherzigkeit und Geld aufgebraucht ist.

11. Oktober »Mögest du während des Kriegs Beefsteaks herumtragen« – ein Aphorismus voller Selbstverdammung einer Architektin, die in einem eleganten Restaurant neuen Typs, in einer Privatwohnung, als Kellnerin arbeitet. Sie bekommt ein Gehalt und Suppe und dazu den Geruch des servierten Fleischs.
Nicht durchs Schlüsselloch und keine skandalösen erotischen Szenen, sondern von einem Dachboden aus und durch ein

Fernglas beobachtet jemand das Lager der bolschewistischen Kriegsgefangenen, die vor einigen Tagen in die Ställe einer Tschenstochauer Kaserne einquartiert wurden. Sie kamen schwankend vor Hunger an, rissen Gras aus, um es zu essen, gute Seelen sorgten sich um ihre Nichtpferdemägen und schütteten Kalk über die Reste der Weide. Sterbt gesund! In der Mitte der Umzäunung entsteht ein Wachturm mit einem MG-Posten. *Vive le progrès!*

28. Oktober Es wiederholen sich die Nachrichten von Massakern an Juden in Litauen, in Kowno. Man bestimmte ein Golgota, befahl ihnen, Gräben auszuheben und sich an den Rand zu stellen, damit die Leichen problemlos hineinfielen. Dann schüttete man Kalk darüber und *Schluss*. [...] Der Rabbiner hielt den Verurteilten eine Predigt, zeigte ihnen ihre Fehler auf, ihre Vergehen, deutete die Ereignisse als Strafe für den schlechten Umgang mit anderen Menschen, als sie in dieser Welt dank der Bolschwiken eine gewisse Macht hatten. Die »gerührten« Deutschen wollten ihn freilassen, doch er entschied sich gegen das Leben und ging mit »seinem Volk«.

31. Oktober Anordnung zu Allerseelen: Der 1. November wird als Feiertag gestrichen, jede Familie erhält eine Kerze, die bis vier Uhr nachmittags auf dem Grab brennen darf. Wegen der Verdunklung, aber sicher auch aus Spargründen. Die Gleichschaltung der Toten. [...] Ich empfinde Lethargie. Erschöpfung der Seele. Ich bewundere die Haltung mancher Menschen, etwa den Heroismus des Doktors. [...] Obwohl er seine Nerven nicht mit Kartenspielen oder Zigaretten beruhigt, zeigt er unter den traurigsten inneren und äußeren Umständen eine bewundernswerte Stärke. Von Weisheit erfüllte Güte, einen hellen, von Verbitterung freien Blick auf die Wahrheit.

Meine geistigen Ressourcen sind erschöpft. Ich kann nicht länger Mut machen, mir jede Sorge, jedes Problem zu Herzen nehmen, selbst Rat zu geben fällt mir zusehends schwer, und nicht nur meine materielle Hilfe, auch die moralische wird jeden Tag schlechter. Ich freue mich immer noch sehr, wenn ich für jemanden Kontingentschuhe bekomme, ein Kinderkleid gebe ich weiter, als würde ich selbst beschenkt, aber meist ist mir alles egal. Sogar ich selbst ...

Es ist schon Winter, eine böse Überraschung für alle ohne Brennmaterial, ohne Nahrung und nun teils auch ohne Licht. Nicht nur die Straße ist dunkel, sondern [...] jetzt auch das Haus. Das Haus, das mir mitunter allein, weil Licht brannte, wenn ich heimkam, wie ein Glück erschien. Jetzt fällt der Strom aus, er bleibt den ganzen Tag weg, kommt abends kurz zurück und verschwindet wieder, zu unsrer Verzweiflung. Das Spiel geht schon seit Wochen so, unser Viertel darf großzügig daran teilhaben. Im Ghetto soll es tagsüber weder Strom noch Gas geben, manche Fabriken arbeiten nachts. Auch bei uns wird in vielen »Branchen« die normale Arbeit von den vorgesehenen Stunden in eine unpassendere Tageszeit verlegt werden.

12. November Ein Abenteuer in Warschau, möglich heute in jeder »europäischen« Stadt. Meine Schwester war gestern Abend auf dem Weg nach Hause. Ein Mann schlich um sie herum. Früher hätte sie es als Zudringlichkeit aufgefasst, jetzt ignorierte sie ihn, erst *post factum* begriff sie den Zusammenhang. Denn plötzlich trat ihr ein Polizist in den Weg, aber keiner in blauer Uniform [...], die einzige Farbe, die sie mit polnischen »Ordnungshütern« verband. Sie tat, als spreche sie kein Deutsch, aber der Mann redete sie auf Polnisch an: »Sie kommen mit mir aufs Kommissariat.« Das unschuldige Wesen wäre tapfer mitgegangen, doch da war die Sorge: Habe ich meinen Ausweis aus der Handtasche genommen und in den Muff gesteckt? Wohl eher nicht. Sie fing ein Gespräch an. Warum aufs Kommissariat? »Weil Sie Jüdin sind.« Dass man aber auch aus den Kresy stammt und sein Lebtag leicht östliche Züge hat! Sie lachte und widersprach. Der Polizist fragte nach Namen und Adresse, sie sagte ihm alles, aber er beharrte: »Man hat mir gesagt, Sie sind Jüdin.« Dieses Mal glaubte er aber offensichtlich dem Opfer, nicht dem Denunzianten; er riet ihr: »Setzen Sie sich in die Tram und fahren Sie nach Hause.« Ich hatte gleich die Lösung für dieses deutsche Rätsel, das jedem begegnen kann – mir und dir und einem Dritten. Die jüngste Erinnerung an eine alte Verordnung trägt Früchte: Wer einen Juden oder eine Jüdin meldet, die sich auf unserem Terrain aufhalten, erhält nämlich 200 Zloty. Der herumschleichende Herr, der ihr in die Augen geschaut hatte, wartete sicher auf dem Kommissariat auf seine Belohnung. Diesmal bekam er sie nicht. Mit Schrecken denke ich an die vielen Menschen, denen das gleiche Abenteuer widerfahren kann – mit schlechterem Ende …

18. November In Warschau türmen sich die Leichen. An erster Stelle im Ghetto. Ein Bekannter sieht jeden Morgen die auf die Straße gelegten, mit Zeitung bedeckten sterblichen Überreste gewesener Menschen. Ein anderer erzählt, man trüge sie manchmal schon vor dem Tod aus den Häusern, um die Desinfektion zu vermeiden, mit der Durchsuchungen und Diebstähle einhergehen. […] Ich habe früher schon von Irena gehört, dass die dort geschaffene Miliz an Eifer selbst die Deutschen übertrifft. Letztlich weiß man im Voraus, was für Leute es sind, die sich freiwillig zur Gestapo melden, und was man von ihnen erwarten kann. Unsere Fanatiker sind nicht besser, und es gibt auch, wie ich selbst sehe, genug Polen, die sogar die

Lage ihrer jüdischen Freunde ausnutzen. Ich denke dabei an eigenmächtigen Umgang mit zur Aufbewahrung anvertrauten Gegenständen, überhöhte Provisionen bei Verkäufen usw.

29. November *Deutsche Kulturträger:* Die Stadt liegt in Trümmern, die Bevölkerung hungert, der Lesesaal-Katalog ist auf die Hälfte zusammengestrichen, die Nächte sind dunkel, auf der Straße mischt sich Gesang mit dem Jammern der Bettler. Der Geist ist zu träge, um weiter aufzuzählen, was die Träger der neuen Ordnung bei uns vollbracht haben.

Vorweihnachtszeit Der Inhalt der Feiertagspäckchen für die kranken und verwundeten Soldaten im Ujazdowski-Krankenhaus: 15 dag Wurst oder Fleisch, 25 dag Kuchen, 10 dag Zucker oder Süßigkeiten, 1 Päckchen Streichhölzer, 20 Zigaretten, 1 Stück Seife, 1 Oblate, 1 Tannenzweig. Kleine Abweichungen gegenüber dem Vorjahr, mehr noch: ein Taschentuch als Geschenk ist heute undenkbar [...], und Süßigkeiten sind momentan schwer zu bekommen.

21. Dezember Ich habe auf der Straße einem jüdischen Betteljungen etwas gegeben, er war halb nackt und sichtlich ausgehungert. Ein üppig gekleideter Herr kam näher und wollte mich tadeln: »Haben Sie nicht gesehen, das war ein Jude. Morgen steht er nackt hier.« Ich erwiderte ihm: »Geben Sie Almosen, wem Sie wollen, aber lassen Sie mich bitte in Ruhe.« Viele Leute machen solche Bemerkungen. Die Herzen der Menschen sind kein bisschen weicher geworden, obwohl ich auch Vorkriegsantisemiten begegne, die heute christlich gestimmt sind. Wahrhaft christlich.
Wie wird das künftige Polen aussehen? Ständig wird diese Frage gestellt und jede Partei antwortet voller Gewissheit: »So,

wie wir es uns vorstellen.« [...] Kinder, lasst Polen sein, wie es will, solange es existiert und wir uns seiner würdig erweisen! In dieser Hinsicht wachsen die Zweifel, die moralischen Hemmschwellen sind gesunken, einst unerlaubte, aber als Sabotage oder Protest gebotene Praktiken werden zum eigenen Vorteil genutzt, die Opportunisten stopfen sich die Taschen voll. Ein Anwalt sagte mir: »Ich ersticke in Geld, die Kinder laufen durch die Straßen und werfen ungestraft Steine auf alles und jeden, die Jugend ist demoralisiert, weil sie nichts zu tun hat, die Frauen geben sich hin, weil sie wissen, wie leicht sich abtreiben lässt.« Den letzten Punkt beklage ich nicht, ich war immer der Ansicht, dass man frei ist, sein Leben und eines, das man im Schoß trägt, zu beenden. Aber es sind typische Zeichen der Zeit, also notiere ich sie.

Weihnachten Heiligabend im Krankenhaus mit den Offizieren, letztes Jahr war ich demokratischer eingestellt und habe ihn bei den Soldaten verbracht. Eigentlich muss man die Reste der Armee eher symbolisch betrachten, der größte Teil wird der Republik keine Dienste mehr leisten können. Die Kinder glauben weiter an die Vertreter unserer Streitkräfte, das ist rührend.

Am 15. Januar wird Julia aus der Daniłowiczowska entlassen. Was steht ihr bevor? Ich kann nicht [...] beim Patronat nachfragen, weil sie vor den Feiertagen beschäftigt sind, sie haben tausend Päckchen nach Oświęcim[40] geschickt und wer weiß wie viele in den Pawiak und überallhin, wo politische Häftlinge sitzen.

Eine [...] Reihe interessanter Geschichten handelt von Sabotage, wie unsere Eisenbahner Militärtransporte verzögern oder gar stoppen, indem sie Waggons mit eiliger Fracht auf Nebengleise stellen oder ihnen falsche Marschrouten anheften

[...]. Ein anderer Trost, keineswegs für Sadisten: Das Innere der Krankenwaggons zeugt beredt von der Versorgung der Verwundeten. Aus schlecht angelegten Verbänden rinnt Blut auf die Kissen. Wenn derartige Züge durch die Bahnhöfe rollen, Waggon um Waggon, schaut angeblich eine Menge schweigend in die Fenster, um dort Trost zu finden. Obwohl es momentan auch besorgte Stimmen gibt: »Wenn nur die Bolschewiken nicht kommen.« In der Tat, man muss sich entscheiden, wer Feind Nummer eins ist und wer den niedrigeren Rang einnimmt.

Ich habe wieder festgestellt, dass ich das mondäne Leben doch mag, einen schön gedeckten Tisch, die gute Stimmung bei einem schmackhaften Essen mit einem netten, [...] intelligenten Tischnachbarn. Der Tee beim Doktor am zweiten Feiertag, gleichsam als Ersatz für das Café, war ebenfalls wunderbar. Ich brauche den Umgang mit lebendig denkenden Menschen, das Gespräch hat mir immer so viel gegeben.

Dieser Krieg hält viele Überraschungen parat, und sei es die von Hitler geteilte sowjetische. Wenn man sich über den Westen und das arme Polen empörte, weil sie das geheime Treiben des Nachbarn nicht durchschauten, nicht sahen, wie die Aufrüstung Deutschlands tatsächlich aussah, so haben sich die Bolschewiken den Augen der Welt komplett entzogen und ihre ganze Industrie auf Kriegsproduktion umgestellt. Niemand hatte mit der mentalen Reaktion dieses Volks ohne Liebe zu Boden und Vaterland auf den Widerstand zur Verteidigung der Einheit des Staates gerechnet. Kurzum: Stalin hat Hitler ausgetrickst.

1942

Warschau, 3. Januar Drei deutsche Märchen. Das Märchen der Vergangenheit beginnt mit den Worten: *Es war einmal ...* Das der Gegenwart: *Das Oberkommando der Wehrmacht gibt bekannt ...* Und das Märchen der Zukunft: *SS war einmal ...*

4. Januar Als ich beim Arzt war, habe ich mich nach der Untersuchung, beim Ankleiden, ungezwungen unterhalten. Wie mit einem Liebhaber, ohne mich zu genieren. Hinterher kam mir der Gedanke: Wird ein Mediziner der letzte Mann sein, der meinen Körper berührt? Sofern ihm nicht noch ein Geistlicher folgt. Die Anwesenden meines nahen Todes werden die Bewusstseinstrübung der Kranken ausnutzen und einen Priester rufen, und wer weiß, alles ist möglich, vielleicht werde ich selbst [...] nach dem Viatikum[41] für den gefährlichen Weg verlangen. Doch ich glaube nicht, dass es so kommt. [...] Ich kann die Reden der Priester dieses oder jenes Glaubens anhören und verstehen, aber ich brauche sie nicht. Ich kann unparteiisch erwägen, was sich diesbezüglich in Polen ändern sollte, einem Land, das angesichts der Politik des Papstes in diesem Krieg Recht hätte, wenn es letztlich an Rom zu zweifeln begänne.

6. Januar Obwohl Dreikönig als Feiertag im Kalender steht, wurde gestern Nachmittag in vielen Büros Arbeit angeordnet.

Ich fahre zum letzten Mal zu Julia in die Daniłowiczowska. Bald wird es schwerer sein, ihr zu helfen …

8. Januar »Gefangen im Krankenhaus«, so beschrieb der Doktor seine Lage und die seiner Kollegen. Dienst zu tun, ist angeblich unmöglich, die übergeordneten Instanzen missbrauchen ihre Macht über die Kranken. Die verbliebenen Ärzte sind Angsthasen und vernachlässigen ihre Patienten, die zu einem langsamen Tod verurteilt sind. Deshalb fühlen sich auch diejenigen, die Kraft zum Widerstand haben, von schlimmeren als feindlichen Ketten gebunden. Sie betrachten sich nicht als demobilisiert, zu Recht, das könnte nur die Regierung entscheiden, auf die sie ihren Eid geleistet haben. Sie bewahren die Hierarchie und pflegen ihre Titel. Sogar mit Billigung der Deutschen. In amtlichen Papieren steht weiter der Rang, nur mit dem Zusatz: »der ehemaligen polnischen Streitkräfte«.

14. Januar Ich habe aufmerksam *Gulliver* gelesen, die Wende vom 17. zum 18. Jahrhundert scheint heute nicht ferner als das, was vor zehn oder zwanzig Jahren geschah. So viel Material für einen Dokumentarfilm zum Thema: »Wettbewerb der Mutigen«. Zum Beispiel eine Reihe von Menschen, die ohne Armbinden in der Stadt unterwegs sind. Andere wieder, mit neuen Namen ausgestattet, tragen illegale Drucke, Taten, Pläne mit sich herum … Darunter womöglich auch ich mit kleinen Sünden … Es hat eine gewisse Pikanterie, wenn ich mit Untergrunddrucken in der Tasche neben einem SS-Mann an der Tramhaltestelle stehe.

15. Januar Nach einer gewissen, übrigens kurzen Pause schweifen meine Gedanken wieder nach Frankreich. […] Ein Grund dafür ist, dass ich jetzt den Offizieren, meinen sogenannten Schützlingen, Französischunterricht gebe. Wir sitzen im Krankenhausbüro. Im Gegensatz zum armen, dunklen und kalten Warschau gibt es dort Licht, Wärme und Lachen. Die Tyrannei kann uns nichts anhaben. [...] Das Land der Pariser Jahre lächelt mir zu in diesen Stunden, auch wenn ein Schüler faul ist und ein anderer eine Nervensäge ...

16. Januar Gestern habe ich mich im Krankenhaus betrunken – am Süden, den ich in den Augen eines Italieners sah, in seinem Französisch, das mir aus dem Mund eines Spaniers vertraut ist. Ein Mechaniker aus der Pariser Banlieue, arbeitslos oder vielleicht *neblagonadeschny*[42]? Er wurde zur Zwangsarbeit nach Polen geschickt [...], erkrankte aber und kam zu uns. Das Krankenhaus wird langsam international. Es gibt einen von Stacheldraht umschlossenen Pavillon für bolschewistische Kriegsgefangene, und seit einigen Tagen kommen auch Landsleute hinzu, Polen aus den Ostgebieten, die im Lager gelandet sind – die Deutschen hatten sie mit Flugblättern gelockt, ihnen und ihren Familien würde nichts geschehen, dann wurden sie eingesperrt und gingen durch eine Hölle, die selbst Dante ... Ugolino aß seine Kinder, das schmeckte für uns Leser nach poetischer Übertreibung, der heutige Kannibalismus steht außer Zweifel. [...] Ich würde es nicht glauben, hätte ich nicht die Wahrheit auf Fotos gesehen.

Kassiber von Julia an St.: *Am Vorabend des Übergangs von einem Grab in das nächste, denn ich kann nicht sagen: »ins Leben«. Der Übergang erfolgt am 28. Januar morgens. Ich habe Aur[eli]a mehrfach ohne Bestätigung des Empfangs gebeten, dass mich jemand abholt, mit einem Koffer für meine Sachen, ich brauche Hilfe [...]. Wir gehen zum Patronat in die Fredry, dort soll ich erfahren, was mich erwartet, wo ich hinsoll. Ins Ghetto um nichts in der Welt. [...]*

Ich bitte euch um warme Wäsche, einen Rock und Schuhe.
Gern als Leihgabe, nur für den Tag der Entlassung.
Und bringt etwas von meinem Geld mit, ich habe nichts
zum Leben [...].

20. Januar Das schöne Wetter kontrastiert mit einem grausamen Bild: Das letzte Aufflackern eines großen Brandes in Praga [...] und darüber ein Himmel mit stechend kalten Sternen. Es verschmolz mit einer anderen Vision [...]: Die grauhaarige, in Lumpen gehüllte Julia, die vor diesem Hintergrund, schwankend vor Müdigkeit, ziellos umherzieht. [...] Reminiszenzen der besorgten telefonischen Beratungen, was wir mit ihr anfangen, wenn sich am 25. um zehn Uhr das Tor zur »Freiheit« öffnet. [...] Julia zählt darauf, dass ich sie in der Daniłowiczowska abhole, ja, das kann ich, aber wohin mit ihr? Ich habe keine eigene Wohnung, die anderen haben Angst. Ob das Strafjahr die »Rassensünde« getilgt hat? Selbst das ist unklar ...
Ich bin heute mit einer Tram nach Hause gefahren, die vom Ostbahnhof kam, voll mit leichtverwundeten Soldaten, Tücher auf dem bandagierten Kopf, angeschmutzte Verbände. Der neugierige, dumpfe Blick von Menschen an einem fremden, sicher feindlichen Ort. Zum ersten Mal flüsterte etwas in der Tiefe des Herzens: »Arme Menschen!«

27. Januar Das Krankenhaus ist doch eine harte Schule des Lebens, ich weiß nicht, wie es für die Patienten ist, aber für Zuschauer wie mich auf jeden Fall. Hätte ich das je von mir erwarten können, ich tue ja schon über anderthalb Jahre Dienst auf diesem Feld. Sie nehmen uns ein Krankenhaus nach dem anderen, ich ziehe mit den Kranken um oder finde neue. Ich sehe, wie viel mir die Hinwendung zu den Unglücklichen gegeben hat. Pflegerisch kann ich ihnen kaum helfen, aber für geistigen Beistand reicht es noch, ich finde die richtigen Worte. [...] Zum Beispiel im Gespräch mit dem Flieger, er hat ein Bein verloren, das andere ist steif, aber er glaubt, dass morgen das Leben beginnt. Seine Willenskraft [...] ergibt sich der Verkrüppelung nicht, sondern kämpft dagegen an. Wenn er nur nicht zu lange auf einen elektrischen Rollstuhl warten muss, der ihm die Fortbewegung erleichtert, und wenn die – sonstigen – Umstände sich günstig fügen. Heute findet er Kraft und Wege, seine Invalidität zu meistern, und verblüfft den Orthopäden mit seinen Ideen. »Ich habe«, sagt er, »die Bewegungsfähigkeit kalkuliert, habe lange hin und her gerechnet [...], und es hat in der Praxis funktioniert.« Not macht erfinderisch, wer weiß, vielleicht wird er noch zum Konstrukteur neuer Lebensformen ...

29. Januar Ich könnte aus der Gerüchteküche plaudern, ich war auf einem Empfang, habe dies und das über unsere Unterdrücker gehört. Nur Schlechtes. Vor allem Demoralisierung, Korruption und Vernachlässigung des Allgemeinwohls. Unter der Ägide deutscher Soldaten verlassen die bislang nicht konfiszierten Schätze das Ghetto. [...] Alle machen Geschäfte, weil es sehr leicht ist. Jemand gab damit an, wie er 15 000 Zloty verdiente, es kostete ihn fünf Minuten Sorge und ein Telefonat. Die Deutschen verkauften einen großen Posten Autoreifen für 50 Zloty das Stück. Ihm gelang es, sie in kürzester Zeit für 200 Zloty das Stück weiterzuverkaufen. Lohnt es sich da, arbeiten zu gehen? Wie naiv ihr doch seid, ihr sogenannten ehrbaren Leute!

30. Juni Ich hatte doch der Reihe nach schreiben wollen ... Julia hatte mich als ihre einzige Briefpartnerin dazu auserkoren, sie aus dem Gefängnis abzuholen [...]. Ich hatte [...] den

Wunsch stillschweigend akzeptiert und konnte deshalb nicht mehr zurück, als der von der Gefängnisverwaltung bestimmte Tag nahte. Bei der Beratung, bei der ich genauere Anweisungen erhalten sollte, äußerte ich dennoch Bedenken, ob ich es schaffen würde. [...] Angesichts meiner Vorbehalte stellte man mir [...] einen Adjutanten zur Seite.

Wir klingeln am Tor, ich kenne es gut, oft habe ich hier angestanden, um ein Paket abzugeben. Ein Wärter öffnet, ich rezitiere den einstudierten Spruch: »Wir kommen vom Patronat, um Frau W. abzuholen, die heute entlassen wird.« Er will nach den Papieren fragen, ich falle ihm ins Wort: »Wir möchten zu Herrn P. P., er erwartet uns.« [...] In der Amtsstube melden wir uns bei dem vorab informierten Beamten, jetzt kommt eine andere Formel zur Anwendung: »Im Auftrag von Frau ...« Gut, in einer halben Stunde soll sie herauskommen – frei. Unterdessen erscheinen hinter dem Gitter, das die Öffentlichkeit von jener Welt trennt, verschiedene Frauengestalten. [...] Zuletzt Julia. Flatterhaft wie immer, stürzt sie auf mich zu: »Mein Goldstück! [...] Wo gehen wir hin, wohin bringst du mich? Bloß nicht nach ›dort‹. Um keinen Preis!« Nicht nach »dort«, versichere ich ihr. [...]. Es sind noch Formalitäten zu erledigen, wobei sie selbst mehr Anweisungen gibt, als zuzuhören. [...] Ich habe warme Sachen dabei, sie muss sie irgendwo anziehen, denn sie sind intimer Natur. Ein junger Beamter führt uns zu einem kleinen Raum, ich nutze die Gelegenheit, ihm herzlich zu danken. [...] Julia fällt noch etwas ein, sie läuft in die Amtsstube, kommt zurück, ohne zu bemerken, dass wir [...] schnellstmöglich das Gebäude verlassen wollen. Hat sie es nicht eilig? In dem ganzen *va-et-vient* komme ich nur dazu, auf ihre sorglos und laut gestellten Fragen zu antworten: »Du wirst gleich alles erfahren, beruhige dich, rede nicht in der Tram.« [...] Der Weg zur Tram führt am Gefängnisgebäude,

dann am Blank-Palast entlang, ein langer und schwerer Weg. Die arme Julia kann kaum gehen, immer wieder hält sie an und stützt sich auf mich, dabei habe ich außer ihr noch ein Paket und eine Tasche zu tragen.
Die Fenster der Tram sind zugefroren, sie reibt ein Guckloch frei, um etwas zu sehen, ich argumentiere nicht mehr, damit sie sich unauffällig verhält, sondern versuche zu tricksen, ich rede, rede die ganze Zeit [...]. Am Plac Unii müssen wir in den Bus umsteigen [...]. Wir erreichen die Belwederska, hinauf in den vierten Stock, es geht langsam und wir dürfen keinem anderen Bewohner begegnen und, Gott behüte, schon gar nicht dem Hauswart. Das vorgewarnte Dienstmädchen empfängt uns freundlich, wir schauen uns in der fremden Umgebung um. Die Dame des Hauses »sitzt«, und eine glücklichere, weil frisch entlassene Dame nutzt jetzt ihr nettes, ruhiges einstiges Nest. Auf unsere Bitte um streng diskretes Verhalten aber klagt Julia, sie sei von einem Gefängnis ins nächste gekommen. Nur gibt es hier ein frisch bezogenes Bett für sie allein, heißen Kaffee statt Rübensuppe und verschiedenste »Leckerbissen«. Jetzt geht es darum, sie in den Alltag zu integrieren, freilich in einer anderen Rolle als zuvor – ob eine Individualistin wie sie sich in die Unscheinbarkeit eines fremden Namens und eines banalen Berufs fügen kann? Ich bezweifle es, und deshalb wünschte ich, sie ginge aufs Land. Oder dorthin, von wo es vorläufig keine Wiederkehr gibt.
Nach der vielleicht letzten Heldentat meines Lebens bin ich halbtot nach Hause gekommen, obwohl ich mich, wo es nötig war, bis zuletzt wacker geschlagen habe. [...] Julia hat wenig von den Zuständen in der Daniłowiczowska erzählt, aber es war genug, um sich das Elend in seiner ganzen Scheußlichkeit auszumalen.

1. Februar Ob die Fotos aus einem Lager für bolschewistische Kriegsgefangene auf polnischem Boden, die gerade in Warschau kursieren, in ein *Schwarzbuch* aufgenommen werden? Die Deutschen sollen sie selbst gemacht haben [...]. Welch entsetzliche, grauenvolle Anblicke die kleinen Kärtchen bieten. [...] Mir war die wahre Bedeutung von zwei nebeneinander liegenden Rümpfen nicht klar, ich dachte: »So liegt manchmal Aas tief im Wald.« Von einem verendeten Hund nähren sich andere Tiere, sie fressen vom Kadaver, hinterlassen Spuren ihres Mahls, es fehlen bestimmte Körperteile. Auch hier sind die Hinterbacken weggebissen, am Übergang zum noch vorhandenen Fleisch sieht man [...] bis zur Unkenntlichkeit entstelltes schwarzes Gewebe. Man erklärte mir, das seien Belege von Kannibalismus.

Ein anderes Foto: Ein großer Wagen mit hohen Bretterwänden. Beladen mit Leichen. Sie liegen durcheinander, ein chaotischer Haufen. Hier ein Kopf, daneben Beine. Die Hände hängen oft herunter, fallen fast aus dem Rahmen. [...] Schon im September 39 ist mir der Ausdruck von Totenhänden aufgefallen. Ich erinnere mich noch an die weißen, zu Gott oder zum Himmel ausgestreckten Hände eines Jungen in der Chmielna. Auch hier flehen Hände um Hilfe, sind drohend zur Faust geballt, bezeugen die Ohnmacht des Menschen gegenüber anderen Menschen. Manche müssen gegen den Tod angekämpft haben, einen letzten Boxkampf, bevor sie unterlagen – überwältigt, nicht besiegt. [...] Neben dem Wagen posiert ein bewaffneter Begleiter, ein lächelnder Dummkopf. Russische Visage, ein komplizierter russisch-deutscher Mantel. Das ist die belarussische Nationalpolizei. So verfährt man anderswo und mit anderen Völkern.

Das makaberste Panoptikum vermittelt keinen Begriff von der Stimmung, die von diesen wenigen Kärtchen ausgeht. Gegen die Todesqualen dieser Menschen müssen alle chinesischen Foltern ein Kinderspiel sein. Mein Wort ist so blass, nur jemand mit Phantasie kann sich vorstellen, was ich gesehen habe.

2. Februar Wie vertreibt sich unsere Jugend die Zeit? Diese Frage beschäftigt mich sehr, ich kann nur eine fragmentarische Antwort geben: Die einen gehen wie früher pärchenweise ins Kino, andere treffen sich in einer etwas freieren Wohnung und tanzen zum Grammophon. [...] Einige Reiche veranstalten Tanzabende *en forme,* das Vergnügen dauert die ganze Nacht, weil es nicht anders geht. Sonst müsste um neun Uhr Schluss sein. [...] Meine Nichten, junge Frauen, die viel unter Ausgesiedelten verkehren, haben einen Nachmittagsempfang für 40 Personen ausgerichtet, mit Leckereien, die man derzeit eigentlich nicht zu sehen bekommt. Zum Glück kenne ich auch [...] Gruppen von jungen Leuten, die andere Unterhaltung suchen. Sie treffen sich, um Klassiker der polnischen Literatur zu lesen oder zu hören, wie Schauspieler diese Werke mit verteilten Rollen darbieten. Manchmal werden Stellen aus Tagebüchern von Soldaten oder Zivilisten vorgetragen, Zeugnisse des gemeinsamen Leids und der gemeinsamen Sorge. Natürlich gibt es auch Kreise, die konspirativ tätig sind [...], und andere, die unter schwierigen Bedingungen ihre wissenschaftlichen Studien fortführen. Mit Hilfe von Professoren der Universität oder des Polytechnikums treffen sie sich heimlich unter dem Siegel der Verschwiegenheit.

4. oder 5. Februar Ich lebe immer kürzer. Mit fast jedem Tag funktioniere ich weniger Stunden. [...] Mir fehlt die Kraft. Der Antisemitismus im Gefängnis. Julia sagt, die Mitgefangenen hätten Hitler für seine Haltung zu den Juden gelobt. [...] Im Ghetto herrscht dafür angeblich Abneigung gegen die Polen.

Kurzum: Menschen aller Völker und Klassen – hasset einander! Diese Parole des Feindes macht Fortschritte.

11. Februar Gestern einen Vortrag über die aktuelle Lage gehört – in der Welt, denn inzwischen wird weltweit gekämpft. Die Einzigen, die kämpfen wollen und vor allem können, sind die Deutschen. Engländer und Amerikaner versagen tagtäglich. Wie sieht also das Morgen aus? Gut, die Bolschewiken – sie kämpfen, aber liegt das nicht eher an den günstigen Umständen, die der Frühling durch seine Ankunft beseitigen wird? *Qui lo so?* [...] Nur der innere Zusammenbruch Deutschlands kann Veränderungen zu unseren Gunsten bringen.
Von der anderen Seite der Schmerzensfront hat sich Irena gemeldet. [...] Ich füge den Brief als Dokument ein, als eines von Tausenden Bildern im Ghetto:
Liebe Pani Aura,
bitte verzeihen Sie mein ordinäres Verhalten und mein so langes Schweigen. Ich habe mich nicht einmal für das wunderbare Feiertagspaket (Kondensmilch, ein Traum) bedankt. Sie waren die Einzige, die [...] an mich gedacht hat. Ich sorge mich um Ihre Gesundheit. Mit mir steht es leider nicht zum Besten. Beide Hände eitern noch immer. Der operierte Finger ist schrecklich erfroren. [...] Dazu Kleinigkeiten wie Leber, Blase, Magen, jetzt ist es schlimm, weil mir das große Betttuch gestohlen wurde, das ein wenig vor dem Frost in der Wohnung geschützt hat. Meine Vermieterin behauptet, ich hätte es verkauft, ich sage, es wurde gestohlen. Sie weiß wohl mehr über den Verbleib des Tuchs, aber ich kann nichts machen. Ich bitte noch einmal um Verzeihung für mein langes Schweigen, der erste Brief, den ich schreibe, ist dieser an Sie. Leider kann ich nur wenig Erfreuliches berichten. [...] Ich kann mich leider zu fast

nichts aufraffen, schleppe mich von Tag zu Tag. Von Paulinka habe ich lange nichts gehört (meine Schwester, die mit ihrem italienischen Mann in Rom lebt). Ab und an kommen Päckchen – die helfen sehr. Wenn Sie Pfeffer, Vanille, Zimt, Kaffee, Tee, Kakao, Feigen, Datteln und Sardinen schicken wollten, wäre das für mich eine große Hilfe, denn ich habe keine Arbeit, kein Einkommen und auch keinerlei Aussicht darauf.
Ich bitte um Nachricht, das ist immer ein großer Trost für mich. Ich ende, denn es ist schon ganz dunkel. Tausend Dank für alles, herzliche Grüße.

16. Februar Hier und da wird das schöne Motto »Jedes vermögendere Haus sollte ein Kind oder einen Soldaten ernähren« in die Tat umgesetzt. Ich entdecke die heimlichen Mittagessen einer bestimmten Frau, es kommen »Gäste« zur Stärkung.
Erneuter Aufruf zur Arbeit im Reich, sie versprechen freie Ortswahl und andere Wonnen. Warten im Frühjahr neue Deportationen, wenn die Ermunterung nicht greift?

22. Februar Allan Kosko war da. [...] Ein rein literarisches Gespräch, offen, jedes Wort eine Suche nach dem Gegenüber. [...] Nicht das Alter verbindet die Menschen, sondern verwandte Regungen des Denkens oder Empfindens. Der Junge könnte mein Sohn sein, gestern fühlte ich mich ihm nicht nur nahe, sondern verbunden. In solchen Momenten der Begegnung mit jungen Menschen fühle ich mich selbst noch jung.

Wielgolas, 8. März Wieder in Wielgolas. Ich sehe jetzt, wie geschwächt ich bin. Der geistige Stillstand tut mir gut. Warschau habe ich unter dem Eindruck einer Drohung verlassen:

Als Vergeltung für die Tötung eines Deutschen sollen hundert Mitglieder illegaler Organisationen erschossen werden. Anscheinend ist die Drohung wahrgemacht worden [...].

16. März Blauer Himmel, die Sonne wärmt nicht, es weht ein starker Wind. Der Schnee ist immer noch makellos weiß. »Dieser Winter wird nie enden«, sage ich, jemand fast Unbekanntes erwidert: »Gott weiß, was er tut.« Sollte also Gott, der 39 durch wunderbares Wetter den Überfall auf Polen begünstigte, doch noch ein Einsehen haben?
Ein Kalb wurde geschlachtet. Ich esse jeden Tag Fleisch. Und in Warschau? Wie schwer es fällt, sich an das Schlechte zu gewöhnen, und wie leicht es ist, solche irdischen Güter als selbstverständlich anzunehmen!

18. März Wenn ich im stillen Haus sitze oder durch den Park, die Felder, den Wald spaziere, vergesse ich die Deutschen. Gestern, welch hässliche Überraschung, brauste auf der Landstraße ein Flieger vorbei, eine graue Gestalt auf einem Motorrad! Da bemerkte ich auf dem Briefkasten die Aufschrift *Deutsche Post Osten,* woraufhin mich die fremden Wegweiser und Warnschilder (»Achtung, Typhus«) nicht mehr losließen. An den rings um den Hof aufgestellten Baracken hängen Anordnungen samt großartiger Übersetzung. [...] Ich verstehe so viel, dass die Baracken heiliger Besitz des deutschen Volkes sind und deshalb gebührend geachtet und geehrt werden sollen.

Warschau, 3. April Ich bin schon in der neuen Wohnung und resümiere die letzten Tage. Wenn ich an Wielgolas zurückdenke, erinnere ich mich an meine schlechte Stimmung: [...] Ich fühlte mich elend, es schien wieder für länger, ich konnte kaum an den notwendigen Umzug denken. Doch ich habe ihn *expedite* erledigt. Mit Verrenkungen, die nicht zum Alter meiner Knochen passen.

4. April Das letzte Türklingeln in der Grójecka kam von einem Studenten. Er gab mir eine Karte mit einem Bild: Ein Lamm auf einem Buch, der Hl. Geist und andere Accessoires. Darunter stand: »Gott, steh uns bei in schwerer Stunde.« Auf der anderen Seite: »Ehemalige Studenten wünschen Frohe Ostern.« [...] Ich gab ihm ein paar Zloty mit der Bemerkung: Von einer »ehemaligen« Literatin. In Powiśle begrüßte mich ein anderes Stadium »unserer Jugend«. Als ich zum ersten Mal mein neues Domizil verließ, stolperte ich im Eingang über einen längs daliegenden Jungen. Daneben Bettelsäcke. Unberührt. Offenbar war der Tod eben erst eingetreten.

10. April Insgesamt geht es mir nicht schlecht, obwohl ich sehe, dass es ringsum immer schlimmer und trauriger wird. Der Glaube schwindet mit jedem Tag, der Glaube an unsere Zukunft, an den Sieg der Gerechtigkeit. *Carpe diem,* wenn er aus unbekannten Gründen etwas fröhlicher scheint. Jeder Kontakt mit anderen Menschen ist aber ein neuer Quell der Verzweiflung.
In der Literarischen Küche begegnete mir Allan Kosko mit den Worten: »Ich wusste, dass ich Sie heute hier sehen würde.« Daran war nichts Übernatürliches. Aber es war nett. Es gefällt mir, wenn die jungen Leute meine Nähe suchen [...]. Er kommt am Samstag, »wir haben uns noch so viel zu sagen«.
Später war ich für einen Zloty in Griechenland. Es ist wirklich schön, selbst im Fotoplastikon. Auf dem Nachhauseweg habe ich 50 Kuverts gekauft, die sollten bis zum Ende des Krieges reichen. Papier ist immer schwerer zu bekommen. Ich über-

lege sogar, ob ich weiterhin in zwei Exemplaren schreiben soll. Doch solange es noch geht ...

12. April Die Sonntagsversammlung der Mütter. Durch die Tür lausche ich schon zum zweiten Mal solchen Treffen. Die Frauen, die werktags außer Haus arbeiten oder beschäftigt sind, versammeln sich sonntagmorgens, um sich zu trösten, aufzumuntern und – eher als Fakten – Vermutungen, Ahnungen und Illusionen zu teilen. In der Grójecka redeten sie von den Söhnen, die es nach Südamerika geschafft haben. [...] Hier ist die Lage weitaus trauriger, ja hoffnungslos, wenn sie den schlimmsten Nachrichten Glauben schenken wollten. [...] Die immer gleichen Phrasen werden zum Willensakt: »Nach dem letzten Krieg sind Menschen noch nach einem, zwei oder sogar drei Jahren zurückgekommen.« Die Mütter sind mutig, zu allem bereit, eine von ihnen hat ihren Sohn in Radom besucht (natürlich ohne ihn zu sehen), bevor er ins »Tal des Todes« geschickt wurde. Sie hat die Wärter beschimpft, weil sie die Gefangenen wie Hunde behandelten, und auch bei der Gestapo in der Szucha hat sie es nicht an klaren Worten fehlen lassen. Eine andere glaubt sicher, leise zu weinen, aber ich höre jedes Schluchzen. Sie würde alles geben, wenn nur der Sohn wiederkäme: »Ich ließe mir die Nase, die Ohren, die Hand abschneiden ... Wenn er nur heimkommt, und sei es aufgedunsen vor Hunger – ich würde ihn aufpäppeln ...«
Ich höre wieder die Stimme der ersten Mutter: »Wenn es wahr ist [...], bringe ich mich um. Oder nein, ich gehe ins *Reich,* werde *Volksdeutsche,* und dann nehme ich Rache ...« Ich denke, sie wird zu Hause bleiben und weiterleben. Unterdessen brüht sie »echten Tee« auf und bewirtet ihre Leidensgenossinnen. Sie gibt ihnen sogar Zuckerstücke dazu. Ich beschreibe dieses Treffen ungewollt ironisch; obwohl ich jede Art

von Selbstschutz für gut halte, denke ich, je mehr Menschen vor der furchtbaren Wahrheit fliehen wollen, desto ...? Ich weiß nicht, was ich schreiben soll, mir fehlen die Argumente, und vielleicht hat das Verleugnen des grausamen Urteils (eher des Teufels, nicht der Vorsehung) den Vorteil, dass es als *stupéfiant* wirkt. So gewöhnt sich der Organismus nach und nach an das Gift, das er im Wachzustand nicht annehmen will. Mein Freund, der Doktor aus dem Krankenhaus, kauft einen Ring mit dem Monogramm seines Sohnes, den er ihm geben will, wenn er wiederkommt. Dabei weiß er nichts von ihm ... Wo sein Wiesio ist ...

14. April Es ist kühl, durch das Fenster scheint gleichsam der Spätherbst herein. Wolken bedecken den Himmel, der gestern, als ich aus dem Krankenhaus kam, noch sternenklar war. Die erneuten Gespräche mit dem Doktor gaben mir zu viel zu denken, als dass ich mit all diesen Gedanken in die überfüllte Tram gepasst hätte. Weil er mir einmal versprochen hatte, mir jedes notwendige Medikament zu geben, habe ich ihn um eines gebeten, das gegen alles Leiden hilft. Er hat die Bitte ohne jedes Moralisieren aufgenommen [...].
Nach einigen sorgenfreien Tagen ein neues Abenteuer, improvisiertes Kino. Der Inkassent vom Elektrizitätswerk nutzte meine Arglosigkeit aus, als ich Geld aus dem Schrank nahm, um den Strom zu bezahlen: Er bat um ein Glas Wasser (offensichtlich ein klassischer Trick [...]) und stahl 100 Zloty. Nach eingehender Beratung [...] kamen wir zu dem Schluss, die Sache am besten auf sich beruhen zu lassen, weil eine Beschwerde die Aufmerksamkeit auf unser Haus lenken könnte, das glücklicherweise den ganzen Tag Strom hat. So sind die Zeiten. Mein Schweigen ist wiederum keine so große Heldentat, weil ich meinem Bruder schreibe, was unter anderen

Umständen hätte warten können, und ihn um 500 Zloty bitte, auch für die Kosten des Umzugs, Investitionen in die neue Wohnung, die Reparatur der Schreibmaschine (ich schreibe auf der Maschine meiner Schwester [...]) und neue Kosmetika. Wie ich mich darauf freue, mich in neuer Farbe und neuer Gestalt im Spiegel zu sehen.

24. April Die Świętokrzyska, Straße der Ruinen und des Gesangs. Mit dem Frühjahr klingen die Stimmen immer kräftiger, reichen aber nicht zum Himmel. Mit Mühe erreichen sie die Herzen, die abgestumpft sind gegen fremdes Elend. Vielleicht von eigenem Unglück verhärtet?
Eines Nachts werde ich wach, aufgeschreckt von einem Auto, das in der stillen Gasse dröhnt. Das sind heute die schlimmsten Vorzeichen. Sie sind da. Dann hört man Weinen, Schreie, die Türen schlagen zu, für einen vielleicht für immer ...
Es gibt eine neue Tram – die »Null«, nur für Deutsche. Vorerst verkehrt sie leer. Noch fehlt die Gewohnheit.
An der Ecke Rakowiecka und Aleje Niepodległości hängt eine Zeichnung von geschickter Hand, die auch an anderen Stellen auftaucht: ein Galgen, an dem ein Hakenkreuz baumelt. Dort muss ein guter Graphiker wohnen, der zudem schnelle Beine hat.

7. Mai Julia will nicht mehr leben, aber: »Ich habe keine Lust, aus dem vierten Stock zu springen, am Ende ist es nicht hoch genug. Besorge mir Gift, dann bringen wir uns zusammen um.«
Telefonate Warschauer Damen. Eine rühmt sich: »Bei uns zu Hause bin ich der Hitler.« Eine andere erzählt von gelungenen Geschäften: »Ich habe hundert Paar Schuhe gekauft.« Die Dritte: »Ich hätte viel zu erzählen, aber ich darf nicht.«

16. Mai Ich habe länger nichts geschrieben. Die äußeren Umstände, der Mangel an Motivation. [...] Am Morgen weckten mich die Spatzen auf dem Balkon, die wie immer zwitschern, und das gesungene Gebet der Jungen aus dem Salesianerheim gegenüber. Ich habe gut geschlafen, denn ich habe nichts von den (vielleicht sehr leisen) Schritten der vier Gestapo-Leute auf ihrer Expedition ein Stockwerk höher mitbekommen.
In Warschau kursieren die Erinnerungen eines Oświęcim-Häftlings. Er wurde 40 von der Straße weg verhaftet und verbrachte elf Monate dort. Man gab ihn der Familie zurück, als offensichtlich nur noch der Tod auf ihn wartete. Doch der Junge wollte »in einfachen Worten, aber mit einem Aufschrei« berichten, was er erlebt und gesehen hatte. [...] Ohne Pathos, ohne Suche nach Heldentum bei sich oder anderen. Der Autor sagt, dass Oświęcim für Durchschnittsmenschen bestimmt ist, Ziel ist die Einschüchterung der Gesellschaft. Doch die Durchschnittsmenschen bewahren die »Fasson«, mit wenigen Ausnahmen, die sich eilig den Deutschen andienen! Als Aufseher werden Polen benutzt. Wie die Machthaber schlagen auch sie »gern« zu. Ohne Grund, fast anlasslos, ständig droht ein Schlag mit dem Ochsenziemer auf den Rücken, mit der Hand ins Gesicht ... Die Ohnmacht der ersten Tage soll entsetzlich sein, mit der Zeit lernt man die Sitten und Gebräuche der Herrschenden kennen und kann Schläge vermeiden. Gut beschreibt der Autor seinen ersten Eindruck, als alle Gesichter ihm gleich vorkommen, weil Schmerz und Hunger ihnen ein gemeinsames Mal aufprägen, verstärkt noch durch die einheitliche Drillichkleidung.

Wielgolas, 6. Juni Wieder in Wielgolas – privilegiert. Im Zimmer der Mädchen, meinem alten Jugendzimmer. [...] Ich gehe gleich auf den Balkon, betrachte das vertraute Bild mit

anderen Augen als noch vor einigen Jahren. [...] Das Dorf ist wunderbar. [...] Ich fasse wieder Vertrauen in meinen Stern, der in den letzten Warschauer Tagen so tief stand.
Gestern war ein Nachbar hier, ein anständiger Mensch [...]. Er klagte, dass die Verwandten in der Stadt nie mit den Lieferungen vom Land zufrieden seien. Sie verlangten immer mehr. »Die Kreisbeamten machen uns für alles verantwortlich. Man muss ihnen geben und geben. Und was kommt danach? Große Belastungen, nach dem letzten Krieg wurden den Nichtgeschädigten wegen Bereicherung hohe Steuern auferlegt. Es wird wieder eine Krise kommen. Dabei leiden auch wir.« Ja, sie haben Sorgen, aber die gewöhnlichen Sorgen der Reichen. Eine Kuh hat Blähungen, der Regen bleibt aus! Doch zu Hause ist alles wie immer, wenn nicht besser als vor dem Krieg. Auf dem Tisch liegen Süßigkeiten, während Warschau nicht weiß, was es essen soll.

8. Juni Ich hatte und habe keine Vorstellung und fast keine Ansprüche, was das zukünftige Polen betrifft. Nur unverändert das Gefühl: Wenn sie mit den Juden fertig sind, fangen sie mit uns dasselbe an, mit denselben Methoden, demselben Ziel – uns auszulöschen, zu vernichten, auszuradieren. Deshalb erschüttert mich die Kurzsichtigkeit derer, die weder dem Herzen noch der Vernunft oder wenigstens dem gesunden Menschenverstand folgen [...], sondern stattdessen die Nachrichten von den immer neuen Martern des »Bruders Israel« gleichgültig (wenn nicht feindselig) aufnehmen. [...] Weiterhin nichts als Verachtung: »Gut so, sie waren immer Feinde der Polen.« Sie sehen im jüdischen nicht unser mögliches Schicksal ...

11. Juni In zwei Wochen bin ich wieder in Warschau. Bedrängt von fremdem Schmerz und eigenen Sorgen. Was ist mit Gas und Strom, den zwei Spinnerinnen des städtischen Lebensfadens. Und hier ist *bien être,* obwohl die Fleischsaison auch zu Ende geht, weil Kühe, Schweine und Schafe markiert werden müssen. Damit nichts zur Seite geschafft wird, muss jedes neugeborene Tier umgehend den zuständigen Behörden gemeldet werden. Auch jedes verendete Tier. Das wird sicher mit größerem Eifer erfolgen, zumal man dem Tod nachhelfen, ihn mit einem gut gesetzten Stich beschleunigen kann. Dann kann man in Ruhe gutes Kalbfleisch oder Schweinekotelett genießen. Für jede Maßnahme gibt es ein Mittel zur Abhilfe. Das wissen wir seit fast drei Jahren. Ein Knecht bekam eine »Einladung«, sich freiwillig ins *Reich* zu melden. Mit dem nicht so freundlichen Zusatz: Wenn er sich weigert, droht ihm als Erstes Lagerhaft. Wir kennen solche Schreiben. Seit ebenfalls fast drei Jahren. Auch dagegen gibt es Mittel.

15. Juni Ich bleibe bis zum Ende des Monats. Das allzu Gute kann nicht ewig dauern, also macht es nichts, dass ich fahren muss. Verwöhnt vom Komfort, von der Luft, der Ruhe und dem Lesen, ist mein Herz gesund wie lange nicht mehr. Seit einigen Monaten bin ich auch wieder Egoistin, und das tut mir gut. Ich sehe, dass äußere Schmerzen die Krankheit hervorgerufen haben.

21. Juni Wie in der Lubliner Gegend gerät auch hier die Lage merklich außer Kontrolle. Ein Bolschewik kommt zum Hof, um Brot zu kaufen, unter der Pelerine trägt er ein Gewehr. Man hört auch: Durchs Dorf läuft er mutig mit offen gezeigter Waffe. Ein paar von ihnen kamen zur Markierungskommission: »Gibt's hier Deutsche?« »Nein.« Sie zogen weiter. [...] Ich frage den Volksschullehrer nach der Stimmung unter den Bauern und Landleuten. Die »Kulaken« sind den

Bolschewiken feindlich gesinnt, die ausgesiedelten Landarbeiter »erwarten ihre Ankunft«. Die armen Bewohner der kleinen Weiler bekunden ihre Sympathie.

30. Juni Ein junger Arzt ist eingetroffen [...]: Er ist mit seinem Sanitätstrupp in der Gegend unterwegs. Hier herrscht keine Epidemie, aber im Frühjahr gab es viele Fälle, deshalb betreiben sie Prophylaxe, insbesondere bei den Juden, die im Arbeitslager den Świder regulieren. Das Lager rekrutiert sich aus einem Kontingent von Menschen, das als Gegenleistung für das Wohnrecht in diesem Kreis bestimmt wurde. Die Arbeit ist sehr hart. Die Bedingungen sind schlecht, aber im Vergleich zum Ghetto ist es freier und sicherer. Die Aufsicht führt eine jüdische Miliz, die wiederum dem *Judenrat* in Mińsk untersteht. Erstere nutzt vor Ort ihre »Macht« aus und hat einen üblen Platz in der heutigen Geschichte des »auserwählten Volks«. Letzterer schmeichelt sich bei den Deutschen ein, um Zugeständnisse für seine Schützlinge zu erreichen, vielleicht auch, um sich selbst abzusichern.
Im Juli 1940 kam die aus Łódź vertriebene Irena Friedman zu mir und fragte (kurz vor Errichtung des Ghettos), ob sie nicht besser aufs Land ziehen solle. Ich konnte nicht sagen: »Tu das eine oder das andere.« Es ist schwer, angesichts eines unklaren Schicksals Rat zu erteilen. Wäre sie nach Osten gezogen, wäre sie vielleicht nach Kałuszyna oder, schlimmer noch, in die Gegend von Bełżec gekommen – dem Laboratorium, in dem nach den neuesten Erkenntnissen deutscher Gelehrter die Tötung von Menschen erprobt wird. Als Vergeltung dafür sollen sie eines Tages aus der Welt entfernt werden. Nur wann ... Wenn sie ihre Methoden weiter perfektionieren, bis sie sich tausendfach anwenden lassen ...
Wie immer boykottiere ich die Deutschen. Ich tue, als verstünde

ich nicht, wenn sie *»Guten Morgen«* sagen. Ob sie der Anblick des *quasi* normalen Lebens hier nicht demoralisiert? Die Erwachsenen arbeiten, die Kinder spielen oder schlafen, und der Sieger muss Wache stehen, drei Stunden am Tag, nachts im zweistündigen Wechsel. Er macht sich um sein Vaterland verdient, indem er mutig durchs Fernglas spät, ob nicht im Gebüsch ein Feind lauert, der sich geschworen hat, einen Hengst aus dem staatlichen Gestüt zu töten. Er verteidigt zugleich den ganzen Landstrich, denn in Kuflew haben die Bolschewiken schon für in zwei Wochen ihre Ankunft angekündigt. Weshalb der *Oberleiter*, ein verdienter älterer Herr aus gutem Hause, jede Nacht mit seiner Familie in die Polizeiwache zieht. Seine Inthronisierung erfolgt, wenn die Verstärkung eingetroffen ist.

1. Juli Vor der Abreise aus Wielgolas stellt sich mir jedes Mal die Hamletfrage unserer Zeit: Welche Lebensmittel nehme ich mit? Wie packe ich sie ein, dass sie nicht entdeckt werden, wie verstecke ich sie, dass sie mir bei einer Durchsuchung nicht abgenommen werden? Vielleicht einen Teil als Eilpaket per Einschreiben schicken? Die Post ist gegenüber dem Koffer das kleinere Risiko.

Warschau, 2. Juli Die Rückfahrt verlief ruhig, Butter und Käse sind unversehrt angekommen. Im Waggon waren wie immer Sänger unterwegs, obwohl die deutschen Behörden das Singen auf der Straße verboten haben. Das gilt wohl für alle öffentlichen Orte. Wie jede Anordnung wird auch diese geschickt umgangen. Ob ein heutiger Kolberg die Lieder der oft verkrüppelten Künstler festhält, die [...] den erlebten Schmerz der Nation beschreiben? [...] An fast jeder Station erschien ein neuer Bettler, anfangs drückte ich der kleinen Wiesia 50 Groschen in die Hand, die sie den Armen geben konnte – Alten, Invaliden,

Kindern. Eine merkwürdige Szene verblüffte alle: Zum Dank nahm ein zerlumpter Greis das helle Köpfchen sanft in die sicher schmutzigen Hände und küsste ihr traditionell nicht die Stirn, sondern den Scheitel: »Gott segne dich, wachse heran den Eltern zur Freude, dem Vaterland zum Ruhme.« Wiesia, die auf einer Bank saß und so groß war wie er, ging in Hab-Acht-Stellung und nahm mit großem Ernst an dem Mysterium teil. Früher hätte ich das als Geschichte für Kinderzeitschriften abgetan, heute hatte es etwas wirklich Erhabenes, ein Bund zwischen den Generationen, die Vereinigung verschiedener Stände.

3. Juli Alle sagen, ich sehe großartig aus, tatsächlich fühle ich mich jünger, wenigstens um die Kriegsjahre. Plötzlich unbekümmert. Ich suche eine Wohnung für den Doktor. Wo ist es sicherer, hier in Powiśle oder in den Aleje Jerozolimskie? Die Entscheidung ist noch nicht gefallen, wir warten bis zum Winter. So lange fährt er nach Oryszew, ins Invalidenheim. Irena und Dresdner danken für die »großzügigen Gaben«. Doch ich gebe ja von meinem *superflu*. Das moderne Manna fällt vom Himmel meines Wohlstands, ohne dass ich mich [...] beschränken muss. [...] Andererseits bedeutet ein Päckchen mit Mehl oder Grütze, zumal garniert mit Butter oder Süßigkeiten, für die Armen eine Abwechslung ihrer monotonen Ernährung, und die Saisonblume, die ich in die Tasche stecke, ist ein Lächeln aus der Ferne, aus der – in ihrer Vorstellung – freien Welt ...

6. Juli Von der Dickmilch riss mich der Besuch eines unbekannten Herrn: Bogdan Żyranik aus Lwów brachte Grüße von Karol Dresdner. [...] Lwów ist in Bezirke eingeteilt, der deutsche ist streng abgeriegelt, das vorerst offene Ghetto soll geschlossen werden, es gibt viele provisorische Krankenhäuser, die Nähe zur Front ist spürbar, die Menschen hungern, Lebensmittel sind sehr teuer und schwer zu bekommen. Żyranik, von Beruf Ethnologe, wurde von einem Freund aufs Land eingeladen, um sich dort zu stärken. Ich weiß nicht, wie er früher war, heute spricht er leise, als bereite es ihm Mühe. Dann kamen wir ins Plaudern [...] und waren uns plötzlich nah. Früher hieß es von mir, ich mache es den Menschen leicht, mir nahe zu kommen, aber heute bringt uns nicht die soziale Begabung der einen oder der anderen Seite zusammen, sondern das Bedürfnis, die Notwendigkeit, über die Dinge zu sprechen, die uns so sehr interessieren und schmerzen. Die Suche nach einem Fünkchen Hoffnung für die Zukunft.

7. Juli Warschau, Stadt, Gemüsegarten. [...] Am Schloss zwischen den Silberfichten – Kartoffelbeete! Wenn die Engländer Golfplätze opferten, um Bohnen zu pflanzen ...

14. Juli 1942

Meine Liebe! Quatorze juillet! *Erinnern Sie sich noch an den schönen Juliabend am Radio in der Karowa? Ich bitte sehr um französische Literaturmagazine. [...] Für den Brief vom Land und die ländlichen Produkte danke ich herzlich. Es mag paradox klingen, dass es mir zu der köstlichen Butter und dem Käse an Brot fehlte – das nämlich [...] wird hier mit Gold aufgewogen und ist nur privilegierten Schiebern und Spekulanten zugänglich. Ich weiß wirklich nicht, was mir [...] mehr zusetzt: Einsamkeit und Hunger oder die abendliche Nervenanspannung. Ich warte auf die Wohltat eines Wortes, in dem Ihre schöne Seele ihr Abbild findet.*
Ich sende meine Hochachtung und küsse Ihre Hand.
Karol

6. August Ich schaue zurück. Ich warte darauf, anhand von Berichten die Liquidierung des Ghettos resümieren zu können. Produktiver als Erzählungen wäre ein direkter Blick auf die andere Seite. [...] Die ausgestorbenen, leeren Häuser würden ihre Tragödie offenbaren. [...] Nie wurden die Albigenser derart verfolgt, die Tatareneinfälle und selbst die Taten der kreuzritterlichen Ahnen sind nichts gegen die Unternehmungen des 20. Jahrhunderts. Keine Naturkatastrophe, keine ägyptische Plage kommt dieser massenhaften Vernichtung gleich. Die Straßen sind leer, die Läden offen wie nach der Bombardierung Warschaus, menschliche Habe liegt herrenlos herum. Hyänen zanken sich um die Beute. Der Alptraum der Deportation. In die überfüllten Waggons wird Kalk gestreut, die Lebenden stützen die Toten. Höllischer Gestank! Abfahrt! Zum Beispiel nach Bełżec [...]. Was erwartet sie dort? Die aufgeklärte deutsche Wissenschaft hat sich in ein effizientes Mordwerkzeug verwandelt. Ein neuer Industriezweig ist entstanden, Fabriken zur Herstellung von Chemieprodukten, Präparate aus Leichen für den Alltagsgebrauch. Mit ihrem Scharfsinn beim Zusammentragen von Nachrichten wissen die Juden, was ihnen bevorsteht. Ein Trupp verabschiedete sich beim Marsch durch die Stadt zum Bestimmungsort von den Polen: »Wir kommen als Seife zu euch zurück.« Wie grotesk und geschmacklos, wird der Schöngeist sagen!

Wie verhalten sich die polnischen Juden? [...] Ingenieur Czerniaków, der Vorsitzende der Gemeinde, nahm sich das Leben, nachdem am 22. Juli das erste Kontingent von 8000 Menschen angefordert worden war. Der einzige ehrenwerte Ausweg. Ich habe schon vorher viel Gutes über seine Haltung gehört, er soll immer Zyankali bei sich gehabt haben. [...] Im Großen und Ganzen gehen sie passiv in den Tod, was sie mit fehlenden Möglichkeiten zur Gegenwehr erklären. Wenn auch manchmal der Köter den Wachhund anbellt, im Untergrund kämpft bis zur Erschöpfung. Haben sie keine Kraft? Hängen sie so sehr am Leben und am Geld, dass sie insgeheim immer noch hoffen? Lebenskraft und Feigheit in einem? Fragen für die Zukunft, die heute ohne Antwort bleiben. Es fehlt jedoch nicht an bewusst Mutigen. Sogar der Selbstmord ist erschwert, die Apotheken sind geschlossen, damit sie kein Gift verkaufen. Die Makkabäer bedecken freiwillig das Warschauer Pflaster, das geheiligt ist vom Blut unserer vielen alten und neuen Heiligen [...].

Ist meine Bekannte unter den Verdammten? Eine Arbeitskarte schützt vor dem Tod. Also quält sie sich noch.

Wie schaut man von unserer pseudosicheren Seite auf all das? Ich sah Tränen in den Augen von hartgesottenen Menschen und überzeugten Antisemiten. Aber ich hörte auch manche sagen, die Deutschen sollten diese schwierige Sache zu Ende bringen.

9. August Ich bin sehr enttäuscht vom Doktor, meinem Freund aus dem Krankenhaus. Er hat sein Versprechen gebrochen. Er wollte mir ein [...] radikales Mittel gegen alles besorgen. Dann hat er sich mit einem Scherz zurückgezogen: »Wir werden nach dem Krieg mit Champagner anstoßen.« Sicher.

Die nächtliche Stille setzt Geräusche frei, die der Tag fernhält. *Am Heil'gen Kreuz hat's Mitternacht geschlagen.*[43] Es war deutlich zu hören. Das Geläut ist so angenehm in dieser Zeit, in der die Kirchen schweigen. Erst haben die Glocken in Erwartung besserer Zeiten freiwillig ausgesetzt, dann wurden sie geraubt. In der Stadt verstärkt die Stille den Bahnverkehr. Selbst ein Laie erkennt den unregelmäßigen Lauf des Zuges. Er fährt, setzt zurück, die Waggons prallen aneinander, dann fährt er wieder. Die Lokomotive [...] vollzieht merkwürdige Manöver. Sie eilt nicht in glückliche Länder, sondern schleppt kränklich keuchend einen überlangen Zug hinter sich her. Die Passagiere stopfen sich nicht mit Wurst voll, der Zug bringt sie ausgehungert in die Wüste des Vaterlandes. Oder er transportiert die besten Einheiten vom Osten in den Westen.

Die einzelnen Schüsse und MG-Salven, die man jetzt hört, haben eine besondere Botschaft. Sie kommen vom Rand des Ghettos. Wer will für wie viel tausend Zloty aus den von Letten [...] bewachten Mauern entkommen? [...] Ich höre einzelne Schreie von Sterbenden. Ich horche genau, um ... Ich muss meine Phantasie nicht anstrengen. Eine Rachel oder vielleicht meine Irena riskieren es, weil sie nichts zu verlieren haben. »Rachel, wenn der Herr, in seiner Güte unbegreiflich«[44]. Deinen Herrn gibt es nicht mehr, seine Güte hat nichts bewirkt, unbegreiflich ist das menschliche Böse.

20. August Ein Soldat, der beim Abriss von Häusern im Ghetto eingesetzt wird, erzählt: »Ich hatte nie viel für die Juden übrig. Aber ich kann nicht ansehen, was sie jetzt mit ihnen machen. Hinterher kann ich zu Hause nichts essen. Ich habe einen faden Geschmack im Mund. Überall liegen Leichen. [...] Die Häuser stehen offen, man muss nur zugreifen. Ich kenne mich mit Gemälden nicht aus, aber wenn mir jemand ein wertvolles zeigen würde, dann würde ich es aus dem Rahmen schneiden und verstecken [...]. Und die Möbel, die Bronzefiguren! Ich habe eine vorzügliche Nähmaschine und eine ganze Kiste voller Uhrenteile. Morgen sollen wir einen rausbringen. Mal sehen, ob's klappt. Auf dem Karren unter den Ziegeln. Er zahlt, was wir wollen. Eine Dame hat mir einen Pelz versprochen, wenn ich ihr ein halbes Kilo Grütze bringe. Das ist nicht leicht, sie kontrollieren streng. Wir stehen stundenlang an der

Grenze. Ich habe die Grütze besorgt. Die Dame hat schon nicht mehr gelebt. Na, so ist jetzt das Leben, kein halbes Kilo Grütze wert.«

21. August Ein Luftangriff. [...] Die Nacht war von Raketen erhellt, man hätte lesen können. Ich habe lieber gedöst.

23. August Zbyszek war da, der Oberleutnant, der mir im September 39 geholfen hat – mit Schinken und Birnen. Jetzt hungert er. Deshalb habe ich ihm zur Suppe, die er aß, alles gegeben, was ich konnte. [...] Allzu satt hat er sich nicht gegessen.

Allen zur Mahnung, die die Bombardierung Warschaus beklagen, notiere ich ein Gebet, das in Frankreich kursiert: »Herr, lass die Bomben, die jetzt fallen, den falschen Frieden zerstören, in dem wir leben. Erinnere uns, dass wir weiter im Krieg sind [...]. Lehre uns, Freund und Feind zu unterscheiden und der Versuchung des Pazifismus zu widersagen.«

Die Pessimisten sprechen von nur 250 Toten und 1000 Verwundeten. Offensichtlich werden wir von einer Front des zivilen Kampfs zur tatsächlichen Kriegsfront. Wenn die Leute nach dem Nutzen fragen, lässt er sich finden. Die Deutschen werden sich hier nicht mehr sicher fühlen, die Teilung in getrennte Bezirke wird nicht mehr zu halten sein. Andererseits – die arme Hauptstadt [...].

Noch sind die Wunden nicht verheilt, bei einem Spaziergang durch Powiśle habe ich die Spuren der letzten drei Jahre gesehen. Jetzt kommen neue hinzu. Ich will sie besichtigen, ich werde mit der Tram eine Tour durch die Innenstadt machen. Meine Schwester sagte gestern nach einer solchen *Rundreise:* »Das Einzige, was es jetzt in Warschau zu sehen gibt, sind Ruinen.«

28. August Von Gewehrschüssen geweckt. Exekutionen an der Universität […].
Der Doktor ist aus Oryszew gekommen. Es bestätigt sich die Regel des Septembers 39: Sicherer ist es, wo wir nicht sind. Das Gefühl der Sorge um ihn und die Last der Schwierigkeiten, die auf mich zukommen, bedrücken mich. Ein Moment des Widerstands – genug! Der Blick fällt auf die in der »Rzeczpospolita« gedruckte »Verordnung« zum 1. September: »Jeder Pole möge sich erinnern, dass es heute zu seinen heiligsten Pflichten gehört, den Mitbrüdern die helfende Hand zu reichen, die unter der Last der Leiden dieses Kriegs, der feindlichen Verfolgung und Unterdrückung zusammenbrechen.« Ist es schon nötig, daran zu erinnern?
Nachmittag. Eine Karte von Dresdner:
Lwów, 25. August 1942
Meine Liebe,
Die Unterbrechung der Korrespondenz ist leicht erklärlich. Ich gehöre hier zu den fast letzten Mohikanern … Ich kann kaum die Feder halten. 14 Tage sind es noch, bevor wir ganz in einen engen Hühnerstall gesperrt werden, sofern ich nicht vorher verrecke. Es bleibt nichts, als sich demütig Gottes Urteil zu unterwerfen und abzuwarten. Von aktiver Haltung kann keine Rede sein.
Ich habe zu viel von mir geschrieben, aber kein Wunder, wir haben viel, sehr viel durchgemacht in den letzten zwei Wochen …
Wie geht es Ihnen? Schreiben Sie bitte möglichst bald, denn ich weiß nicht, ob ich noch antworten kann … Verzeihen Sie den unsauberen Stil – ich bin am Ende meiner Kräfte, übermüdet und hungrig. Am Rande der Resignation und doch manchmal voller Hoffnung und Träume von einem »abgeschlagenen Kopf«.

Bitte stärken Sie mich durch ein gutes Wort.
Es küsst die Hand
Karol

Mit einem *morituri te salutant* ist es nicht getan. Der Doktor reist wieder ab, er hat seine Sachen dagelassen: »Wenn ich mich nicht melde, machen Sie damit, was Sie wollen.« Er hat mich gebeten [...], zumindest aus der Ferne für seinen kleinen Neffen zu sorgen, der in einem Heim der Armeefamilie[45] in Konstancin ist. Ich habe mir alles ruhig und freundlich angehört, auch die Ankündigung künftiger Ausführungen: »Wenn man eines Tages alles erzählen kann ...« [...] Vielleicht kommt er noch einmal vorbei.

31. August Wurde das Warschauer Ghetto schon liquidiert? Den Eingang verwehrt ein Totenschädel mit der Aufschrift »Stadt der Toten«. Angeblich wurden »Industriezentren« geschaffen, die verbliebenen Einwohner nach Berufen eingeteilt und die Zünfte in die engen Grenzen bestimmter Straßen gesperrt. Hat man die anderen, die »Nutzlosen«, schon alle deportiert? Zu welcher Kategorie gehören Irena und Ludwika Kramsztyk [...]?

Ein neuer Begriff bestätigt die Vermutungen – *Vernichtungslager* heißen die Orte der kollektiven Hinrichtungen und unzähligen Massengräber. Krematorien des neuesten Typs. Noch einmal triumphieren die Ideen der deutschen Gelehrten.

1. September Man müsste die Nacht vom 31. auf den 1. beschreiben, das Bombardement, aber ich sammle nur Straßenstaub ... In der Tram bettelt jemand. Ausgemergelt. Vielleicht ein Intelligenzler: »Ich komme aus dem Gefängnis. Bitte helfen Sie mir.« Geflüster unter den Passagieren: »Mein Sohn, mein Mann wurde auch verhaftet.« Man gibt reichlich.

»Verzeihen Sie. Es ist nicht meine Schuld.« »Wir wissen, dass es nicht Ihre Schuld ist.« »Ich komme aus dem Gefängnis« – wie versuchte man das früher zu verbergen. Heute ist es der neueste Ruhmestitel.

6. September Konstancja Hojnacka schreibt mir und nennt mich mutig, weil ich keine Angst habe, auf direktem Weg mit ihr zu korrespondieren, während andere Freundinnen bitten, sie solle ihre Briefe an mich adressieren. [...] Ich war immer unabhängig von der öffentlichen Meinung, habe unerschrocken auf mein Ziel hingearbeitet. Heute sind die Ziele anderer hinzugekommen. [...] Mein einziges Werkzeug, um den Mitmenschen zu helfen, sind das Herz und seine Regungen, im Gegensatz zu anderen Frauen fehlt mir der Organisationssinn. Die Ausdauer in der sozialen Arbeit. Es gibt einige von ihnen, der Menschheit und mir selbst zum Trost [...]. Alte Bekannte oder Verwandte. Jahrelang waren wir im Leben wie auch in unserer Lebenseinstellung weit voneinander entfernt. Jetzt, wo wir uns derselben Sache widmen, fühlen wir uns eng verbunden. [...] Besondere Erwähnung verdient meine Cousine Hela, die ihr brachliegendes künstlerisches Talent jetzt zum Wohle anderer einsetzt; wie niemand sonst kann sie ein veränderungsbedürftiges Gesicht durch Schminke verwandeln. Und wenn das nicht hilft, kennt sie einen Schönheitschirurgen, der die Nase neu formt. Ihre Phantasie, die ihr manchmal als Spiel mit unserer Gutgläubigkeit angekreidet wurde, ist derzeit ein Trumpf: Sie vermag von einer Rolle in die nächste zu schlüpfen, in kritischen Momenten spielt sie mal die Grande Dame, mal das Dienstmädchen, und kann so andere aus den verzwicktesten Situationen befreien.

Wieder krank. Gürtelrose. Das heißt, ein Nervenschnupfen. In der Nacht vom 1. zum 2. bin ich noch aus dem Bett gesprungen, um den roten Schein der bolschewistischen Raketen zu betrachten. Angeblich ist es eine langwierige und schwer zu kurierende Sache. Vorläufig soll Glukose das Herz stabilisieren. Ich schlafe nicht. Wie auch, wenn die Nerven ihre Fühler aufgerichtet haben und überempfindlich für alle äußeren Reize sind. [...] Ich halte durch. Jemand nannte mich tapfer. Gefasst und gleichgültig träfe es besser. Wenn es sein muss, werde ich das Ende erleben. Und wenn nicht, ist es vielleicht besser so ... Das ist kein Pessimismus, sondern eine ruhige, nüchterne Betrachtung der Situation. Denn allein die Behandlung ist jetzt sehr kompliziert. Es ist leichter zu sterben, als krank zu sein. Zum Glück kann ich liegen, ich muss nichts tun [...]. Es wird schon alles halbwegs in Ordnung kommen.

7. September Bogdan Żyranik war da, der viehhütende Gelehrte. Der Autor der *Mondmythen* sagt, dass er nur schwer mit den Tieren zurechtkommt. Die Herde von zehn Stück läuft ständig auseinander. Jedoch sieht er besser aus als in Warschau. Braungebrannt. In sich ruhend. Gesegnet sind die Stillen, die bis jetzt mehr Rechte besitzen als die Rebellischen. Er hat immer eine rohe Kohlrübe in der Tasche, die ist sehr nahrhaft und leicht zu essen, sogar unterwegs auf der Królewska oder Nowy Świat. [...] Ich habe ihm erzählt, dass ich auf Karols letzte Nachricht mit einem Lebensmittelpaket reagiert habe.

13. September Der Doktor ist abgereist, besser gesagt – verschwunden. In heutiger Terminologie: »verduftet«. Mit Erfolg, weit weg, für lange, für immer?
Ich kehre zum unterbrochenen Kranksein zurück.

15. September
Meine Liebe,
die letzten zwei Wochen standen im Zeichen des Ghettos. In einem der ärmsten Vororte wurden zigtausend Menschen zusammengepfercht. Weil ich kein Geld habe, bin ich seit längerem obdachlos, verbringe die Nächte irgendwo und irgendwie. Es ist die bisher schlimmste Zeit in meinem Leben. Ich bin mutterseelenallein, der Gnade der göttlichen Vorsehung ausgeliefert und kann von nirgendwo Hilfe erwarten. Diese Karte schreibe ich aus dem arischen Bezirk, wo wir einstweilen tagsüber noch hindürfen. Hier herrscht eine Ruhe, wie ich sie lange nicht erfahren habe […]. Der Kopf ist schwer wie ein Stein und die Herzen der Menschen sind versteinert, keinen der »Glaubensgenossen« kümmert die Obdachlosigkeit und viele lagern unter freiem Himmel […]. Der Kopf schwirrt von all dem, irre Gedanken plagen das arme, gemarterte Hirn – es ist keine Zukunft mehr zu erkennen. Nur der Tod, oder eher ein Verrecken, wer weiß, wie lange es sich hinzieht. Ungeduldig erwarte ich das versprochene Päckchen, ich frage jeden Tag auf der jüdischen Post nach, wo sie aktuell alle Sendungen hinleiten. […] Warum schreibt Żyranik nicht? Bin ich etwa schon so sehr geächtet, von Gott und den Menschen verlassen?
Es küsst die Hand,
Karol

20. September So viel Bürokratie hätte ich niemals erwartet. Ich habe Kleider, die der Doktor für seinen Neffen daließ, in die Aleje Ujazdowskie gebracht, zum Fürsorgerat[46], der für die Kinder von Armeeangehörigen zuständig ist. Dabei wollte ich mehr über das Heim in Konstancin erfahren, wo ich den Jungen besuchen will, und eine Liste mit benötigten Kleidungsstücken oder Schulmaterialien bekommen. Man teilte mir mit, ohne Vollmacht des Vormunds dürfe ich das Kind nicht sehen, nicht einmal in seiner Sache tätig werden. Ein paar Tage später bin ich noch einmal hin [...], wieder vergebens. [...] Auf meine energische Frage, wozu all die Schwierigkeiten, wenn ich doch einem Kind Gutes tun will, erhielt ich die nebulöse Antwort: »Heutzutage ist nichts sicher. Man kann niemandem trauen.«

26. September Anzeichen von Desorganisation [...]: Am Danziger Bahnhof steht ein Zug mit Vieh. Es bekommt nichts zu fressen, vor Hunger fällt ein Stück nach dem anderen. Es drückt mit seinem Gewicht das Nachbartier nieder, verteilt mit den Hörnern unfreiwillige Stöße. Eine makabre Analogie zu den Waggons, in denen Juden starben und gegen ihre Gefährten fielen ... Tagelang kümmert sich niemand um den Transport, das Staatseigentum verkommt ungestraft. Jemand freut sich: »Wir werden wieder Fleisch auf Lebensmittelkarten bekommen, vielleicht ist es weniger zäh als sonst.« Andere Kühe sind dagegen privilegiert. Sie weiden im für uns einsehbaren Teil des Łazienki-Parks, in den Rabatten, die einst das Chopin-Denkmal umgaben. Ein schöner und erbaulicher Anblick, der es wert wäre, als Teil der deutschen Kultur photographisch festgehalten zu werden.

Seit zwei Wochen leben wir in Angst vor willkürlichen Verhaftungen [...], auf der Straße, aus den Trams heraus, das sind die schlimmsten Fallen, oder aus der Bahn. Lokführer und Schaffner machen sich sehr verdient, sie halten auf freiem Feld und sagen: »Brüder, geht eurer Wege«, in Warschau kommt der Zug leer an oder nur mit Passagieren, die einen *Ausweis* besitzen. [...] Angeblich soll jede polnische Arbeitergruppierung ein Kontingent für die Arbeit in Deutschland stellen. Zum Bunkerbau sagen die einen, zur Trümmerbeseitigung die anderen.

Die Deutschen haben großartige unterirdische Verstecke, aber was denkt ein Davongekommener, wenn er sein Haus als Ruine vorfindet? So viele Städte werde ich nicht mehr sehen. Ich denke ans Fotoplastikon, gestern habe ich Davos gesehen, vor kurzem Münster, sie empören sich, dass der Dom zerstört wurde, München zeigen sie gar nicht mehr. [...] Hinzu kommt die Ausweitung des Terrors. Keine soziale Schicht und keine Altersgruppe soll sich sicher fühlen. In Żoliborz haben sie vor einer Schule gelauert [...] und wollten die herauskommenden Jungen schnappen. Doch die Kinder schlüpften flink durch die Zäune und schlichen nach Hause. »Sie haben nur ein paar erwischt und auf die anderen nicht geschossen«, fügt man erleichtert hinzu.

Die Skaryszewska[47] ist überfüllt, es wird gefeilscht, das Lösegeld variiert je nach »Wert« der Person, die Blauen[48] scherzen, jemand hätte aus patriotischen Motiven 100 Zloty in seinen Ausweis gelegt. Und wenn einer kein Dokument hat? Wie ich im Moment, weil ich noch nichts getan habe, um eine Kennkarte zu bekommen, den Pass habe ich verloren, ich besitze kein Papier, das meine Identität bestätigt. Vertraue ich auf meinen guten Stern? Bin ich faul oder unfähig? Andererseits kann man sich heute ohnehin gegen keine Gefahr absichern.

28. September Gestern waren bei Rita Rey ein paar Leute, es gab elegant servierten Tee, ausgezeichnetes selbstgemachtes Gebäck, intelligente Gespräche. [...] Von Fulla Horak aus Lemberg [...] habe ich einiges über Konstancja Hojnacka erfahren, was ich bis jetzt noch nicht wusste. Sie [...] hat Konstancja unter ihre Obhut genommen, als diese aus dem Gefängnis kam – ein Wunder, dass man sie überhaupt hat laufen lassen. [...] Ihr Hauptvergehen war, dass sie bei der Beschaffung von Taufscheinen für Juden mitgewirkt hatte. Als Antisemitin, was die Sache umso merkwürdiger und schöner macht. Sie wurde in einem sehr schlechten Zustand entlassen und ist bis heute nicht genesen. Der Rücken war wund geschlagen, in den Wunden nisteten Läuse. [...] Sie wiegt nur noch 31 Kilo, ihr fehlt – ich kenne den medizinischen Fachbegriff nicht, deshalb beschreibe ich es technisch – der Klebstoff, der die Teile des Organismus zusammenhält. [...] Sie soll die ganze Zeit standhaft geblieben sein, eine ruhige, würdige Haltung. Das sollten sich andere zum Vorbild nehmen. Es gibt so viele Feiglinge – nicht nur gegenüber der Gestapo. Wie mir Konstancja selbst geschrieben hat, bat eine Freundin sie, ihre Briefe an meine Adresse zu schicken.

Man muss sich wieder dem fremden Leben zuwenden. Morgen gehe ich zum ersten Mal nach zwei Monaten wieder ins Krankenhaus. Vielleicht besuche ich auch Julia wieder, die aus der Augenklinik in der Smolna mit ihren ausgezeichneten Bedingungen in die Karolkowa verlegt wurde. [...] Julia hält durch, obwohl sie von allen alleingelassen wurde. Die Familie, die sich um sie gekümmert hat, verlässt Warschau aus nicht selbstverschuldeten Gründen. Ich bleibe – ein anderer Mensch als noch vor einigen Monaten, mir fehlt es an Gesundheit und innerer Kraft.

29. September Alles ist potenziell wichtig und wert, als Material notiert zu werden, selbst die Tatsache, dass ich seit einigen Tagen den Kaffee schwarz trinke. Die Milchfrau aus Zielonka kommt nicht mehr. Kein Wunder, sie will nicht ihr Leben riskieren. Unterwegs gibt es Razzien, sie kreisen die Leute ein, wer in die Felder flieht, auf den wird geschossen.

Für Oktober sollen nur noch 33000 Lebensmittelkarten im Ghetto ausgegeben werden. Dieselbe Anzahl an Arbeitskarten oder, wie andere sagen – Lebensnummern. Sie tragen sie auf der Brust. Man trifft sie auf der Straße in Gruppen. Ich habe sie einen Wagen schieben sehen, den ein kurzatmiges Pferd nicht ziehen konnte. Wie die Burlaken an der alten Wolga, wie Schwarze, die einer hinter dem anderen Lasten schleppen. Dabei befinden wir uns im Warschau des Jahres 1942.

4. Oktober Wieder nächtlicher Alarm. Er wiederholt sich oft. Ohne Gegenwehr. Die Nerven beruhigen sich langsam, denn es sind nur Überflüge. Aber man kann sich vorstellen, wie deprimierend sie auf die deutsche Bevölkerung wirken müssen.

Ein Gespräch mit einer jungen Malerin über Kunst: Ich sehe in Straßenausstellungen kein neues Talent aufblitzen, keinen neuen Blick auf die veränderte Welt. Sie verteidigt ihre Kollegen mit technischen Schwierigkeiten, es fehle an Farbe, oft auch an geeigneten Räumen. Doch das sind Probleme, die eine große Künstlerpersönlichkeit lösen kann. Natürlich darf man nicht das ganze Grauen darstellen, doch ließen sich die bittersten Anklagen etwa in Porträts oder Straßenszenen artikulieren. Die Gesichter sind heute ja anders, der Ausdruck hat sich verändert, selbst die Bewegungen sind anders als früher. Fast jeder trägt etwas, jeder Zweite schleppt schwere Lasten. Kartoffelsäcke auf Rücken, die oft nicht daran gewöhnt sind, ein eindrückliches Bild der aktuellen Situation. Das Wort vermag die gebeugten Gestalten nicht wiederzugeben, die schwieligen Hände, die bisweilen aus einst eleganten Mänteln hervorschauen. [...] Die Zeichnung lügt weniger als das Wort, bewahrt besser das Bild der Wirklichkeit, deshalb denke ich, gerade die Maler sollten die Wahrheit bezeugen, alle Erscheinungen dieser Epoche des Elends und des Schmerzes dokumentieren. [...] Denkbar wäre auch ein Zyklus *Warschau am Abend,* denn die Nacht ist uns verschlossen. Das Spiel von Hell und Dunkel. Im Straßendunkel leuchtet das Scheinwerferlicht eines unmaskierten deutschen Autos. Ich sehe es, als ich die Oboźna hinunterlaufe, wo ein Brunnen rauscht wie Vera Cruz in Madrid. Erst steigt es auf zu den Wipfeln der Bäume des Universitätsgartens, dann springt es auf einen Zaun, setzt sich auf ein Dach und gleitet schließlich eine Hauswand hinab, um mir den Weg zu erhellen. Dazu kommen unsere furchtsam verschleierten blauen Taschenlampen, mit Einsprengseln von gelbem Strom, den uns witzige Powiślaer ins Auge werfen, die sich um Verbote nicht scheren. Am Himmel erscheinen und verschwinden unerwartete Blitze, Scheinwerferblitze, und die treuen Sterne treten hervor, als wäre man außerhalb der Stadt [...].

5. Oktober Ich schaue auf Warschau und frage mich, wie ein moderner Goya die *desastros de la guerra* wiedergeben könnte. Sittsame Straßenszenen. Etwa unser Marsch zum Krankenhaus. Vorbei die Zeiten, als Damen in eleganten Pelzen die Kessel mit Essen schleppten, wir waren zu mehreren, später besannen wir uns und mobilisierten die gesünderen Soldaten zur Hilfe. Inzwischen gibt es weniger Damen und immer weniger Soldaten, um die deutlich leichteren Lasten zu tragen. Gestern opferte sich ein armer Kerl, der sich kaum auf den Füßen halten konnte, die in verschiedenen, unterschiedlich großen Schuhen steckten. Hosen von undefinierbarer Farbe hingen an ihm herab, die Bewegungen waren unkoordiniert, er zitterte am ganzen Leib, denn er kam aus der Nervenabteilung. Den anderen Henkel des Topfes (Kohlrouladen) hielt ein Mädchen für alles, Pani Wiktoria, wie symbolisch. [...] Ihr Kleid war grün, in der Farbe der Hoffnung, aber zerrissen, dazu trug sie Halbschuhe – nein, man bräuchte ein anderes Wort für die Latschen, die sich kraft eines unbekannten Naturgesetzes an

den wunden Füßen hielten. Die Letzte in der Reihe, die zusammen mit der oben beschriebenen Figur die zweite Kasserolle trug (Kartoffeln), war eine adrett gekleidete Neunjährige [...], die als Freiwillige mitkam, als sie sah, dass die beiden anderen nicht zurechtkamen. Außerdem wollte sie schon lange unsere Soldaten sehen. Hinter dieser Reihe [...] kam ich [...], schnellen Schritts, mit heller Miene und hell gekleidet [...], doch in der Seele traurig. [...] Vor dem Krankenhaustor warteten [...] die Herren Offiziere. Sie übernahmen die Töpfe und achteten dabei auf ihre armseligen Kräfte.
Ich bin mit dem Mädchen nach Hause gegangen, sie schien enttäuscht – so also sehen unsere Soldaten jetzt aus. Erbärmlich. Das stimmt. Offenbar sah sie in ihrer Vorstellung über ihren Köpfen noch den Nimbus des Martyriums, doch es sind nur verbrauchte, verbitterte Kranke ...

7. Oktober Ich komme mir vor wie die Verwalterin der Pension »Haus der Frauen« [...]. Ich muss lavieren, damit das Zusammenleben funktioniert. Ein Teil meiner Untermieterinnen ist außerdem »suspekt«. Darum bitte ich z.B. die Malerin: »Nicht mit dem Skizzenblock auf den Balkon.« Sie lacht und zitiert in allen Sprachen die Warnung im Zug: »Nicht aus dem Fenster lehnen.« Eine ähnliche Gefahr. Der Malerin fehlt ihre Arbeit, sie wirft flüchtige Blicke auf die Straße, um eine Ansicht à la Utrillo einzufangen. Auf mein Bitten beschränkt sie sich auf das Wohnungsinnere.
Wir schlafen jetzt ruhig, die Alarme machen uns keine Angst. Wir wissen, was die Überflüge über Warschau bedeuten. Sie gehen Richtung Moskau – die fliegenden Festungen sollen Stalingrad helfen. Die Stadt hält stand. [...] Die Bolschewiken zwingen jetzt den Deutschen einen Kampf auf, der den bisherigen Anweisungen des Führers widerspricht. Bislang waren die

Sieger unter dem Schutz ihrer Maschinen in Riesenschritten vorgerückt, hatten den Feind aus großer Entfernung bekämpft. [...] Jetzt hat sich die Distanz verringert, sie gehen *corps à corps* aufeinander los. [...] Die weitreichende Artillerie ist verstummt, denn jedes Zimmer muss wie eine Festung erobert werden. Wird sich hier, an der Wolga, alles entscheiden?

Lwów, 2. Oktober 1942

Meine Liebe,

und wieder kann ich mich nur mit Mühe aufraffen, einige Worte zu schreiben. Selbst aus technischer Sicht ist das Kartenschreiben hier mit unbeschreiblichen Schwierigkeiten verbunden. Überdies lässt sich das, worüber man schreiben sollte, nicht in Worte fassen. Die Zunge verfälscht den Ton, der Ton die Gedanken. Man muss innerlich zum Abflug bereit sein, aber es ist etwas anderes, mit einem grausamen Urteil in der Tasche herumzulaufen. Außerdem hat der Tod in diesem Fall Hunderte Gesichter ... Ein vervielfältigter Januskopf. Bitte verzeihen Sie meine unschöne, schmerzliche Offenheit ... Zu oberflächlicher, rein gesellschaftlicher Korrespondenz bin ich leider nicht mehr fähig. Verstehen Sie mich bitte richtig. [...] Ich bin so einsam und verlassen, dass schon ein mehr oder weniger freundliches Wort mir sehr viel bedeutet. [...] Ich wiederhole die Worte, mit denen ich die vorige Karte beendet habe: Jedes weitere Schreiben ist nur noch ein Abschied. Es grüßt herzlich und küsst die Hand – Karol.

8. Oktober Nein, ich werde noch verrückt, dieses ewige: Dem nicht das sagen, jenem nicht dieses. Bitte an dies denken ... Bitte an jenes ... Überhaupt sammeln sich bei mir die fremden Anliegen, als läge in meiner Person das Gegenmittel gegen das lauernde, ja, richtig, uns allen auflauernde Böse. Und

dann sagt jemand mit aufrichtigem Mitgefühl: »Sie könnten ein so ruhiges Leben haben, wenn ich, wenn wir nicht wären.« [...] Ich bin auch hilflos, wenn mir jemand nach einem Vorfall seine geistigen oder materiellen Sorgenkinder anvertraut. Ich soll garantieren, dass keine Bombe auf unser Haus fällt, die Gestapo nicht kommt und niemand die mir anvertrauten Sachen stiehlt. In meinem Kopf vermischen sich die Verstecke, wo im Ernstfall was zu suchen wäre ... »Vernichte dies, aber das bewahre unbedingt auf ...« Und mehr noch: »Haben Sie keine Möglichkeit, an einen Taufschein zu kommen? Aber *in blanco.*« Manche dieser mannigfaltigen Wünsche sind sogar lustig, die meisten aber gefährlich und unerfüllbar. Als ich einmal bedrängt und anschließend beschimpft wurde, fragte ich: »Würden Sie dasselbe für mich tun?« Die ehrliche Antwort: »Nein.« Sogar Lob kommt mit Einschränkungen: »Gut, dass Sie Tagebuch schreiben. Nur lassen Sie mich bitte nicht auffliegen.«
Es wäre ungerecht, nur von Ängsten zu sprechen, es gäbe auch viele Beispiele für: Mut, Besonnenheit, Tapferkeit. Aber wir neigen dazu, eher über das Schlechte zu reden als über das Gute...

15. Oktober Ein Brief vom Doktor. [...] Er war in Zakopane. Also fällt ihm das Reisen weiterhin leicht in diesen für die Bewegung von Ort zu Ort so schwierigen Zeiten. [...] Er scheint in der Nähe zu sein, auf dem Land oder in einer Kleinstadt, eine Adresse nennt er nicht, meine Antwort habe ich der Person mitgegeben, die seine Nachricht brachte ... Er fühlt sich sehr schlecht, wünscht mir Kraft zum Durchhalten, er weiß nicht, wie er das Ende erleben wird. [...] Warum sollte ich seine Zweifel nähren, warum ihn betrüben? Ich habe eine heitere, herzliche Antwort geschrieben, an den versprochenen Nachkriegschampagner erinnert.

16. Oktober Fela kommt aus Wielgolas zurück. Ich löse meine Kriegspension auf. Reich an psychologischer Erfahrung. [...] Früher dachten die Leute, ihre Probleme seien die schlimmsten, heute hält immer noch jeder sich selbst für den Unglücklichsten, weshalb er besondere Gunst beansprucht – in diesem Fall meine. [...] Manchmal regt sich Widerstand in mir, wenn der äußere Druck des »Tun Sie dies, tun Sie das« stärker ist als der innere Wille. Ich habe Lust, die Taktlosigkeit beim Namen zu nennen [...]. Doch wie belehrt man jemanden über die Feinheiten des Umgangs, dem der Boden unter den Füßen wegbricht, über dem der Himmel einstürzt? Es könnte auch unnötigen Streit geben. Ein müder Mensch macht unbedachte Bewegungen, ein verärgerter Mensch findet nicht die richtigen Worte. Und ich muss mich beherrschen, denn ich hüte weiterhin ihren und damit auch meinen Frieden. Das Wichtigste ist, dass die Wohnungsinhaberin keinen Verdacht gegen meine situationsbedingten Untermieterinnen schöpft. Ich laviere, so gut ich kann, lüge, wenn nötig, lache über fremde Sorgen – diese Dame hat die Bahn verpasst, jene sich mit dem Verlobten gestritten. [...] Dass all das meine Nerven strapaziert, merkt man kaum, weil ich selbst von mir sage, ich sei eine Auserwählte des Schicksals. Gewiss, aber offenbar immer noch vom alten Schlag, obwohl ich vor dem Krieg an der Spitze der Umstürzler zu stehen schien. Die Bewertungskategorien sind heute andere. Ich habe schon den gewandelten Begriff von Eigentum erwähnt. Hier ein kleines Beispiel, es betrifft eine in unserer Zeit überaus wichtige Sache, die Deckenfrage. Er bittet für seine Freundin: »Leihen Sie ihr doch die Decke.« »Sie gehört mir nicht.« »Ich weiß, aber was ist heute schon Privatbesitz.« Ich gebe nicht nach, die Theorie ist das eine, aber ich werde weiter die mir anvertrauten Dinge besser behüten als meine eigenen. Ich habe ein sachliches [...] Argument: »Ich bin sicher, sie wird verwanzt zurückkommen.« Doch ich fürchte, als Antwort zu hören: »Was ist wichtiger, ein Mensch oder eine Wanze?« Darum sage ich nichts. Nachdem alle banalen, bourgeoisen Argumente zur Verteidigung der fremden Decke aufgebraucht sind, gebe ich ihm meine, sie kommt ins dunkle, kalte *réduit,* in dem die arme Malerin jetzt wohnen wird.

19. Oktober Ich war gestern im Krankenhaus, jetzt ist es wirklich nur eine Pflicht. Bei so scheußlichem Wetter [...] und Gürtelrose vielleicht sogar eine irrsinnige. Ich habe beschlossen: Es reicht, jedenfalls, wenn es noch einmal so hässlich wird. [...] Die Patienten brauchen uns nicht, das Essen zweifellos, aber die Betreuerinnen haben ihren Wert verloren. Wie komme ich darauf? [...] Ich schließe es aus ihrem Verhalten, ich erinnere mich an den ersten Besuch, als sie uns mit großem Abstand begrüßten. Der Doktor hat es uns später erklärt [...], die Männer waren lange von niemandem abhängig, jetzt waren sie auf die Hilfe der Gesellschaft angewiesen, von der sie wussten, dass sie selbst Mangel litt. Sie konnten ihre Scham nicht anders kaschieren als durch Reserve. Heute ist vieles anders. Sie haben sich daran gewöhnt, als Invaliden von deutschem Brot zu leben, auch das polnische geniert sie nicht mehr. Sie nehmen es gleichgültig entgegen, und ich weiß nicht, ob ihnen klar ist, dass vor zwei Jahren die Spenden gelegentlich von den Ärmsten kamen, heute aber von den *profiteurs de guerre.* Deren Gaben kommen durch die Hand der Damen ins Krankenhaus, die immer noch ihre Zeit opfern, um das Essen zuzubereiten. Also ist die, die es bringt [...], nur ein weiteres Rädchen, dem man Dank schuldet, sonst nichts.

20. Oktober Ich lese Jean Guéhenno. Ein pazifistisches Bad. Er schildert die optimistische Atmosphäre von 1930, als Hitler noch ein blasses Gespenst war. Ja, aber es gibt kein Zurück dorthin. Europa wird nach dem Krieg anders aussehen als vor dem Krieg. Auch die Demokratie hat versagt. Sie ließ sich von der Hoffnung auf Ruhe verführen und hatte später dem furchtbarsten Massenmord der Menschheitsgeschichte nichts entgegenzusetzen.
»Bolschewismus heißt Herrschaft des Judentums«. So heißt es auf einem Plakat, das an den Kiosken aufgetaucht ist. Es ist ganz in Schwarz-Gelb gehalten. In der Mitte prangt ein Davidstern. Dazu eine Fotomontage von geschändeten Kirchenräumen in Spanien. Der Text erinnert daran, was in Barcelona auf Anstiftung durch die Judenkommune[49] geschah und wie in der Sowjetunion Priester ermordet wurden, aber – und das ist der wichtigste Punkt – kein einziger Rabbiner. Etwas für alle, die meinen, dass die Deutschen für uns die Drecksarbeit machten, obwohl diese Propaganda vielleicht selbst ihnen zu krass ist.
Zwei Männer und sie. Durch die Lipowa schwebt leichtfüßig, wie über das glatteste Parkett, eine hübsche junge Frau. Sie singt sehr schön. Der Kontraalt umschmeichelt sie wie ein Rausch. Diese etwas künstliche Formulierung drängt sich ungewollt auf, als ich ihr vom Balkon nachschaue. Ich applaudiere. Sie hebt den zierlichen Kopf und lächelt vielsagend – sie muss wissen, dass ihr Platz nicht hier ist. Mit typischer Bühnengeste deutet sie auf ihre Begleiter als Helfer des Erfolgs. Kehre zurück in den Konzertsaal, arme Nachtigall.

30. Oktober Ich habe Julia im Salesianer-Asyl in der Solec gefunden. Was für ein Elend. Eine schrecklich klerikale Atmosphäre, sie drängen zur Beichte, zu Exerzitien wie früher in

den Krankenhäusern. [...] Sterbezimmer nennt sie ihr neues Zuhause, es leben vor allem alte Menschen dort, diese Umgebung zehrt wieder an ihrer Lebenskraft. Sie ist immer noch voller Ideen und trotzt ihrem Unglück.
Unser zeitweiliger Wohlstand zeugt von ihrem Niedergang. Es gab einen Doppelzentner Kartoffeln, mehr als letztes Jahr, weil sie die gestohlenen Lebensmittel nicht nach Deutschland schaffen können und Einlagern nicht in Frage kommt. Mit Fleisch ist es ähnlich, in diesem Monat erhalten wir es schon zum siebten Mal auf Karten und sogar größere Rationen. Das Vieh bleibt auf halbem Weg stecken, wir profitieren davon. Und ziehen wenig schmeichelhafte Rückschlüsse auf den Zustand ihrer Eisenbahn.

8. November Unser Sondergesandter, der hervorragend deutsch spricht, ist zurück aus dem *Reich,* er berichtet von den Verhältnissen dort: In den letzten drei Monaten hat sich die Stimmung gedreht. Sie denken nicht mehr an den Sieg, nur noch an die Zukunft. Wie werden die territorialen Grenzen verlaufen? Wird das Dritte Reich geteilt und auf welcher Grundlage? Die Luftangriffe reißen große Breschen in die Staatstreue, noch dazu folgt auf jeden feindlichen Besuch aus der Luft ein noch schlimmerer Überfall am Boden. Die Gestapo besetzt die zerstörte Stadt und bringt mögliche Freiräume sofort unter die Kontrolle ihrer unheilvollen Macht. Andernfalls ... Würde man sogleich 60 wichtige Orte an einem Tag bombardieren, könnte eine Revolution ausbrechen. Es gäbe nicht genug Polizei, um die Verzweifelten im Zaum zu halten.

Wielgolas, 13. November Zum dritten Mal in diesem Jahr in Wielgolas. Die Baracken um den Hof sind abgebaut, aber es sind Deutsche da, sieben Mann, um den Besitz zu bewachen.

Sie müssen am 15. abziehen. Es kommen andere, um Banditenüberfälle zu verhindern.

Ich glaube und sehe. Bisher konnte ich mir das ersehnte Ende nicht ausmalen, jetzt entwerfe ich Strategien und plane das *débâcle* des Feindes. Es ist doch eine entscheidende Woche. Fortan wird man sagen: Der November ist eine gute Zeit für Europa ... Ich bin mit meiner Nichte verabredet, sie ruft heute Abend aus Warschau an, um von den jüngsten Ereignissen zu berichten. Wir haben jedem Land den Namen eines Familienmitglieds gegeben. Spanien bin ich. Bald wird es an Onkeln und Tanten fehlen, um die rebellierenden Völker zu benennen.

Panna Zofia kommt [...] aus der Küche gelaufen. Neuigkeiten über Neuigkeiten. Vorgestern sind die hier lebenden Deutschen betrunken aus Mińsk zurückgekommen. Sie waren den ganzen Tag benommen. Jetzt ist Morgen, sie sind verzweifelt. Denn sie haben Nachricht erhalten: Sie sollen an die Front. Sie hatten mit Urlaub gerechnet, an die Feiertage gedacht, frisch aus dem Lazarett entlassen. Die *Nachkur* in Wielgolas hat ihnen gutgetan. Der Bericht klingt auf tragische Weise komisch, denn Panna Zofia versteht trotz ihres eifrigen, situationsbedingten Deutschlernens – seit drei Jahren – kaum etwas von dem, was man in dieser Sprache zu ihr sagt. Sie wiederholt verdrehte Satzfetzen, die sie sich gemerkt hat. *Krieg nicht gut. Winter schlecht. Führer kaput. Ameryka viel Geld. Spanien mit Ameryka. Österreich und Tschechoslowakei* ... Mit den Händen ahmt sie die Revolution nach. Panna Zofia übertreibt die Verzweiflung der Soldaten so sehr, dass kurz darauf, als Schüsse zu hören sind, jemand ruft: »Ihm war der Tod lieber als die Front.« Sie jagen einfach Hasen, ihnen ist es erlaubt ...

20. November 7 Uhr morgens. Im Bett rekapituliere ich den gestrigen Tag. Im Ofen brennt das Feuer. Durch das offene

Oberlicht schimmert das blasse Gold des Ostens. Ein schüchterner Vogel singt ein Herbstlied. Die Atmosphäre erinnert an eine Pension alten Stils, keine Zentralheizung, häusliche Gemütlichkeit. Aber es ist nicht nur ein Urlaubsort, das normale Leben läuft weiter ... Man hört den Marsch des Traktors. Der Hammer des Schmieds spielt die uralte Melodie. Also was war gestern? Wir kommen vom Spaziergang zurück. Im Hof neben dem Speicher [...] geht Josek nervös auf und ab, Josek, der Chef der Schindelmachertruppe, die mit behördlicher Erlaubnis hier das Dach deckte. Dieses Handwerk wurde nur von Juden ausgeübt. Jetzt arbeitet er im Lager bei der Regulierung des Świder. Ab und zu kommt er vorbei, um zusätzliches Essen zu bekommen. Wir gehen zu ihm. Meine hochgewachsene Schwägerin schirmt ihn vor den Blicken der vorbeispazierenden deutschen *Wache* ab. Schnell und leise befiehlt sie Panna Zofia: »Gib ihm bitte Brot und Mehl.« Der Deutsche tut höflich so, als bemerke er den Eindringling nicht, den er einfach erschießen dürfte [...]. Josek erzählt, die Juden aus Chyżyny kämen bald ins Ghetto nach Kałuszyn. Dieser Ort sei für den Kreis bestimmt worden. Vielleicht für die letzten Mohikaner. »Ich habe meine Frau verloren, sie haben mein Kind getötet, wie einen Welpen. Ich bin allein. Aber das Wichtigste ist, dass ich lebe.« Wie viele Menschen denken so, obwohl wenige es auszusprechen wagen. Menschen, die früher ihre Familie über alles liebten. Josek will unbedingt noch den Gutsherrn sprechen. Er bekommt einen Vorschuss auf künftige Leistungen. Vor einem Jahr hat er hier offen gearbeitet [...], er glaubt, im nächsten Sommer hier wieder offen arbeiten zu können. »Der Herr müssen sich keine Sorgen machen, das Geld ist nicht verloren.« Und schon ist er fort.

25. November Ich denke ständig daran, dass der Doktor in meinem Zimmer wohnt. Fela beschreibt ihn als »gequält und niedergeschlagen«. So war er im September nicht. Diesem Menschen musste ich einen Brief mit schlechten Nachrichten dalassen: Der Aufenthalt seines Neffen, eines Offizierssohns, im Heim der Armeefamilie in Konstancin steht in Frage. [...] Fela schreibt, sein Aufenthalt belaste sie [...]. Genau genommen hat er sich selbst aufgedrängt, obwohl ich seine mehr als traurige Lage verstehe. So ist es eben. Unsere barmherzigen Taten drängen sich selbst auf. Ein frommer Mensch würde sagen: »Gott schickt sie.« [...] Aus der Distanz, an einem Ort, an dem die Sorge und die damit verbundenen Schwierigkeiten fern sind, frage ich mich, ob ich mich in einer ähnlich schwierigen, nahezu ausweglosen Lage nicht auch jemandem aufdrängen würde.

30. November Gegenwärtig wirft das Leben viele praktische Probleme auf, die es früher nicht gegeben hat. Nehmen wir das Feld der Psychologie [...]. Das normale Interesse an neuen Bekanntschaften ist heute die höchste Indiskretion. Man muss so tun, als [...] wolle man nichts von ihnen wissen. Jede Frage birgt Gefahr. Die äußeren Lebensumstände sortieren also eine Reihe innerer Regungen neu. Heute nähern wir uns neuen Menschen oft ohne die Möglichkeit [...], mehr noch – ohne den Wunsch, etwas über ihre bisherigen Umstände zu erfahren. Aus seinem Umfeld gerissen, zeigt sich der Mensch ausschließlich in seiner Gestalt, seinen Worten, ohne seine früheren Taten. Für mich hat das einen gewissen Reiz, den Reiz des Fremden. [...] Ich habe mir wieder abgewöhnt, leichtsinnige Fragen zu stellen, wie ich es früher hierzulande gern getan habe: »Wo ist Ihr Mann, was macht er?« Ich will nicht einmal wissen, ob jemand einen Mann hat. Je weniger konkrete Informationen ich habe, desto sicherer ist das Verhältnis im Falle – wir wissen, in welchem – […], ich könnte leichter sagen: »Ich weiß nichts.« Alle Adressen *sunt odiosa,* auch nach ihnen darf man nicht fragen. Ich weiß wieder nicht, wo der arme Doktor sich aufhält, kann ihn nicht in Gedanken an einem bestimmten Ort suchen.

Das ist die rechtmäßige deutsche Ordnung: Wenn du Schuhe verschickst, dann zur Sicherheit nicht nur als Eilsendung per Einschreiben, sondern auch jeden einzeln – das verringert das Risiko, dass auf der Post Begierden geweckt werden. Als mildernder Umstand für die Briefträger wird geltend gemacht […], dass sie angeblich niedrigen Lohn erhalten.

Fela schreibt, dass Allan zum Mittagessen da war (Klößchen mit Käse von hier), sie hat ihn eingeladen, nachdem er bei der Kohlelieferung geholfen hatte. »Er hat einen schrecklichen Appetit, das heißt, für das alte Warschau wäre er schrecklich, aber heute – wen wundert's.« Sicher, man kann es einem arbeitslosen Dichter nicht verdenken. Ich finde, ein Dichter kann nicht *sans bottes* sein, deshalb starte ich eine Aktion zur Beschaffung von Schuhwerk, vielleicht kann mein Bruder ein Kontingentpaar Holzschuhe entbehren …

11. Dezember Mehr von der Front der Judenverfolgung: Ein Vorfall im Nachbardorf. Eine Schwangere auf der Straße. Ein Gendarm nahm das ungeborene Kind ins Visier. Ein anderer Vorfall: 25 Juden begegneten einem Trupp deutscher Soldaten. »Wo wollt ihr hin?« »Ins Ghetto. Wir wurden zugewiesen.« »Spart euch die Mühe.« 25 Leichen. Vorfälle im Kontext der Liquidierung des Arbeitslagers in Chyżyny, ein Teil der Arbeiter wurde nach Kałuszyn abgestellt, ein anderer nach Warschau. […] Und als Nächstes schickte man sie nach Treblinka. Warum diese Umstände? Das Ausstellen von Passierscheinen, ich habe gesehen, wie der Gemeindesekretär sie auf dem Gutshof selbst fabrizierte, weil die offizielle Maschine kaputt war. Die deutsche Liebe zur Bürokratie?

Warschau, 28. Dezember Wie sind die diesjährigen Feiertage verlaufen? Wohl ganz Warschau hat »auf Woronesch«[50] getrunken. Auch an der afrikanischen Front sieht es gut aus. [...] Trotzdem geben wir uns nicht der Freude hin, wie vielleicht letztes Jahr noch. Diese Zeit hat tiefe Kerben in unsere Psyche geschlagen, riesige Breschen in unsere Reihen gerissen. Die zivilisierte, also mit England und den USA verbündete Welt, empört sich darüber. Aber was bedeutet das schon? Der Protest ist ebenso akademisch wie der Aufschrei für die jüdische Sache, die für die Zukunft versprochenen Strafen trösten niemanden.

Ein lustiges Weihnachtsgeschenk – meine Schwester sagt: »Ich kaufe dir einen Schuh, wenn du den zweiten selbst bezahlst.« Warme Schuhe [...] kosten im privaten literarischen Verkauf (Allan) 150 Zloty. »Gut. Du schenkst meinen Füßen das halbe Glück, ich übernehme die andere Hälfte.« Ich werde es warm haben.

Ela Kowalska, die Malerin, die ich im Oktober beherbergte, hat bei mir übernachtet. Die Arme haust in einer Küche im vierten Stock bei einem Weib, das auch noch eine Ecke an eine Verkäuferin und einen Beamten vermietet. Ich habe sie eingeladen, damit sie etwas Zeit in einer schönen Umgebung verbringen kann, was für sie schon an sich eine Freude ist. Auch Allan war für eine Nacht da. Er kam spät zu Klößchen und Käse. Den er mir selbst zu Weihnachten geschenkt hat. Neben einem Stück Brot und einer chinesischen Anthologie [...]. Er blieb im Namen des weihnachtlichen Mottos: *Tout le monde découche.*[51]

29. Dezember Ich gehe immer noch ins Krankenhaus, derzeit zu den Maltesern, aber ich habe nichts mehr zu geben. Diese Form des kollektiven nationalen Leidens ist für mich überholt. [...] Ich [...] bin dem Doktor *semper fidelis,* aber ohne die alte Begeisterung. [...] Stattdessen würde ich gern geistig arbeiten, mit Intellektuellen verkehren, [...] akademische Fragen diskutieren. Deshalb habe ich mit großem Eifer einen poetischen Nachmittag organisiert. Allan Kosko hat Übersetzungen französischer Dichter gelesen, von den Parnassiens bis Éluard. Die Reaktion der Zuhörer hat ihm gefallen. [...] Die Schwäche heutiger literarischer oder geselliger Zusammenkünfte liegt in der zeitlichen Begrenzung, alles ist komprimiert, das Gespräch wie das Essen. Bei den letzten Gedichten habe ich mich gefragt, ob es mir gelingen würde, den Barschtsch zu servieren, während die Gäste wohl Sorge hatten, das geistige Fest könnte den Gaumenfreuden im Wege stehen. Es ist mir gelungen. Mein bewusst billiger Empfang wurde als gekürztes Heiligabendmahl gelobt: Es gab Barschtsch, Salat, Tartines aus Kartenzutaten[52], außergewöhnlich gutes Brot, geriebenen Mohn mit Waffeln. Nur eben diese ärgerliche Eile, der [...] unerträgliche Blick auf die Uhr, ob es nicht schon auf acht zugeht.

1943

Warschau, 1. Januar Die *Modische Gattin*[53] ist heute eine junge Frau, die noch fast ein Mädchen war, als ihr Mann sie zurückließ. Er ging in den Krieg, landete dann im Oflag.[54] Im Laufe von drei Jahren ist sie gereift und selbständig geworden. Sie arbeitet, ernährt oft eine Familie, trifft alle Entscheidungen. Was wird aus einer solchen Ehe, wenn er nervlich erschöpft zurückkehrt, lange isoliert vom aktiven Leben? Im konkreten Fall, von dem ich spreche, wahrt sie den Schein der Abhängigkeit. Als es ihr gelang, ein Telefon zu bekommen, ließ sie es auf seinen Vornamen registrieren. [...] Ich verstehe zwar diese scheinbare *délicatesse des sentiments* nicht, aber im besagten Fall sehe ich [...] den Wunsch, den fernen Gatten mit der Nachricht zu erfreuen: »Du hast ein Telefon.« Ob sie ihn tatsächlich zum Lächeln brachte, den jungen, etwas über dreißigjährigen Mann, der für die letzten zwei Tage der Verteidigung Warschaus zum Vegetieren hinter Stacheldraht verurteilt wurde? Wer weiß für wie lange? Auf dem Foto presst er die Lippen zusammen, die Augen schauen traurig. Auch ihr Gesicht wechselt den Ausdruck, wenn sie an ihn denkt, aber sonst ist sie heiter, beschäftigt mit ihrer Arbeit und dringenden Alltagsgeschäften.

5. Januar Élie Faure schreibt über die Schönheit des Skeletts, seine Klarheit und Zweckmäßigkeit. Seine vollendete Gestalt. Sicher, nur denken wir eben lieber über das Fundament des Körpers nach, als ein Gerippe in Reinform anzuschauen. Ähnlich ist es mit dem Umriss eines Gebäudes, seine *charpente* bildet die Stütze, aber erst umgeben von Materie erfüllt sie ihre Bestimmung. Das denke ich, während ich auf die Ruine des Königsschlosses schaue. Das kläglich in den Himmel ragende Dachgewölbe und die Seitenmauern bieten unverhüllt einen schmerzlichen Anblick. Aus den nicht von Haut überzogenen Knochen entflieht das Leben, ohne die schützende Hülle entschwindet der Geist aus dem Gebäude.

Konspirative Besuche; jemand klopft, ich öffne. »Ist Frau Soundso zu Hause? Ich bringe den neuen Mantel.« Man braucht Geistesgegenwart, darf sich über nichts wundern, muss alles für selbstverständlich nehmen. [...] »Mantel« bedeutete in diesem Fall »Papiere«. [...] Ein anderer fragt wieder: »Ist Frau Soundso da?« Der Hund begrüßt ihn, er tut so, als kenne er ihn *depuis toujours*. Als Empfehlung drückt er der Dame ein Kärtchen mit ihrer Adresse in die Hand, sie ist teilweise falsch. Wer nicht pfiffig ist und die Tricks nicht kennt, die man heute braucht, würde sich wundern: »Wie haben Sie mich gefunden, Haus- und Wohnungsnummer stimmen doch nicht?« Jeder hat eine eigene Methode, das Gedächtnis zu schulen. Einer addiert drei zur realen Zahl, ein anderer subtrahiert. [...] Viele Notizbücher enthalten auch Listen – Kartenrationen kaufen, Schuhe abholen usw. –, hinter denen sich ganz andere Aufträge verbergen. Über gewöhnlichen Namen oder Alltagsdingen liegt ein kunstvoller und scheinbar irrationaler Überbau, der aber einer ganz eigenen Logik folgt.

Zum vierten Mal Banditen in Wielgolas! Das Haus ist befestigt worden: Die Fenster sind vergittert, die Türen verriegelt, Nachtwachen alarmieren mit einem Pfiff die Bewohner, die wissen, was zu tun ist, und ins Obergeschoss flüchten. Der Forstgehilfe besitzt mit behördlicher Genehmigung Gewehr und Revolver, auch der junge Gutsherr hat eine legale Doppelbüchse. Sie kamen um sieben Uhr abends, überwältigten den Forstgehilfen, gelangten aber nicht in Haus; womöglich auch abgeschreckt durch die anhaltenden Schüsse aus immer wieder anderen Fenstern und scheinbar von mehreren Schützen, raubten sie laut dem ersten telefonischen Bericht drei Paar Pferde aus dem Stall, ein Geschirr und eine Kutsche. Heute weiß man von einem Paar, das von allein zurückkam, das zweite gehörte dem Nachbarn, der zu Besuch gekommen war, das dritte wiederum war vielleicht rein fiktiv. Wie viel Angst und schlimme Momente aber alle durchlebten! Die Eltern, während der Sohn unter Lebensgefahr Schuss um Schuss abfeuerte, die Angreifer schossen zurück, die Kugeln schwirrten über die Köpfe, mein armer Bruder stieß im Dunkeln mit dem Diener Józef zusammen, er hat ein dickes blaues Auge ... Tags darauf eine erfolglose Fahndung in der Umgebung, aber – »zum Glück« – wurden wieder Soldaten zum Schutz geschickt. In dieser Gegend ist es üblich, sich zu verteidigen, die Gutshöfe sind Festungen. In anderen Regionen herrschen geregelte Verhältnisse zwischen Gutsherren und Banditen. Sie kommen regelmäßig, um den vorab geforderten Tribut abzuholen, und setzen sich bei der Gelegenheit an einen reich gedeckten Tisch.

24. Januar Besuch bei einem Höhlenmenschen anno 1942. Ich rufe St. P. Koczorowski an, ich will ihn in seinem neuen *locum* besuchen. »Sehr gern, aber ich muss Sie warnen, ich lebe wie ein Höhlenmensch.« Umso mehr zieht es mich hin. Er beschreibt den Weg: »Von der Graniczna links abbiegen. Bei den Trümmern beginnt meine Straße. Es gibt kein Namensschild. Ich habe kein Gas, keinen Strom, kein Wasser. Durch die Toilette, leider, kommt man in das einzige bewohnte der vier Zimmer.« [...] Ich folge den Anweisungen, das Haus steht aber außergewöhnlich gut da, die Bewohner waren offenbar reiche Leute, sie mussten die Türen und Rahmen nicht verheizen ... Koczorowski hat seine Lage übertrieben dramatisch dargestellt. Die von seiner Persönlichkeit und seinen Büchern geprägte Atmosphäre, die er aus Paris nach Warschau mitbrachte, erfüllt auch die neue Wohnung. Weil es mein erster Besuch ist, bittet er mich nach alter Sitte, die er wiederbeleben will, um einen Eintrag in sein Gästeheft. Er freut sich sehr, als ich die Stimmung so fasse: »In der Grzybkowska 9 fand ich Licht in einer Ruine.« Ringsum ist nämlich alles verfallen. Die Fenster im Parterre sind zugemauert (so konnte man sich im Ghetto länger verteidigen), die oberen sind leer, offen oder haben keine Scheiben. Vor der Grzybkowska türmt sich Schutt, aus dem hier und da eine zufällige Mauerformation herausragt. [...] Aber es regt sich auch neues Leben, selbst am Sonntag hört man in der stillen Einöde Werkzeuge klappern, sieht eine vielleicht erst gestern geklebte Anzeige: »Tapeziere, streiche«.

25. Januar Ich vergaß zu notieren, dass das literarische Treffen, das seit zwei Jahren durch Warschau wandert, am Samstag bei mir stattfand. Der Referent Gralewski kam nicht, weil es – was sonst – Razzien gab, seinen Essay las Łaszkowski vor, der anschließend ein Kapitel aus seinem eigenen Roman *Die Sänger von Nürnberg* gab, eines, das man sorglos bei sich tragen kann, apolitisch, aber sehr erotisch. Unangenehm. Freilich galt mein Augenmerk weniger der Kritik als meinen Pflichten als Gastgeberin. Leckerer Barschtsch, roter Salat, grüne Schnittchen mit einem morgens zubereiteten raffinierten Aufstrich, andere mit Käse, als Gipfel der Vollkommenheit auf Brot. [...] Clou des Treffens war die Nachricht von der Einnahme von Tripolis.

Ich schreibe ein Feuilleton für »Nowy Dzień«, der Titel: »Der Mensch, der Zeitung liest«. Mit dem Erscheinen einer Tageszeitung ändert sich vieles im Leben. Normalisiert sich. [...] Wie ich gehört habe, wird die Zeitung nicht von Profis gemacht, sondern von Menschen guten Willens. Gedichte voller erhabener Ideen, aber in alter, manierierter Form, platte Karikaturen. Man schlägt einen Keil in Hitlers Seite, Generäle sitzen im Kessel. Der Ton ist sehr kämpferisch [...], aber in Bezug auf den Feind in seiner gehässigen Vulgarität mitunter abstoßend. Dennoch sehe ich die große Bedeutung einer Tageszeitung, und die Reaktion der Leute, die sie dank mir lesen, macht mir bewusst, was sie für die breite Masse darstellt. Man könnte ihr noch die mangelnde Abstimmung der verschiedenen Meinungen innerhalb des Blattes vorwerfen, die sicher dem fehlenden persönlichen Kontakt zum Redakteur geschuldet ist, aber diese Gedankenvielfalt hat den Vorteil einer freien Tribüne.

26. Januar Ich habe jetzt eine Sekretärin, sie [...] hilft mir beim Abgleich der von Fela abgetippten Tagebucheinträge mit dem Original, was meine Augen schont. Mit dem Ohr erfasse ich zudem stilistische Fehler besser, es geht nicht um die Klarheit des Stils, sondern um die Ordnung und deutliche Artikulation der Gedanken.

27. Januar Deutsche Frauen sollen Polen vor Straßenrazzien gewarnt haben; Tatsache ist, dass ein Soldat meiner Nichte sagte: »Lauf weg, da vorn ist es gefährlich.«
Das Ghetto hatte komplett liquidiert werden sollen, sie beschränkten sich auf 13000, den Rest – 20000 – ließen sie am Leben. Sie verzichteten sogar auf Vergeltung für die Tötung von Soldaten und Gendarmen. Wenn diejenigen, die helden-

haft gestorben sind, ihr Schicksal hätten wählen können, hätten sie dann womöglich gezögert und wieder abgewartet?

3. Februar Als ich gestern gegen sechs über den Plac Trzech Krzyży ging, dachte ich an den Friedhof zurück, der kurzzeitig unsere Helden barg. Die Stimme des Lautsprechers drang an mein Ohr, die letzten Meldungen aus Stalingrad. Sie stehen im Nahkampf, bisweilen stürzen sich zehn Bolschewiken auf einen tapferen Deutschen, wo sie bisher hinter einer Eisenmauer Mut zeigten, gehen sie jetzt mit bloßen Händen auf Panzer los. Ich kenne das. Polen, September 39. Steht ihr also schon so schlecht da wie wir damals? Wilde Freude ergreift das Herz ...

4. Februar Gestern zwei Freuden – ein Brief von Rysio Łonżyński, dem Jungen droht keine Gefahr, es geht ihm sogar gut! [...] Der Kleine bedankt sich in seinem sehr schön und korrekt geschriebenen Brief für das Geschenk und die Aufmerksamkeit, er fragt besorgt nach dem Doktor, von dem er seit mehreren Monaten nichts gehört hat. Er bittet um einen Besuch.

Die zweite Freude – eine meiner ganz eigenen, sie resultiert eher aus meinem persönlichen Empfinden denn aus Fakten. Żyranik kam zum Mittagessen. Er sagte gleich: »Ich fühle mich nirgends so frei wie bei Ihnen.« Das genügte, um mich in gute Stimmung zu versetzen. Es ist wieder wie früher. Die Pariser Patronin so vieler Polen breitet ihre Fittiche auch über Warschau aus.

5. Februar Ein Virtuti Militari[55] und eine Medaille mit der Aufschrift »Dem Verteidiger des Vaterlands 1918–1921«. Sie gehören dem Doktor. Von der Uniform getrennt, gelangten die Auszeichnungen in die Lipowa. Er hatte mir auch seinen Wehrpass geben wollen, den ich einmal gesehen habe. Als verletzter Legionär zog er freiwillig in den Krieg gegen die Bolschewiken[56], und auch am 1. September 39 meldete er sich unaufgefordert zum Appell. Das muss man in Erinnerung behalten.

6. Februar Wieder fremde Sachen im Haus. Zunächst verbindet sich damit die technische Frage des Transports. Die Person, die den ihr überlassenen Korb in neue Obhut gibt, will gleich die Verantwortung für alle Verluste abwälzen, sie verlangt eine Unterschrift. In ihrer Sorge geht sie zu weit, hegt selbst für den Weg diverse Befürchtungen [...]. Sie übertreibt die Gefahr [...], meine Nerven sind in den letzten Tagen nicht die besten, sie bringt mich zum Zittern. Mit der Rikscha, wie sonst, komme ich unbehelligt nach Hause, wenn auch zu einem überhöhten Preis. Nun folgt der zweite Akt, ich muss die fremde Habe legalisieren, sie in die eigene integrieren, beides miteinander verschmelzen lassen. Das ist eine noch eher äußerliche Operation, erfordert aber schon ein genaueres Durchsehen, Taxieren der Dinge, die für jemand anderen einen besonderen Wert hatten. Die Kleider verbinden sich mit Erlebnissen, die Kristallkaraffe – mit welchen Getränken war sie gefüllt? Wie viele Regungen hat wohl das Aufziehauto des Sohnes im Herz der Eltern geweckt? Wenn es einen Platz unter den Gegenständen fand, die der Vernichtung entrissen worden sind, um die Möglichkeit zum Leben zu erkaufen. Es ist peinlich und schmerzhaft, in all diesen Dingen zu wühlen, die nicht nur nicht mein sind, sondern auch nie für meine Hände bestimmt waren. Selbst Briefe enthält die »Sammlung«, ein unbewusster Leichtsinn, in der Hand von Nichtadressaten bekommt fremde Korrespondenz gefährliche Züge.

9. Februar Und sie bewegt sich doch: In Warschau häufen sich die Morde, unsere Leute vollstrecken Urteile des Geheimgerichts der Leitung des Zivilen Kampfes[57]. Fast öffentlich, nämlich vor den Augen seiner Familie, wurde der Verräter getötet, der Ing. Honowski wegen konspirativer Tätigkeit an die deutsche Polizei ausgeliefert hat.

12. Februar In die Aleje Ujazdowskie, zur Abteilung des Fürsorgerats, der für die Kinder von Armeeangehörigen zuständig ist. Die Leiterin hat ihre Sprechstunde für heute von 12 bis 15 Uhr angesetzt. Ich will über den Jungen sprechen, der bis jetzt glücklich in Konstancin versteckt ist. Ich fürchte mich vor dem Treffen [...], sie wird dasselbe sagen wie vor einigen Monaten: »Bitte machen Sie etwas mit ihm.« Ich treffe die Amtsträgerin nicht an, obwohl es erst viertel nach 12 ist. Es ist unklar, wann sie wieder im Büro sein wird [...]. Das unangenehme Gespräch fällt aus, so kann ich wieder auf Zeit spielen und mich über eine solche Amtsführung und die Missachtung von Kunden empören. Mir tut auch der Kleine leid, dem ich für nächsten Sonntag leichtsinnig einen Besuch versprochen habe. Er hat sehr darum gebeten: »Zu den anderen Kindern kommen die Eltern, zu mir niemand.«
Zu Hause finde ich einen sehr traurigen Brief vom Doktor. Er dankt für Rysio, für meine Güte, lobt sogar, was er nie tut, meine »Freundlichkeit und Wohlwollen« ihm gegenüber. Vielleicht lohnt es sich, wenigstens für einen Menschen der Glaube an die Menschheit zu sein.

14. Februar Ein Brief von Konstancja Hojnacka. Sie schreibt, dass Karol Lwów verlassen hat. »Die Bekannten zweifeln nicht daran, dass er zurechtkommen wird. Hoffen wir also das Beste.« Eine schöne, heute oft verwendete Phrase.

Anschläge, nicht nur bei uns. Überall – in Holland, Belgien, Frankreich. Wir kennen diese Methoden aus der Zeit der russischen Unfreiheit. Wir wissen, was folgt. Die Eliminierung unmittelbar schädlicher Individuen führt zur Notwendigkeit des Kampfs gegen das System [...], das sie repräsentieren. Den polnischen Aufständen gingen ähnliche Taten voraus. Die Rationalisten fragten schon damals: »Ist es das wert?« Die Opfer, welche die Tötung eines Einzelnen nach sich zieht.

19. Februar Mir war immer ein bestimmter Prozentsatz von Dingen gleichgültig. Das erlaubte mir, meine Leidenschaft anderen zu widmen. Gerade kümmert es mich nicht, dass einer der Weihnachtsschuhe schon abgewetzt ist und die mühsam für 400 Zloty erworbene Uhr nicht geht. Dafür gebe ich mich jeder Art von Schreiben hin. [...] Gerade habe ich für »Nowy Dzień« ein humoristisches Stück [...], ein moralisches [...] und einen in hohem Ton gehaltenen Appell [...] fertiggestellt. Außerdem ist ständig Aktuelles zu notieren, ich denke auf verschiedenen Ebenen, Karten und Zettel lassen sich oft nicht entziffern. Typisch für mich. Der Gedanke fliegt weiter, saß nur wie ein Schmetterling auf einer weißen Blume ... Komisch, manchmal brauchen wir eine angegraute Form, um eigene Erlebnisse zu beschreiben.

20. Februar Bei Julia im Sterbehaus, wie sie ihr Asyl nennt, finde ich Leben. Sie gibt einer jungen Frau Englischstunden – gratis. Sie ist nicht nur voller Pläne für sich selbst, sondern denkt auch an andere. Wie in alten Zeiten.

21. Februar Die Deutschen haben uns wieder einen Teil von Warschau genommen, sie haben ihren Wohnbezirk vergrößert.

22. Februar Gestern war eine ehemalige, aktuelle und künftige Amtsträgerin hier und hat geheime Rechnungen getippt. Eigentlich sollte jemand wie sie eine eigene Maschine haben. Sie hatte ihre »Adjutantin« geschickt, die erst meine ausleihen wollte, dann wurde es ihr wegen einer Durchsuchung in ihrem Haus zu riskant, ein fremdes Arbeitsgerät an sich zu nehmen. [...] Also hat sie ein paar Stunden hier gesessen. Zuerst gefiel ihr die seltsame Anordnung der Buchstaben nicht (tatsächlich habe ich mir die Tastatur so einrichten lassen, dass sie für polnische und französische Texte taugt), dann beklagte sie, dass ich keine Fachkraft sei, ihr nicht sagen könne, wie man Ziffern schreibt, und überhaupt auf der Maschine bloß ... Ihr fiel kein passendes Wort ein, ich half ihr: »improvisiere.« Was der Wahrheit entspricht, ich schreibe oder vielmehr wüte auf der Tastatur, und hinterher bringt jemand anderes mein Geschmiere in eine anständige Form. Ich habe mir alles angehört, als wäre ich schuldig, aber nicht lange, dann bin ich aus dem Haus geflüchtet.

»NOWY DZIEŃ« Warschau, 2. März 1943

Liebe Frau (?) Li!

Wir danken herzlich für die Feuilletons »Bote wider Willen« und »Wir und sie«. Nachdem Sie sich schon zu einem so schönen Beginn entschlossen haben, würden wir uns sehr freuen, die Zusammenarbeit mit Ihnen verstetigen zu können.

Weil aber jede regelmäßige Arbeit gewisse feste Normen erfordert, schlagen wir vor, dass Sie sich zu drei Feuilletons oder Artikeln wöchentlich verpflichten, aus eigener oder von Ihnen angeworbener Feder. Die Themen – Gesellschaftliches oder Propagandistisches aus dem Gebiet des Kampfs gegen den Feind. Ein festes Pseudonym wäre uns lieb.

Was die Übermittlung des Materials betrifft, überlassen wir Ihnen die Entscheidung – entweder auf bisherigem Wege oder durch den Boten, der die Zeitungen liefert.
Wir hoffen sehr, dass Sie unser Angebot annehmen und regelmäßig unsere Zeitung mit wertvollen Artikeln versorgen.
Mit kollegialem Gruß
Der Redakteur des »Nowy Dzień«
/–/ Witold

4. März und später Familiäre Geldzwistigkeiten. Gespräch mit meinem Bruder. Alte Vorwürfe. Ich habe ihn ratlos unterbrochen: Sollen wir mit einem Bein im Grab und in diesen Zeiten darüber streiten? Wie ein Alptraum verfolgen mich seine Worte ... Und ich dachte ganz naiv, er hätte alles gestrichen, so wie ich es tat ... [...] In Wielgolas waren für einen Monat Gendarmen einquartiert. Abends saßen sie mit Zigarren im Foyer und wetteiferten, wer wie viele Banditen »zur Strecke gebracht« hatte. In diese Kategorie fällt für sie alles. Die dauerhaft stationierten Soldaten mieden ihre Gesellschaft. »Gute Deutsche«, und irgendwer glaubt das auch noch ...

13. März
Lieber Herr Wi!
Vielen Dank, entschuldigen Sie, dass ich nicht geantwortet habe, seit dem 4. muss ich das Bett hüten. Ich kann ihre Bedingungen nicht zu 100% annehmen. Ich könnte mich zu keiner Regelmäßigkeit oder Artikelzahl verpflichten, auch wenn ich sehr wohl weiß, wie wichtig das für den Verlag ist. Ein festes Pseudonym halte ich nicht für angeraten. Man sollte besser die Aufmerksamkeit zerstreuen ...
In jedem Fall bräuchte ich freie Hand in Themenwahl und Gestaltung, obwohl ich natürlich die lokale Zensur

akzeptiere, die das Wohl der Zeitung wahrt, wenn ich es übersehen sollte. Einer Zeitung, für die ich als Leserin wirklich Dankbarkeit empfinde.
Ich versuche, in diesen Tagen etwas über eine frisch erschienene Anekdotensammlung zu liefern, aus der sich viel aufbauendes Material ziehen lässt. Ich denke nämlich, unser Kampf gegen den Feind darf nicht nur auf seiner Diskreditierung beruhen, die leicht ist, weil er viele Anlässe dazu bietet, sondern er muss auch die Gesellschaft aufrichten, den Glauben der Menschen an sich selbst wecken. Wir sehen, wie dieser Glaube schwindet.
Mit herzlichen kollegialen Grüßen

15. März Gestern hörte ich in einem schon halbdunklen Zimmer die entsetzlichste Geschichte, die mir im Verlauf dieser Jahre in die weit geöffneten Ohren gekommen ist. [...] Ein Bandit ermordet einen Flüchtling auf dem Weg zur versprochenen Zuflucht in einem Bauernhaus, eine junge Frau, gefesselt im Dickicht, kann sich befreien, sie flieht, eine schreckliche Flucht ins Unbekannte, auf einem Weg, der sie zu Menschen führt, an Bahngleisen entlang, Bahngleisen bis zu einer Hütte, wo sie erschöpft zusammenbricht, zu viel Blut fließt aus der offenen Wunde am Bauch. Krankenhaus, Untersuchung, erneute Flucht, denn die Unschuldige und Verletzte ist auch – schuldig. Weil sie existiert, weil sie sich erkühnte zu leben. Sie erzählte gefasst, ohne Pathos, ohne Tränen in der Stimme. »Du wirst weiterleben, wer einem solchen Tod entging, der ...« Ich fand keine weiteren Argumente, sicher hat sie Recht, wenn alle Überlegungen versagen, die sich auf die Normen der Gerechtigkeit stützen.
An diesem Tag war sie mir sehr nahe. [...] Als ich sie unbekannterweise zum ersten Mal in meine Obhut nahm, wusste

ich nichts von all dem. Jetzt verstehe ich viele Dinge besser. War ich vielleicht nicht gut genug?

Warschau, 16.III.43
Liebe Pani Aura!
Am Sonntag, dem 21. März, wird um zwölf Uhr mittags bei mir ein Bridge stattfinden. Ich lade Sie sehr herzlich dazu ein, mir ist sehr daran gelegen, dass Sie kommen. [...] Ich rechne deshalb mit Ihnen und bitte um pünktliches Erscheinen.
Mit herzlichen Grüßen
Rita Rey

17. März Ich war draußen, nachdem ich zwei Wochen im Haus verbringen musste. Ein erbaulicher neuer Anblick. In den Höfen sammelt man Altkleider, Eisen und Glas – unser Zwangsbeitrag für den deutschen Sieg. [...] Ich selbst habe wenig zur Rohstoffversorgung der Fabriken beigetragen, ich habe betrogen, so gut es ging ... In die Lumpen habe ich schwerere Gegenstände gewickelt [...], habe alles diskret mit Wasser eingesprüht, [...] mehr neue Wege gefunden als je zuvor, um meine Plicht möglichst schmerzlos für mich und möglichst unvorteilhaft für sie zu erfüllen. Ich könnte mir die Methoden patentieren lassen oder wenigstens im »Nowy Dzień« beschreiben, aber wozu dem Dieb den Weg weisen?

20. März Gestern war das Treffen bei Rita, Władysław Heller las Stellen aus seiner *Philosophie des einfachen Verstandes* (nicht des gesunden, was dasselbe wäre, er bevorzugt diesen Begriff) [...], eine groß angelegte Arbeit, ein Kompendium ökonomischer Weisheiten. [...] Nachdem er einen Abschnitt gelesen hatte, die kurze Zusammenfassung eines großen Kapitels, fiel der Aeropag über ihn her, bestehend aus Irzykowski,

Łaszowski und Bąk […], die ihre eigene Klugheit zur Schau stellten und den Autor auf unkultivierte Weise fast als Dummkopf beschimpften. Zumindest nannte der Professor dies und jenes Unsinn, der eingebildete Łaszowski zeterte, warum man das habe schreiben müssen; er wisse alles und könne, wenn er nur wolle … […] Dieser Mangel an Kultur, diese Galle, die sie anderswo nicht verspritzen können, aber offenbar kübelweise mit sich herumtragen, verdarben allen die Stimmung […], und als ich ging, schwor ich mir nicht zum ersten, aber wohl zum letzten Mal, mich von diesem Kreis künftig fernzuhalten.

22. März Ich hatte Besuch, einen Menschen, den ich fast 40 Jahre nicht gesehen habe. Seine ersten Worte: »Ich war in Sie verliebt.« »Ich weiß. Bitte setzen Sie sich. Ich bringe gleich Tee«, erwiderte ich ungerührt. Natürlich, unser ganzes Podolien wusste damals, dass Jan Mioduszewski, Student der Universität Kiew, in Aura verliebt war. Er schrieb ihr Gedichte, artikulierte seine Begeisterung auch in Prosa und lehrte sie außerdem die Grundsätze des Sozialismus. Später setzten andere diese Erziehung fort, vor allem ich selbst legte Hand an meine Überzeugungen. Er sagte noch: »Wie ich die anderen beneidet habe, Sie haben drei Mal den Namen gewechselt.« Ich versicherte ihm, dass ich immer ich selbst geblieben bin. Das ist für mich das Wichtigste, sich selbst treu zu bleiben und in diesem Geiste … Ich wurde unterbrochen, habe den Faden verloren.

3. April In den Schmierblättern zeichnen sie mit Kryptonymen oder Pseudonymen, weil sie sich ihrer Kollaboration schämen, auch wir verbergen unsere Namen, obwohl wir uns eines Tages vielleicht rühmen können, für das dunkle Heute und nicht nur für das helle Morgen geschrieben zu haben. Die Korrespondenz mit dem Doktor hat lustige Formen angenommen,

wenn man es angesichts der tragischen Umstände so ausdrücken kann. Wir tragen beide Masken und haben obendrein die Rollen getauscht, er gibt sich als Frau aus, oft als meine Schülerin, ich als Mann. Neuerdings übermäßig dankbar, schreibt er wie eine Freundin [...] an eine andere Frau. Dabei kommen sogar papierne Küsse heraus.
Die stille Ela hat mit einem netten Lächeln die Decke zurückgebracht, die ich ihr im Herbst geliehen habe. Sie hat sich ebenso selbstverständlich und natürlich bedankt, wie sie damals das Stück Stoff entgegennahm. Nur ich mit meiner dummen Phantasie witterte Gefahr: Wanzen, die mit der Leihgabe zurückkommen würden [...]. Jetzt schäme ich mich umso mehr, als ich seinerzeit so ausführlich darüber geschrieben habe. Zur Strafe streiche ich diese Spur von Kleinmut nicht.

4. April Ich bin bei meiner Cousine, es erscheint eine »Weibsperson«, die mit Nahrungsmitteln handelt. Sie erzählt dies und das. Speck ist teurer geworden, seit dem 1. April dürfen keine Lebensmittelpakete mehr verschickt werden. Gleichzeitig zeigt sie ihre Ware, nennt den letzten Mehlpreis, kurzum – Markt im Esszimmer. Rasch ist eine schön geräucherte Schwarte gefunden. »Nein, das Stück kann ich nicht verkaufen. Auf keinen Fall. Weil Dienstag ist der Buchstabe Z dran. Ich hab's ihnen versprochen, jeder Anfangsbuchstabe vom Nachnamen hat seinen Tag, an dem man Lebensmittel im Pawiak abgeben kann.« Auf diese Weise erfährt die Dame des Hauses, dass der Mann ihrer Bekannten und sein Sohn verhaftet wurden. Man hatte sie nachts aus dem Haus geholt. Die Frau erklärt: »Ich weiß nicht warum. Aber ich denke, irgendwie war das Vaterland im Spiel, Sie verstehen. Konspiration!«

7. April Ich gehe in die Buchhandlung, auf der Suche nach *Pan Tadeusz*[58] für Zuza Rabska. Sie hatte eine reiche Bibliothek, jetzt ist sie mit einer Volksausgabe zufrieden. Aber Bücher sind sehr teuer geworden, zudem ist das Buch, das in jedem Haus steht, in der Hauptstadt nicht aufzutreiben ... Ich frage die Besitzerin: »Sind Ihre Fensterscheiben nicht gesprungen?« »Neulich? Nein, das war ein Stück weiter.« Tatsächlich, am Arsenal sind an der Ecke Długa und Nalewki die Insassen eines Transporters befreit worden,[59] an die zwanzig Gefangene, die nach dem Verhör in der Szucha[60] zum Pawiak zurückgebracht werden sollten, darunter angeblich ein Oberst, an dem ihnen sehr gelegen war. [...] Ihn hatte die Gestapo derart zu Brei geschlagen, dass er nicht mehr laufen konnte, sie mussten ihn auf einer (improvisierten?) Trage wegschaffen. Es gelang ihnen. Der Ort des Angriffs war gut gewählt, neben einer Ruine, sie konnten leicht einzeln verschwinden und ihre Spuren verwischen.

In solchen Fällen laufen die Blauen immer als Erste davon. Die Deutschen erscheinen manchmal erst nach Stunden. In Saska Kępa lag ein Polizist, an dem ein Urteil vollstreckt worden war, einen halben Tag lang auf der Straße ... [...] Momentan rechnen wir vor allem mit Polen ab, die – so niederträchtig – den Besatzern dienen. Denn sie ermöglichen die Razzien, denunzieren andere und schnüffeln herum. [...] Die Spitzel sollten zuerst sterben, wir müssen uns von ihnen befreien, bevor wir unmittelbar gegen den Feind vorgehen. Langsam fängt es schon an. Immer wieder wird die Zahl 70 genannt, die sich auf höhere Amtsträger des GG[61] bezieht, gegen die sozusagen vorab Urteile verhängt worden sind: Wenn ihr dies und jenes tut, werdet ihr mit euren Köpfen dafür bezahlen. Eine andere Liste umfasst 150 polnische Namen, mit denen unwiderruflich abgerechnet wird: Erwartet den Tod! Bisher haben wir alle un-

ter einem ungeschriebenen Todesurteil gelebt, jetzt läuft die Sache in Bezug auf alle Schuldigen formell ab.
Mein Testament ... Mitnichten in poetische Worte gefasst. Ich will es wirklich. Die Herausgabe dieses letzten Kindes meines Denkens und Fühlens. Von Horaz bis Puschkin wollte jeder Schriftsteller sich selbst ein Denkmal setzen. Nach Maß und Möglichkeit. Mein Wunsch ist, dass dieses Tagebuch veröffentlicht wird. Zu Lebzeiten oder posthum. Deshalb möchte ich das testamentarisch verfügen, seit zwei Monaten will ich zu meinem Cousin, damit er mir als Anwalt sagt, wie ich diesen Wunsch juristisch formulieren kann. Ich treibe die Sache nicht allzu eilig voran, wie man sieht, dabei wäre Eile geboten, heute mehr denn je, wo man weder Tag noch Stunde kennt.
Wichtig ist mir auch der Vorbehalt, dass niemand es wagen soll, auch nur das Geringste zu verändern, zu streichen oder *ad usum* der Familie zu bearbeiten. Ich erwähne hier gelegentlich die Haltung der Verwandten zu meiner Arbeit, also muss ich befürchten, dass sie, da sie zu meinen Lebzeiten Gleichgültigkeit gezeigt haben, nach meinem Tod dieses Material nach eigenem Gutdünken nutzen werden.
Gestern bin ich aus der Śniadeckich nach Hause gelaufen, es war unmöglich, in die Tram zu kommen, es gab Schlangen, die nur die Metro ungestraft hätte schlucken können. Auf dem Hinweg war ich zufällig ins deutsche Abteil geraten. Ich schämte mich vor mir selbst, fast wäre ich noch vor der ersten Haltestelle abgesprungen. Doch es gibt Leute, die sich als Deutsche ausgeben und das sogar als zulässiges Verhalten betrachten. Es ist kurz vor sechs, ich habe jüdische Kolonnen auf dem Rückweg von der Arbeit gesehen, die letzten Überlebenden. Es sind sicher keine bekannten Gesichter mehr darunter, und selbst wenn, wären sie so ausgemergelt, dass ein hiesiges Auge das frühere Gesicht nicht erkennen würde ...

14. April Gestern habe ich einen Ausflug nach Żoliborz gemacht, versuchsweise, eher in Vertretung der Cousine. Es mussten in Zloty umgetauschte Dollars überbracht werden, für einen Kollegen ihres Mannes namens Robert. »Wir wären dir wirklich dankbar. Wenn du nicht willst, sage es bitte ehrlich.« Ich erklärte mich bereit. Alles ging gut, es war ein schöner Tag, die Hälfte des Wegs ging ich zu Fuß, weil ich nicht in die Tram kam. Ich suchte in einem großen Wohnblock, wie man mir gesagt hatte, die Heißmangel, und stieg durchs Fenster ein, über kleine Stufen ins Innere, so macht man es dort. Ich fragte nach der Besitzerin des Betriebs, dann vertraulich nach Pan Robert. Sie zog mich durch den Flur in ein natürlich reich, aber geschmacklos möbliertes Zimmer, das ebenfalls im Souterrain lag. Dann das Verhör: »Es war jemand anderes angekündigt, haben Sie unterwegs nach diesem Herrn gefragt« usw. Ich bestand die Diskretionsprüfung. Sie ging hinaus, ich hörte dreimaliges Türklopfen, offensichtlich verabredet, sie kam wieder zurück und führte mich in ein leeres Zimmer, aus dem es mir feucht entgegenschlug. Hinter der Tür beugte sich ein Mann vor. »Kennen Sie diese Frau?« »Nein, aber das macht nichts.« Er fasste sofort Vertrauen. Die Alte ließ uns allein, nachdem sie gefragt hatte, wie lange ich bleiben würde. »Zehn Minuten.« Der Besuch bei einem echten Höhlenmenschen neuen Typs, so leben die Ghettoflüchtlinge jetzt, dauerte etwas länger. Ich gab ihm das Geld, bat ihn, wie man mir aufgetragen hatte, um Vorsicht bei möglichen künftigen Telefonaten. Er begann seine Gehenna[62] zu erzählen. Ich kenne das alles, habe es schon oft gehört – Erpressung, Denunziation, Einziehung des Vermögens, Flucht, Angst und permanente Anspannung ... [...] Wie immer in solchen Fällen, wenn jeder sich selbst für den am schlimmsten Geschädigten hält, verwies ich dezent auf das Schicksal anderer und die allgemeine Unsicherheit.

Ich nannte den Fall K. »Ja, aber ihn ziehen sie vielleicht zum Arbeitsdienst ein. Ich, mit meinem jüdischen Blut, bin sofort dran. Erledigt, wie man so sagt.« Mir rutschte die naive Frage heraus: »Sie würden gern noch leben?« »Ich habe bis jetzt nicht gelebt, ich habe studiert, dann gearbeitet, aber leben könnte ich erst heute. Nach all dem.« Ich betrachtete die hübsche Stirn, die noch jung wirkte, obwohl er sicher schon über 40 war, das sorgfältig gelegte dunkle Haar, das glattrasierte Gesicht. Mit dieser Ausstattung könnte er jederzeit in die Welt hinaus. Nur fürchtet er sich. Die Angst hält ihn in Schach. Sichtbar geblieben sind die, so resümiere ich im Nachhinein, die keine Dollars oder Gold im Rücken haben, die arbeiten gehen müssen, um Geld zu verdienen. Sie müssen das Risiko eingehen, sonst verurteilen sie sich selbst zum Tod, zu einem raschen Ende. Die Reichen können in der Deckung verharren.

Mein Doktor fragt immer, was ich glaube, wie lange seine Ressourcen noch reichen. Robert erzählte weiter, er habe einen »Schutzraum« für Kollegen gebaut, ich verstand nicht gleich, was er meinte, der technische Begriff bedeutet heute noch etwas anderes: »Ein Dienstzimmer zumauern. Es musste ein geheimer Eingang errichtet werden. Keine große Arbeit, 150 Zloty wert, verlangt wurden 1500. Und es wurde nichts draus, weil ich von dort verduften musste.« [...] Er änderte plötzlich den Tonfall, sprach nicht mehr von sich, das besorgte Zittern verschwand aus seiner Stimme; jetzt klang sie sanft, voller Dankbarkeit: für den Herrn Doktor und seine Frau. »Warum sind Sie zu mir gekommen? Sie hatten keine Angst. Welch eine Tat!« Ich lachte, als hätte ich ganz andere Heldentaten auf meinem Konto. Erst dann fiel mir wieder ein, wie es mir kalt den Rücken herablief, als die Besitzerin der Heißmangel mich durch den dunklen Flur führte.

Mein Doktor sagt treffend: Mut ist nur kontrollierte Furcht. »Warum der Herr Doktor und seine Frau Ihnen helfen, warum ich zu Ihnen komme? Um das Gleichgewicht wiederherzustellen. Sie haben so viele Beispiele für die Verletzung der grundlegendsten moralischen Gebote genannt, dem müssen wir entgegenwirken.«

Er fragte noch, wer ich sei, ich wollte meinen Namen nicht nennen, doch als er darauf beharrte, verriet ich unnötigerweise meinen Beruf. Er wunderte sich, war erfreut. Er bedankte sich und küsste mir die Hände – in die er sogleich ein kleines, aber schweres Köfferchen legte. Ich nahm es mit, obwohl ich mich innerlich dagegen sträubte. Jedoch war ich später sehr zufrieden, als ich den Inhalt entdeckte: eine medizinische Gummimatratze und ein passendes Kopfkissen. Das wird sein Budget um einen Monat verlängern, und in dieser Zeit wird, wie ich versprochen habe, das Ende kommen!

Vor dem Zubettgehen habe ich einen Tee mit Phenin getrunken, danach fröstelte es mich wie vor einer Krankheit. Bei Robert war es kalt und feucht, und ich war aufgewärmt von der Straße in den Keller gestiegen. Beim Einschlafen dachte ich: »Noch ein Alb, der mich nicht ruhig wird schlafen lassen.« Einen Schnupfen habe ich aber nicht bekommen.

18. April Palmsonntag, die Atmosphäre eines Wohltätigkeitsfests. Als ich den Stift für Notizen hervorhole, komme ich mir vor wie [...] ein polnischer Proust, der für den hiesigen »Figaro« schreibt. Ein erlesenes Publikum. Diese Welt existiert noch? Unberührt vom Zahn, mehr noch, vom Pflug der Kriegsjahre. Vornehm gekleidete ältere Herren, die jüngeren etwas extravaganter, aber die Jacketts Ton in Ton mit den Hosen, die Hemden *impeccables,* alles *assorti,* nicht wie die mageren Literaten, in deren Aufzug kein Detail zum anderen passt. Die Damen – nannte man das einst elegant gekleidet? Sommerpelze umschmeicheln ihre Figuren. [...] Selbst Trauer trägt man hier kokett. Ich war immer sehr sensibel für die äußere Erscheinung von Menschen, ich beurteilte niemanden danach, aber das Auge erfreute sich an ästhetischen Eindrücken. Heute ist es entwöhnt, das alles liegt weit zurück, nicht Jahre, sondern eine ganze Epoche. [...] Die Unterschrift des Grafen Tarnowski hatte vorgeblich zu einem Konzert »zugunsten der Häftlingsfürsorge« eingeladen, aber tatsächlich ist es ein Aristokratentreffen, in dessen Rahmen ein »geladener« (gut bezahlter) Meister einige Klavierstücke spielen wird. Aus Höflichkeit werden ein paar Leute ihm zuhören ... Nein, ich habe das Programm in der Hand, gestaltet von einem unbekannten Künstler, es zeigt eine Gefängniskarte und ringsum Schatten. Auf der schön mit Kunstblumen geschmückten Bühne [...] steht ein schwarzes, zweiköpfiges Monster. Zwei miteinander verwachsene Instrumente, die Beine unter sich eingezogen, ich weiß nicht, wie viele es sind. Die lackierte Kiste, deren Inneres man nicht sieht, sendet ein wortloses Duett aus. Es spielen Zbigniew Drzewiecki und Jerzy Lefeld, Debussys *La danse profane et la danse sacrée* verschmelzen zu einem eher in der Farbe *sacrée* gehaltenen Lied. Langer, ehrlicher oder höflicher Applaus. [...] Einer der Organisatoren bittet zum Buffet, der gesamte Erlös ... wir wissen schon. Er findet es witzig, musikalische Begriffe einzustreuen: Das Präludium vor der Fuge, der Auftakt zu festtäglichen Wonnen. Es bedarf der Ermutigung durch die Damen der Gesellschaft, die als Kellnerinnen fungieren. Vielmehr die *jeunes filles de la maison*. Sie haben sich [...] bunte Bänder über den Arm geworfen, auf dem sie Tabletts mit Wein und Kuchen balancieren [...]. Sie bewegen sich durch den Saal wie im eigenen Salon, ihr besonderer Eifer gilt einsamen älteren Herren. Einer von ihnen hat morgen sicher eine Leberkolik, ständig erliegt er dem Charme der reizenden Schnütchen! [...] Alle amüsieren sich aufs Beste, unterhalten sich unbekümmert, ohne zu erwähnen, dass sie es zugunsten der Eingesperrten tun. Diese Stimmung hat etwas zutiefst Ironisches im Verhältnis zum Hunger und zur Not im Pawiak. [...] Die Pause dauert [...] länger als das Konzert, weil der Kuchen nur sehr langsam weniger wird. Sind alle satt gekommen, ist noch nicht Vesperzeit? Die Damen werden aufdringlicher, sie senken den Weinpreis, kündigen das Ende des Buffets an, um auf diese Weise noch zehn Zloty oder einen Hunderter lockerzumachen. Als ich nach dem zweiten Teil des Programms gehe, höre ich Rufe: Versteigerung! Ich habe es eilig. Aus Erfahrung, die Männer gehören zum eleganten Publikum, in der Garderobe stoßen sie eine einzelne Frau gern zur Seite.

19. April Uns weckten Detonationen, MG-Feuer. Eine Frau brachte Weißbrot, natürlich für Frau M., wir essen derlei nicht jeden Tag, selbst an Feiertagen kaum; sie sagte: »Das ist im Ghetto.« Jetzt bestätigt das Dienstmädchen: Sie sprengen Häuser. *Tapfer noch wehrt sich das Volk von Granada*[63], doch allen ist der Tod schon sicher.

Ich war beim Verwalter, Lebensmittelkarten abholen, denn auf dieser Welt laufen die Dinge seltsam parallel ... Wir mussten zwei Zloty pro Kopf für die Müllabfuhr zahlen, Lumpen extra, Metall extra. Das machte für unser Haus rund 250 Zloty.

21 Uhr. Es hieß, die Juden hätten den Pawiak erobert, Gefangene befreit, Unterstützung für sich gewonnen. Dem ist nicht so, das Gefängnis ist zu gut bewacht. Sie kamen weder über noch unter der Erde nahe genug heran.

Noch im Morgengrauen hatten uns zwei Explosionen geweckt. Dann spielte ein MG mit Kugeln, als hämmerten die Finger eines Riesen auf einem Klavier eine höllische Melodie. Ich döste noch ein bisschen, bis es Zeit zum Aufstehen war. Wie früher oft, ja fast immer, wenn ich wie in Trance schrieb, hatte ich beim Erwachen den gestern noch bloß vage umrissenen Artikel über Napoleon und Hitler fertig im Kopf. [...] Ich will ihn zu Napoleons Todestag einreichen, ich war mir des Datums sicher, doch ohne Handbibliothek kommt man immer ins Zweifeln. [...] Ich war überzeugt, dass es der 5. Mai war. Fela tendierte zum 6., also fragte ich Allan; stolz über mein Vertrauen in sein Gedächtnis bestätigte er meine Vermutung.

Ich hielt vor Angst die Augen geschlossen. Etwas Furchtbares war geschehen, ein Alptraum für das Gehör. Im Zimmer fuhr unablässig ein Zug hin und her, sein Donnern drang durchs Fenster herein. Ich kann das Gefühl, diese absolut physische Qual nicht beschreiben. Mir ist der Zusammenhang mit den vorangegangenen Eindrücken nicht klar, vielleicht das Symbol einer gescheiterten Flucht? Nach der sich, so muss man jetzt sagen, die Geister von bisher Lebenden an mein Kopfende gesetzt haben? Die außerhalb des Schlachtfelds stehen und doch dorthin gehören. Ich habe seit einigen Tagen gespürt, dass sie mich plagen werden als Boten der Sterbenden.

Gestern war Halszka B. da, meine zeitweilige Sekretärin, die mir abgesehen von der Hilfe bei der Arbeit viel gegeben hat. Für mich verkörpert sie das Gewissen der Jugend. Sie sagt: »Man muss abwägen, ob es sich lohnt, seine Kräfte [...] für Menschen einzusetzen, die es nicht wert sind. Nicht, weil sie es uns nicht vergelten würden, sondern weil sie Polen nichts zurückgeben.« Etwas anderes seien zuträgliche Individuen, die heute und morgen gebraucht würden. Man müsse sich gegen die Tränen und Bitten der einen panzern, um mehr für die anderen tun zu können. Ich reiße mich zusammen, es kann sein, dass wir einem Schwachen die Hand zur Rettung reichen, der unter entsprechenden Umständen zu einem Gewinn für die Nation wird. Wieder das nietzscheanische »Sei hart«, ich, eine Atheistin, aber aus der alten Schule des Herzens, erwidere mit einem christlichen Bekenntnis. Andererseits hat sie in gewisser Weise recht, man muss die letzten Energiereserven klug einsetzen, nicht mehr für sich, sondern für die anderen in einem weiten Sinne.

21. April Der Kampf im Ghetto dauert an. Für unsere und eure Freiheit? Karfreitag. [...] Der Kampf dauert an, doch angeblich halten sich nur noch letzte Widerstandsnester. Morgens nehme ich daran teil. Ich höre mit, bin unmittelbar im Gefecht, im Laufe des Tages sammle ich Informationen. Mir berichtet jemand, der ins Innere der inzwischen arg mitgenommenen Mauern vorgedrungen ist. Per Megafon wurde das Frontbulletin [...] verkündet. Fort Muranowski ist gefallen. Der Feind steht auf Linie der Gęsia. [...] Die Juden haben dem deutschen Stab über Kurzwelle eine Nachricht geschickt: Sie könnten sich noch zwei Wochen lang verteidigen, sie hätten genug Munition und Lebensmittel. Leute auch? Die Frauen sind gleichberechtigt mit den Männern in den bewaffneten Kampf gezogen. Judit war immer unerbittlich, der Kopf des Holofernes beweist es ... Zum letzten Mal sehe ich Irena Friedman deutlich vor mir ... Seit vielen Monaten verschollen und, ich muss es zugeben, fast vergessen. Selbst die Totgeglaubten *reiten schnell* ... Nun ist die Erinnerung an sie zurück, äußerlich lebendig. [...] Wie viel Schmerz und Tragik in diesem Gesicht. Heute ist es für mich das Symbol eines verzweifelten Hasses ...
Wehe den deutschen Soldaten, die ihnen in die Hände fallen. Solche Qualen musste noch kein Kriegsgefangener ertragen ... Einer stellvertretend für alle. Sollen sie wenigstens *per procura* leiden! Die Besatzer bekommen es mit der Angst zu tun, sie sehen die Generalprobe für einen möglichen polnischen

Aufstand, und sei es nur in den Warschauer Stadtgrenzen. Wie leicht unsere Leute mit ihnen fertigwürden. Warum schicken die Deutschen keine Flugzeuge? Die in den Untergrund zurückweichenden Kämpfer setzen Häuser in Brand, stetiger Feuerschein über der Stadt, angeblich steht die Bonifraterska in Flammen. Es gibt Opfer unter den Neutralen, wir sind heute neutral ... Die direkten Anwohner leiden unter der Nähe zur Front, aber auch sie zeigen, was sie von dieser Art Kampf halten. Sicher hält es ganz Europa so. Heute ist der fünfte Tag ... Hitler muss vor Wut schäumen, dieser Feind schien der schwächste zu sein, obwohl er ihn als Nummer eins betrachtete. Jetzt konnte er sich davon überzeugen, dass er Recht hatte.

Ich muss noch einige Meinungen ergänzen. Oder eher Gerüchte: Die Juden hätten Waffen gegen uns gesammelt, sie erwarteten die Ankunft der Bolschewiken, um mit uns abzurechnen ... Es sei besser, dass sie den Pawiak nicht befreiten, sonst wären sie stolz darauf ... Diesen Schafsköpfen ist alles recht, was ihrer Meinung nach das ewige Bild vom Juden bestätigt.

Doch zurück zu den Deutschen: Sie haben nicht nur in den Augen der Freta und der Bonifraterska unermessliche Schande auf sich geladen, sondern in der ganzen Welt.

24. April, Karsamstag Um noch einmal auf Donnerstag zurückzukommen, ich bin um eins aus dem Haus und um acht zurückgekommen, im letzten Moment und sehr müde. Ich hatte viele fremde, aber mir wichtige Angelegenheiten zu erledigen, dazu den Einkauf von Kleinigkeiten für die Feiertage etc. Zuerst in die Aleje Ujazdowskie, zum Fürsorgerat, um ein Päckchen für Rysio abzugeben und vor allem um herauszufinden, ob ... Ich war nicht sicher, ob sie es annehmen würden. Sie nahmen es an, versprachen, es vor Ostern zu schicken, und dankten. Erleichterung, als hätte ich den unbekannten Jungen gerettet.

Meine Schwester empfing mich damit, dass ich mir zu viel zumute, ich versprach, einige Tage kürzerzutreten [...]. Indes, ich kann nur so altmodisch beginnen: Eine Frau aus dem Asyl brachte die Nachricht, dass Julia sehr krank sei, sie müsse ins Krankenhaus etc. Ich bin gleich hingelaufen [...]. Julia hat eine lokale Infektion im Gesicht, es ist stark deformiert. Die Augen glänzen fiebrig und fleckig. Sie will ihr Testament diktieren, was sie schon lange vorhatte. Ich hole den Stift heraus, schreibe ohne Einwände mit. [...] Julias posthume Pläne klingen in der Kürze ihrer verworrenen Worte so unrealistisch wie die meisten ihren irdischen. [...] Anschließend hält sie mir einen Vortrag buchstäblich über den Anfang der Welt, sie argumentiert nämlich, dass vor Verb und Substantiv das Partizip war. [...] Ich höre mir diese, wie mir jetzt scheint, absurden Ausführungen geduldig an. Kein Wunder, hat sie doch der Arzt zu Operation oder Tod verurteilt, während sie einen zweitrangigen französischen Dichter aus einer Anthologie übersetzt. Ich kenne ihn nicht, was sie erstaunt und fast empört. »Es sind schöne Gedichte«, versichert sie. Diese Frau wird in der Fülle ihrer geistigen Kräfte sterben, mit einem Kopf voller zwar unausführbarer Projekte, aber mit einem Blick für das Ganze, die Idee, nicht nur für sich ... Ich bin freilich optimistisch, ich gehe zur Oberin, um zu hören, was das Asyl mit der Kranken anzufangen gedenkt. Die junge runde Visage [...] lächelt und zeigt fromm ihre weißen Zähne: »Gott, unser Herr, weiß, was er tut, wenn er Schwäche auf einen Menschen herabsendet. Wenn es ihm gefällt, wird er ihn retten. Die Ärzte nutzen die Menschen nur aus.«

Nachmittags ein geistiger »Leckerbissen«. Ich erwartete Bogdan Żyranik, seine gutmütige, sanfte Person wirkt seltsam beruhigend auf meine Nerven. Zuvor erschien aber noch Jan Mioduszewski, der wieder sein Lied über den Liebreiz Podoliens und der Podolierinnen anstimmte; ich lenkte das Gespräch auf ein aktuelleres Thema – die Kämpfe in der Stadt. Er verspeiste nicht die ganze für den Gast vorbereitete Vesper, verabschiedete sich aber vor dessen Ankunft. Bogdan war außer Atem, kein Wunder, er kam zu Fuß von Żoliborz. Die Trams fahren nicht. Es gibt zwar einen neumodischen Nahverkehr [...] mit Fahrzeugen oder vielmehr Fuhrwerken, doch er kann sich die Nutzung einer solchen Equipage nicht leisten. Ich liege seit vier Uhr morgens wach, dem Beginn der Schlacht, oder ist die Müdigkeit nicht mehr da? Eine stille Stunde ist ein Moment der größten Unruhe. Später dämpft das Rauschen der erwachenden Stadt den Lärm der Geschütze, übertönt die kleinen Gewehrschüsse.

Am späten Nachmittag großer Tumult in der Küche – die Hölle der Frauen! Der Herd wird befeuert, um Essen für zwei Tage zu kochen. Wir müssen Gas sparen. Alle Weiber – natürlich auch ich – sind wütend. [...] Nur Fela bewahrt ihre übliche (innere) Ruhe. Wie gut, dass wir nicht jeden Mittag den Herd mit anderen Köchinnen teilen müssen! Es würde einem die schönsten Leckereien verleiden. Und erst die dünnen Suppen!

25. April, Ostersonntag Oft höre ich die dümmste Frage, die man einem Menschen stellen kann: Was würden Sie an meiner Stelle tun? Wie viele Male verkneife ich mir die einzig vernünftige Antwort: Ich würde längst nicht mehr leben!

Um sieben Uhr morgens kam Maria Mirska angelaufen, unter anderem mit dieser Frage. Sie hat Pillen, ist also abgesichert. Doch jeder will leben – über das Ende der Qual hinaus. Sie sagt: Ich muss für sie leben. Sie bat mich, zu einer Beratung zu gehen [...]. Ich sagte zu, ohne den Protest meiner Schwester abzuwarten, und es wäre sicher ein starker gewesen! Maria schlug mir vor, etwas aus ihrem Haus zu nehmen, es sei ohnehin alles der Vernichtung geweiht, doch als ich ihre Chopiniana sichern wollte [...] und versprach, Koczorowski zu kontaktieren, ob man sie nicht in die Nationalbibliothek bringen könne, da wandte sie ein, »dann wird noch jemand davon wissen«. Es ist wahrlich ein peinliches Unglück, vor dem man sich schützen will, selbst um den Preis geliebter Objekte, die zugleich als polnischer Kulturschatz gelten können. So viel Widersprüchliches ist in jedem von uns, und umso mehr in einem Menschen, der zum Schlimmsten verurteilt ist. [...] Soweit ich weiß, wurden Mirski und Marias Schwester Luna [...] infolge einer Denunziation verhaftet. Mein starker Verdacht richtet sich gegen [...] einen ehemaligen Beamten des Bildungsministeriums, damals Mirskis Untergebener [...]. Das sind rein private Vermutungen auf Grundlage dessen, was ich über diesen Menschen gehört habe. Er soll ein Dummkopf, ein Säufer und ein Nichtstuer sein. Gleich nach der Verhaftung versetzte er Maria, obwohl er versprochen hatte, mit ihr in die Skaryszewska zu gehen. Anschließend ließ er sich am Telefon von seiner Frau vertreten und stürzte die arme Seele noch mehr in Panik – ihr Mann habe eine Rechnung nicht bezahlt, sie forderten hohe Summen. Was für Summen konnten das sein, höchstens 2000, die hatte er bei der Verhaftung sicher bei sich. »Sie wissen doch, wie rechtschaffen er ist.« Ich weiß es, ich hatte nie den geringsten Zweifel an der Rechtschaffenheit dieses Menschen.

Unwillkürlich vergleiche ich zweierlei Leid, ohne nach Herkunft zu klassifizieren, sondern als Ausdruck individueller Charakterzüge. Frau Stawińska[64] reagiert anders auf ihr Unglück als Maria. Sie sagt nicht, dass es ihr widerfuhr, sondern dass ihren Mann großes Leid traf. [...] Sie gibt niemandem die Schuld, hegt gegen niemanden Groll, macht nicht in Worten rückgängig, was nicht rückgängig zu machen ist, sucht nicht in anderen seelischen Halt – sie ringt allein mit dem ungeheuren Verlust. Maria fängt an: »Warum dies, warum das? Hätte man bloß nicht ...« Keiner weiß, wovor man sich hüten muss, wo Gefahr lauert. [...] Die arme Luna fühlte sich außerhalb ihrer Wohnung überall in Warschau sicher! Die bei mir verbrachten Nächte gaben ihr das Gefühl, es werde nichts Schlimmes passieren, die Straße war gastlich, Zalesie[65] ein sicheres Asyl. Doch der Feind lauerte im überraschendsten Versteck, fasste sie dort, wo er wollte. Das ist die Moral, du entkommst deinem Schicksal nicht, ich sage es immer wieder. Manche haben angesichts des Ausmaßes der Verfolgung ihre emotionale Haltung gegenüber den Juden geändert; mehr noch, ich kenne sicher die edelsten Seelen, in denen sich jetzt die Solidarität der Herkunft regt, obwohl sie früher mental gegen das »Judentum« ankämpften und die Blutsbande leugneten, weil Kultur und Lebensumstände die letztlich künstliche Verwandtschaftsbeziehung zu ihrem Volk gekappt hatten. Maria gehört nicht dazu, im Gegenteil, sie empfindet kein Mitleid, sondern vielmehr Groll, dass sie ihretwegen leidet. [...] Auch den Aufstand im Ghetto betrachtet sie allein aus Sicht ihres eigenen, durch ihn bedrohten Interesses, die Nähe des Pawiak zum Kampfplatz könnte den Gefangenen schaden. Anknüpfend an den Gedanken meiner jungen Freundin, man müsse seine Kräfte einteilen und sie für eigene Zwecke oder für wertvolle Menschen einsetzen, überlege ich, ob ich die Arme aus meiner Interessenssphäre verbannen soll, ob ich ihr – natürlich auf sanfte, wenn auch hinterlistige Weise (»Ich bin krank«) – das bisschen Wärme entziehen soll, das [...] zusätzliche Kraft im Überlebenskampf gibt. Sicher, in der Theorie komme ich zu einem anderen, positiveren Ergebnis, als wenn ich tatsächlich damit beginne, meine Kräfte zu sparen ... Obwohl es nötig

wäre, weil sonst der Antrieb fehlt, wenn es um eine wichtigere, allgemeine Sache geht ...
Gestern beschloss ich, das Fenster vor den Schüssen im Ghetto zu schließen. Es half nichts, der Geschützlärm drang durch die gläsernen Tore, ich zählte eine Serie bis 15! Stille – und wieder von vorn. Paradox aus Sicht der Gesetze des Krieges! Das hatten wir noch nie! Straßenkämpfe teilen die Stadt manchmal in zwei Lager, aber es gab wohl noch nicht die Konstellation, dass der äußere Feind die einen angreift und währenddessen die anderen in Ruhe lässt. Solange sie dort beschäftigt sind, haben sie keine Zeit für uns! Der deutsche Stab befindet sich in der Leszno, der gegnerische Stab hingegen ist mobil, angeblich schrumpft das Terrain immer mehr, was für die Juden ein Vorteil ist. Per Megafon verbreiten sie Kommunikate [...]; angeblich haben sie den Deutschen auch über Kurzwelle gedroht: »Wir fürchten euch nicht, wir können bis zu zwei Wochen aushalten.« Und danach? Der Tod! Die löbliche Tugend des durch die Kriegsumstände bedingten persönlichen Kampfesmutes muss unter den Umständen des Krieges selbst von Pazifisten als die schönste anerkannt werden [...]. Die Verteidiger des Alcázars oder der Westerplatte haben Konkurrenz bekommen ...
Unsere Bulletins beschreiben die Lage: Es hat ein Grabenkrieg begonnen, den die gegenwärtigen Deutschen nicht mögen. Alles zusammen macht Hitler vor den Augen Europas lächerlich, es fand sich eine Handvoll Menschen, mit denen man schwer fertigwird. Sie rechtfertigen sich angeblich damit, dass die Bedingungen andere seien als an der Front, man könne Flugzeuge und andere Waffen nicht wie gewöhnlich einsetzen, und zwar aus Rücksicht auf die Zivilbevölkerung. Hoppla, Herr H., seit wann lässt du deine Soldaten auf die Zivilbevölkerung Rücksicht nehmen ...? [...] Unterdessen nimmt das Osterfest seinen

Lauf, das Festtagsbigos duftet, die Kinder werfen Böller, als gäbe es nicht schon genug bedrohliche Geräusche. [...] Ela war da, sie brachte selbstverzierte Ostereier, Allan grüne Zweige. Sie sind jung. Ich beneide sie nicht, denn ich habe diese Zeiten lange hinter mir, ich stelle nur fest, dass man in diesem Alter alles leichter erträgt.

6 Uhr abends. Die Erkältung wird schlimmer, hoffentlich ist es keine Grippe! Fela ist vom Spaziergang zurück, sie war auch bei Julia. Sie hat ihr etwas von ihren Osterspeisen gebracht und erfahren, dass es ihr besser geht. Dafür bringt sie eine andere schlechte Nachricht, so ein Feuer hatten wir die ganze Woche nicht. Ich sehe die Rauchschwaden durchs Fenster. [...] Die Kinder spielen auf der Straße, die Erwachsenen gehen spazieren, ich decke den Tisch und bespreche mit Fela, wie wir die Ostereier anrichten. Plötzlich wird mir wie während des spanischen Bürgerkriegs [...] die Kluft zwischen jenem Leben und der Pariser Normalität bewusst. Man las im Café Zeitung. Als ob nichts wäre. Kein Wunder also, wenn jetzt ... Der Alltag triumphiert immer ...

7 Uhr. Eine abendliche Serie dumpfer Kanonenschüsse in der Nähe der Żelazna. Also außerhalb der früheren Grenzen des Ghettos. Die gestern geklebten Plakate nennen diesen isolierten Teil der Stadt schon gar nicht mehr so. Sie sprechen vom ehemaligen jüdischen Wohnbezirk und warnen davor, den Bewohnern Unterschlupf zu gewähren. Unter Androhung der Todesstrafe natürlich, darunter tun sie es nie! Wenn das Feuer auf Bereiche übergreift, die nicht von Kampfhandlungen erfasst sind, gibt es einen neuen Grund, sich über die Juden zu empören; sie haben das Unglück herbeigeführt ...

26. April Morgens. Kaum ein paar Schüsse. Nur Flugzeuge in der Luft. Machen sie Fotos von ihrem Werk, verewigen sie die Zerstörung?
5 Uhr nachmittags. Am Himmel türmen sich wieder künstliche Wolken auf. Sie wehen ins Zimmer, ich muss die Fenster schließen. Ich gehe auf den Balkon. Der Rauchschleier hängt schon ganz nah, über dem Universitätsgarten. Ein Bekannter [...] erzählt, er habe Feuerberge gesehen. Es hat die Runde gemacht, die Juden brennen selbst das Ghetto nieder, lassen die Feuerwehr nicht löschen, was ohnehin schwerfallen würde, das Wasser ist abgestellt – sie wollen alles deutsche Gut zerstören. Schon an einem der ersten Kampftage traf es die Trikotagefabrik, das Uniformlager. Die Leute haben ihr diesjähriges Osterprogramm um ein Schauspiel ergänzt, das Nero vor Neid hätte erblassen lassen. Sie gehen so nah wie möglich heran, um den Kampf und seine Resultate zu sehen. Ich würde auch hinlaufen, wenn ich nicht so stark erkältet wäre. Jemand berichtet: »Ich habe einen Panzer gesehen, einen lahmgelegten Panzer, am Plac Krasińskich, tiefe Bombenkrater.«

27. April Maria war da. Sie erzählt, dass ihre Schwester zusammen mit dreißig Jüdinnen erschossen worden ist. Von ihrem Mann gibt es keine Nachricht. Sie löst die Wohnung auf, sie will leben – fliehen, vorerst sucht sie eine Zuflucht für ein paar Nächte. [...] Ich kann ihr nicht einmal eine Übernachtung anbieten, sie hat gestern einen gefährlichen Vortrag gehalten ... »Und von Ihren Bekannten, niemand?« [...] Zur Verteidigung anderer, die sich nicht in Gefahr bringen wollen oder können, führe ich eine Tatsache an. Im Herbst [...] hatte ich – für Lunas Übernachtungen – um eine Revanche gebeten: »Ich habe hier bei mir eine andere Obdachlose.« Sie hatten abgelehnt ...
Ich frage nach den Chopiniana, die ich retten möchte, aber ich

erfahre nichts, alle Liebe zu Dingen oder selbst zu Menschen steht hintan, Maria ist ausschließlich mit ihrem Schicksal beschäftigt. [...] Alleine leben, aber leben, das ist für sie in diesem Moment wichtiger als der Tod der Schwester – der vermeintliche, denn ich tröstete sie, es gebe derzeit keine Verbindung zum Pawiak – und das Fehlen jeglicher Nachricht von ihrem Mann. Hätte er, hätten sie genauso reagiert? Und ich? Ich verliere mich in der Wahrheit der Argumente, ich finde keinen Ausweg, letztlich bleibt wohl nur – Nachsicht. Das ist das Einzige, was wir für jeden empfinden sollten.
5 Uhr nachmittags. Nach drei Tagen Abwesenheit aus der Welt bin ich spazieren gegangen. Ich habe herrliches Grün gesehen, die Obstbäume blühten schon, doch man konnte nicht atmen. Die Luft war rauchgeschwängert, das Denken fand keinen Halt; im Gegenteil, ich bin zu der schrecklichen Gewissheit gelangt: Im Grunde liebt jeder, nicht nur angesichts des drohenden Todes, am meisten sich selbst. So viel fremdes Unglück ist seit Kriegsbeginn schon durch meine Hände gegangen. Ich könnte Belege für diese Wahrheit anführen. In allen Schichten ist es dasselbe. Man vergisst sogar, die Toten zu beweinen, wenn das Morgen unsicher ist. Der jüdische Schindelmacher in Wielgolas war ebenso wenig um Frau und Kind bekümmert, wie der studierte Doktor an sie denkt. Sich selbst zu retten ist das Wichtigste. Obwohl, ein Gegenbeispiel, wenn vielleicht auch nur scheinbar: Zuza sorgt sich ständig um ihre Familie, doch wenn sie vor die Wahl gestellt würde ... Extreme Alternativen waren immer ein gefährlicher Prüfstein für die Gefühle, heute mehr denn je.

28. April Keine Schüsse. Manchmal Geräusche – von einstürzenden brennenden Häusern? Die Ruhe – schon Grabesstille? Gestern bin ich am frühen Abend mit Ela spazieren gegangen. Sie war den ganzen Nachmittag bei uns [...]. Die Oboźna hinauf zur Krakowskie Przedmieście. Rauch, Sonnenuntergang, merkwürdige Effekte. Auf freiem Feld unweit des Sächsischen Gartens zeigte sich die Sonne, aber so terrorisiert von irdischen Lichtern, dass sie wie aus Metall wirkte, künstlich leuchtend in fremdem Glanz. Ich lauschte, was die Leute in dieser Schreckensatmosphäre redeten. Dies und jenes, Alltagsangelegenheiten. Kaum jemand beachtete die Veränderungen in der Umgebung. Ich hörte keine Klagen, dabei war der Rauch erstickend, die Augen tränten vom Brandstaub in der Luft wie während der Bombardierung Warschaus. [...] Auch wir sprachen über entlegene Themen, die aber in der Wirklichkeit um uns herum wurzelten; wir betrachteten den Himmel, Straßen und Häuser und suchten Analogien zum Schaffen berühmter Künstler. »Goya mochte solche verblüffenden Kontraste«, sagte die Malerin. Die Laiin fragte: »Dieses plötzlich aufflammende Licht lässt sich wohl nicht auf die Leinwand bringen?« Als sich die Malereivergleiche erschöpften, betrachteten wir die Stadt mit filmisch geschultem Auge. [...] Wir liefen durch Warschau wie durch ein Reservoir unbekannter Zukunftsszenen. Die Erinnerung jedoch kann sie nicht festhalten, ein Regisseur wird falsch wiedergeben, was wir heute sehen. Stärker noch entstellt das Wort den Eindruck. Und doch scheint mir, dass nicht nur der Literat, sondern jeder denkende Mensch heute schreiben muss, reflektieren muss über das, was geschieht, und damit – über sich selbst. Die Haltung zu den gegenwärtigen Ereignissen ist ein Prüfstein für jeden von uns. Schreiben, der beste Gewissensspiegel.

2. Mai Maria war da mit der Nachricht: Ihr Mann ist seit einigen Tagen tot ... Die Anklage: Er sei nicht ins Ghetto gegangen, habe Wertpapiere zu konspirativen Zwecken verkauft.

[...] Die Information soll verlässlich sein. Auch die Schwester wurde erschossen. Was müssen sie durchgemacht haben, sie eine Woche, er zwei. Er war nie stark ... Seine Frau ist es nur heute, sie denkt an sich, sucht einen sicheren Unterschlupf, agil und unternehmerisch wie in Friedenszeiten, als sie Reisen plante, Konzerte organisierte ... Sie verkauft manche Sachen, andere gibt sie zur Aufbewahrung weg. Die Chopiniana zu den Nachbarn, die gegebenenfalls mich rufen sollen. Hilfsbereite Nachbarn haben sich nicht immer als ehrlich erwiesen, von diesen höre ich nur Gutes, aber so viele haben enttäuscht! [...] Maria weint erst, dann verflucht sie sowohl die Verursacher ihres Unglücks als auch ihre erbliche Belastung, sie hat sich nie mit ihrer Herkunft verbunden gefühlt, wegen der sie heute leidet ... Sie will leben. Nicht nur, weil sie das Medikament nicht mehr hat, das ihr den Tod bringen sollte – sie ist unterwegs überfallen worden, und der Räuber hat ihr sowohl das Geld als auch das Medikament abgenommen. Nein, ich sehe es deutlich – sie will leben. Andere auch, das konstatiere ich nicht zum ersten Mal. Zur Erklärung füge ich immer hinzu, wer weiß, vielleicht hinge sogar ich an diesem Leben als gehetztes Tier im Dschungel der Stadt ...

4. Mai Noch vor kurzem [...] brachte das Schreiben für Gegenwartsleser so viel Gutes. Zum einen sprach man zu Menschen, die heute leben, und schickte keine Wörter in eine dunkle Zukunft, und zum anderen hat die journalistische oder eher literarische Arbeit es an sich, den Geist auch darüber hinaus zu beschäftigen. Man denkt ständig an schlecht gebaute Sätze, ein falsch formulierter Gedanke sucht nach einer besseren Form [...]. Ich fühlte mich bisweilen fast frei. Jetzt befinde ich mich wieder in der Tretmühle von Unglück und Leid, mit zusätzlicher neuer Verzweiflung.

Vor gar nicht allzu langer Zeit hieß es in Polen, jeder Schlachtschitz[66] habe seinen Juden, der ihn betrüge, wo er nur könne. [...] Heute übertreffen die Polen die Juden, die Gemeinheit ihres Tuns liegt darin, dass sie Wehrlose ausnutzen. Schuldnerinnen des Doktors wollen nicht nur das fällige Geld nicht zurückzahlen, sondern bringen auch eine Advokatin ins niederträchtige Spiel, von der sie hoffen, dass sie gegen ein Schmiergeld die Schuld streicht. Doch da irren sie sich.

6. Mai

Liebe und unartige Dame! Ich verstehe, dass sich Feiertage ungünstig auf das literarische und journalistische Schaffen auswirken, aber die Feiertage sind längst vorbei und ich warte weiter vergeblich auf ebenso gute und zahlreiche Feuilletons wie die vorherigen. Und Material, vor allem leichteres, wird jetzt dringend gebraucht, wie Sie selbst an der Zeitung sehen. Und wie steht es um die Regelmäßigkeit? Es wäre eine wirklich große Leistung, wenn in der Untergrundpresse erstmals ein Fortsetzungsroman erschiene. Ich denke, dafür ließen sich sogar gewisse Mittel finden. Ich grüße herzlich und warte geduldig auf Antwort!
Witold
4.5.1943

7. Mai Einen Nachruf auf Józef Mirski schreiben ... Man müsste, aber es fällt so schwer! Denn dieser Mann, den man nicht krank sah und nicht mit zu Grabe trug – ist einfach noch lebendig. Also eher eine Reminiszenz an die Arbeit in Lwów, im Schriftstellerverband. Wir hoben ihn gemeinsam aus der lokalen Wiege, aus der eine vielköpfige Hydra erwuchs, die sich über ganz Polen verteilte. Es war fast unser alleiniges Werk, von Lwów aus schickten wir Briefe ins Land, luden Referenten ein oder arbeiteten mit einheimischen. [...] Ich sehe, ich schweife ab, weil ich nicht unmittelbar über den von uns Gegangenen schreiben kann. Die Kriegsjahre schweißten uns in Freundschaft und Sorge zusammen, wie viele gemeinsam verplauderte Sonntage, wie viele strategische Pläne, aus denen nichts wurde, wie viele – für ihn – begrabene Hoffnungen für die Zukunft. Ade, guter Freund!

Jetzt, wo die Fenster offen sind, lebe ich wieder, wie letztes Jahr im Sommer, in der Atmosphäre gregorianischer Gesänge. Die Jungen aus dem Salesianerheim wecken mich, tagsüber markieren sie die Stunden mit Melodien.

8. Mai Gestern Abend musste ich die Fenster schließen. Es wehte dichter, schwerer fetter Rauch hinein – von Leichen? Von Lumpen? [...] Man kann die Fenster nicht putzen, obwohl der Frühling es verlangt. Denn noch immer steigen jeden Abend Wolken über dem Ghetto auf, die Brände reichen bis in die nächste Umgebung, etwa ans Evangelische Krankenhaus. An einem Tag war das Gericht in der Leszno bedroht, wo ich mich mit Irena getroffen habe! Das waren sorglose Zeiten!

Ich schreibe an den Witold, den Redakteur, und schlage ihm vor, das Visier zu lüften. Wir sollten uns treffen und die Zusammenarbeit unter grundsätzlichen und finanziellen Aspekten besprechen.

9. Mai Material zum Film *Das Judenkind:* Ein kleines Mädchen irrt den ganzen Sommer und den ganzen Herbst umher und findet im Winter Zuflucht bei einer guten Frau. Die tauft sie kurzerhand um und macht sie zu einer Hania aus dem Osten. So überwintert sie im Versteck eines Dienstzimmers; ein wildes Tierchen, das sich langsam an unsere Kultur gewöhnt. Das siebenjährige Köpfchen voller Erinnerungen an die Gebräuche des Elternhauses und die Namen der Menschen dort. Sie darf nicht aus dem Fenster schauen, sie darf nichts von dem, wozu sie ihr Alter privilegiert. Das Mäuschen muss still und unsichtbar werden, jederzeit bereit, im Versteck unter dem Fußboden zu verschwinden. Doch die Zeiten werden – für sie – immer schlimmer, die Gefahr lauert über dem ständig beschatteten Haus. Man muss den Aufenthalt der Kleinen legalisieren, sie wird als kleine Gräfin ausgegeben, die ab und zu mit ihren Eltern in die Stadt kommt. Also folgt die nächste Umerziehung, jetzt mit nächtlichen Prüfungen, sie wird geweckt – weiß sie, wie sie heißt? Man muss den äußeren Schein von Kultur und Wohlstand wecken. Hübsche Kleider und passende Unterwäsche finden, ein Köfferchen ins Zimmer stellen, damit die Dinge die Wahrheit bezeugen ... Das Judenkind ist mit seinem Selbsterhaltungsinstinkt *sur ses gardes,* es erinnert sich nicht laut an alte Familienbräuche, Brüder und Schwestern, die kompromittierenden Joseks und Chajas sind aus seinem Kopf verschwunden, der Samstag ist kein heiliger Tag mehr, weil es ohnehin jeden Tag faulenzen muss. In diesem Dämmerzustand bewahrt sich die Kleine für die Zukunft. Für welche? Die nächste, in der man sie ruckzuck ein für alle Mal erledigt, oder schafft sie es als eine der letzten Mohikaner ins neue Polen? Was wird sie mitbringen, was beitragen? Dank oder Widerstand gegen die neu erworbene Kultur? Doch das Herz der guten Frau wägt nicht ab, sondern tut, was es kann, solange es geht.

Der vierte Kriegsnamenstag von St. P. Koczorowski. Gestern bin ich, wie von den vorigen, aufgekratzt nach Hause gekommen. Es ist der einzige Tag im Jahr, an dem ich mich wieder als Literatin fühle! [...] Koczorowski wird in die polnische Sittengeschichte eingehen als ein Mann, der es geschickt verstanden hat, Arbeiter der Feder und Künstler zusammenzubringen. Nichts hat sich daran geändert. In der engen Stube in der rue du Sommerard, in der modernen Villa in der Chocimska und heute, in der geräumigen, bourgeois-bequemen Wohnung in der Grzybowska, stand und steht die Bibliothek im Mittelpunkt und daneben, mit großem Abstand, die Menschen, die er liebt und denen er vertraut. Das Fest war nicht nur geistiger Art, die Gäste hatten diverse Spezialitäten mitgebracht, Selbstgebackenes und Alkohol [...]. Mein Tischnachbar war ein notorischer Nationaldemokrat, aber wozu sich das Abendessen mit politischen Diskussionen verderben, wenn man über Bücher sprechen kann!

11. Mai Das Marktweib, die Näherin, selbst die Intelligenzlerin sagt, wenn sie ihr Mitgefühl mit den Juden ausdrückt: »Es sind doch auch Menschen.« Entsetzlich, dass sie diese Rechtfertigung brauchen. Andere Personen machen es anders, wie die Schuldnerinnen des Doktors! Gestern haben die Advokatin und ich uns einen neuen Kniff ausgedacht, ob er funktioniert? Ich soll dem Armen einen stilistisch komplizierten Brief schreiben, der ihm alles erklärt, aber nichts explizit sagt. Es lebe die Gebrauchsliteratur! Meine Phantasie hat sich natürlich gleich in Bewegung gesetzt. Auf dem Weg nach Neapel – ich war im ORBIS-Kriegsfotoplastikon – habe ich den kompletten Text entworfen, witzig und beredt.

13. Mai 2 Uhr nachmittags. Die Stadt wird wieder unschuldig bombardiert. Ich bin über Glas gelaufen, wie im September. Die Leute interessieren sich immer noch für die Breschen, die heute ein anderer Feind schlägt.

15. Mai Die Schlacht tobt jetzt in den Straßen Warschaus, sie hat sich vom Ghetto auf ein breiteres Terrain verlagert. Der letzte Luftangriff hat vielen Bewaffneten die Flucht ermöglicht. Sie verteidigen sich heute mit Schüssen und eröffnen manchmal auch selbst den Kampf. Sie haben nichts zu verlieren außer dem ohnehin bedrohten Leben. Gestern wurde der Universitätsgarten von Soldaten besetzt, die sich nach allen Regeln der Kriegskunst im Grünen versteckten und darauf lauerten, dass der Feind in die Falle tappt. Doch trotz seiner Unerfahrenheit umging dieser den Hinterhalt, der Instinkt führte ihn auf andere Wege. Ich sage es noch einmal, sie verteidigen sich nicht nur, sondern attackieren sowohl die Deutschen als auch die blaue Polizei.

16. Mai 4 Uhr nachmittags. Ein Sonntag wie in Paris. Allein. Niemand zu Hause.
Ich lese und lese, nur ... Immer wieder unterbrechen mich Detonationen, was sprengen sie? Ich weiß nur, dass die Explosionen Wohlstand und Kultur zerstören, dass der Kriegslärm nicht zur Maistimmung passt, zum schönen Buch, zum Stadtleben. Aber wir sind an der Front, kann eine Oase wie mein Zimmer vielleicht sogar etwas gegen das allgemeine Ungleichgewicht bewirken?
Ich frage mich ständig, ob die Literaten angesichts dessen, was vor sich geht, nicht das Bedürfnis verspüren, für andere zu schreiben. [...] Nie haben die polnischen Literaten so lange geschwiegen; wenn es nicht möglich war, offen zu sprechen, haben sie ihre Gedanken in Symbolen ausgedrückt. [...] Heute – nichts. [...] Noch zehren wir nur von der Vergangenheit. [...] Nie fehlte den Polen das lebendige Wort des Schönen mehr als heute, die Untergrundpresse kann in dieser Hinsicht zwangsläufig nur Surrogate bieten. Unsere natürliche Aufgabe, ja unser natürliches Bedürfnis ist es, für die Öffentlichkeit zu sprechen. Das ist gewiss keine Rechtfertigung der Kollaborateure

der Propagandapresse, wohl nur wenige folgen dem angeborenen Schaffensdrang, hier spielt der Verdienst eine Rolle. Ihr künftiges Schicksal ist besiegelt. [...] Es besteht kein Zweifel, dass die Kollegen schreiben, ich weiß auch von einigen Fällen [...]. Mit Mühe und Geschick verstecken sie ihre Arbeiten zu Hause oder außerhalb. [...] Und ich gelange zur immer gleichen Frage – selbst wenn sie nicht in der Lage, nicht willens oder zu ängstlich sind, auch nur einen Teil ihrer Anstrengungen zu veröffentlichen, haben sie dann nicht auch den Antrieb verloren, zu den Menschen zu sprechen? [...] Sie [...] waren daran gewohnt, Artikel zu vorab bestimmten Zwecken zu schreiben [...], weshalb ihnen die heutigen, wenig greifbaren Kontakte nicht gefallen. Man kann auch der Redaktion nicht seinen Willen aufzwingen, gegen telefonisch geäußerte Zweifel nicht auf gleichem Weg Argumente abfeuern, Ultimaten stellen oder [...] mit Abbruch der Beziehungen drohen. Heute muss man sich dem Gebot der Stunde unterwerfen, sich den Bedürfnissen der Leser anpassen, den Ausdruck vereinfachen und zum demütigen Diener der Rezipienten werden, die nach Worten der Ermutigung und des Trosts verlangen.

Der erste Monat mit eingeschränktem Gas ist glücklich überstanden. Infolge meiner Umsicht und auch dank Felas Reise [...] haben wir weniger als 30 Kubikmeter verbraucht. Ich habe den Inkassenten gebeten, das Eingesparte mit auf die Rechnung zu setzen, so haben wir im nächsten Monat etwas mehr Spielraum. Neben dem üblichen *pourboire,* über das ich mich anfangs empörte [...], gewährte ich dem armen Beamten noch einen Zuverdienst, indem ich ihm Baumwolle zum Stopfen und [...] Vorkriegsglycerin abkaufte. Nur zu Saccharin und Seife ließ ich mich nicht überreden, ich habe Vorräte und eine bessere Quelle. Es klingt komisch, solcherart Handel zu treiben, aber diese Leute wollen auch leben! Alle machen es so wie ich, es geht um die guten Beziehungen, die man sich mit dem monatlichen Schutzgeld erkauft. Ohne dieses »Zeichen des Wohlwollens« für den Menschen, der ständig sein Schicksal bejammert, würde ich die Wahrheit des Gaszählers mehr fürchten.

17. Mai Der an Paris erinnernde, arbeitsame Sonntag wurde von Detonationen gestört, heute erfahre ich, dass die Synagoge in der Tłomackie gesprengt wurde. Ich suche das Gebäude, das ich übrigens auch vor dem inneren Auge habe, auf einem Stadtplan, auf dem die Warschauer Denkmäler verzeichnet sind. Da ist es, *classé comme monument historique*. Gestern habe ich Nationalisten getroffen, die sagten: »Die Methoden sind nicht gut, sicher, aber sie beseitigen die Juden.« Diese dummen Christen werden es nie begreifen.

18. Mai Wieder eine Wanderung durch das frisch bombardierte, reduzierte Warschau. Man hört die Empörung derselben Leute, die sich freuen, wenn alliierte Flugzeuge Frankreich oder Belgien verwüsten. Die Unlogik des Kriegs unter diesen Umständen ist gewiss entsetzlich. Doch wenn es anders nicht sein kann – ich höre auf, als von den Luftangriffen bisher nicht Geschädigte.

Ich trage Verpasstes nach, mache aus flüchtig auf Zetteln notierten Gedankenfetzen fast schon richtige Artikel. Derzeit ohne Auftrag. Denn seit ich Witold schrieb, dass ich ein Honorar für meine Mitarbeit möchte, hat er sich nicht mehr gemeldet. [...] Alle nehmen Geld für ihr konspiratives Wirken, und das ist gut so, nur ich bin naiv wie immer! Ich hielt meine Forderung für umso berechtigter, als der Redakteur bei der Anfrage nach einem Roman geschrieben hatte, es ließen sich »Mittel finden«. Nur nicht für mich? [...] Ein unangenehmes

Gefühl der Enttäuschung. Über Witold? Vielleicht muss man es anders nennen. Eher ein innerer Groll gegen mich selbst [...], weil ich in meinen Augen eine weitere ideelle Institution auf die Probe gestellt habe, und die Konsequenz war der Verlust eines Organs, das mir lieb geworden war. Mit der Zahl öffentlicher Wortmeldungen wuchs mein Mitteilungsbedürfnis, jetzt muss ich mich wieder auf diese Seiten beschränken, die vielleicht nie zu den Menschen gelangen. Traurig.
Eine Richtigstellung: Der Hinterhalt im Universitätsgarten galt Banditen, die eine Bank überfallen hatten. Bis jetzt konnten die Banden ungestraft auf dem Land operieren, jetzt treiben sie ihr Unwesen auch im Stadtgebiet. Jemand erzählte, dass im Zentrum, in der Hoża, der Befehl ertönt sei: »Das Tor schließen!« Auf diese Weise muss man sich am helllichten Tag schützen [...].

19. Mai Der Doktor schreibt oft – mit Anweisungen. Dies verkaufen, jenes ihm schicken. Er rät, die Sache mit seinen Schuldnerinnen zu beenden, wir würden sie sehr gern abschließen. Die Advokatin, weil sie die entsprechenden Dokumente nicht bei sich haben möchte, ich, weil ich das Geld abholen soll, aber alles verzögert sich durch die Böswilligkeit jener Damen.

20. Mai Das Schreiben für die Zukunft geschieht nahezu unkontrolliert, nur manchmal ändere oder ergänze ich einzelne Punkte anhand neuer Informationen. Die äußere Form der Aussage fließt aus den Fingern. Beim Schreiben für andere muss man an den Leser denken, der die Worte abwägen und ermessen muss; daraus ergibt sich [...] die Pflicht, einen Artikel zwei- oder dreimal auf die Werkbank zu legen, nicht nur Überflüssiges zu streichen, sondern auch unklare Ausdrücke zu finden und an ihrer Stelle passendere zu suchen. Durchsieben, ergänzen, streichen, bis alles *à point* ist.

27. Mai Morgens. Ein ruinenkundlicher Ausflug ... Ich war gestern in der Stadt der Toten. Ich bin nicht tief hinein, das ist verboten, sondern habe nur vom Rand aus einen gründlichen Blick in die Leszno geworfen, die Gotteshäuser sind ummauert, versengt, zerstört. Der Rauch hängt noch in den Ecken, immer wieder weht er auf und brennt in den Augen. Ich wollte die Synagoge sehen, den Schlussakkord der Vernichtung. Eher symbolischer Art, denn die Tłomackie lag die ganze Zeit außerhalb der Demarkationslinie. Schutt, ein großer Haufen schaumbedeckter Ziegel, Steine, Glassplitter, festgehalten von Teilen des zerbrochenen Dachs. Nur die siebenarmigen Leuchter, vermutlich aus Bronze, halten weiter Wacht, sie sind unangetastet geblieben. [...] Wenn die Sprengung ein symbolischer Akt sein sollte, dann kann man auch die Beständigkeit der Lichtquellen als mystischen Beweis ansehen – für die Unbeugsamkeit des Volkes, die Unzerstörbarkeit ihrer bleibenden Werte. Ich ging durch die Bielańska am Arsenal vorbei, um den Schauplatz der Gefangenenbefreiung auf dem Weg zum Pawiak zu besichtigen, und weiter – was für ein Eindruck von Leere und Verlassenheit! Denn nur meine Schritte hallten – wegen der Makrameeschuhe – leise auf dem Pflaster wider. Dazu das Zwitschern der Vögel [...], von weitem signalisierten rhythmische Hammerschläge, dass die Arbeit sich diesem ausgestorbenen Winkel näherte, und der weitreichende, angenehme Klang eines Grammophons verhieß noch die Rückkehr zu normalen Verhältnissen, das heißt Lenz und Liebe. Plötzlich dröhnte es, ein bewaffneter Gendarm fuhr auf seinem Motorrad an mir vorbei. Ich sah meinen Weg enden und kehrte um, nicht ohne einen Blick in den Krasiński-Garten zu werfen, zu dem wir keinen Zutritt haben. [...] Heute Morgen führte der Frühling mich an die Weichsel, ich will jeden Tag dorthin, um frische Luft zu schnappen, eine große offene Fläche, der Fluss fließt weiter nach Gdańsk. In der Freiheit seiner ewigen Bewegung liegt ein Trost für die Zukunft, wenn nicht für mich, dann für andere.

28. Mai 5 Uhr nachmittags. Das erste Gewitter dieses Frühjahrs. Wie angenehm, natürlichen Donner zu hören.

30. Mai Aus dem kleinen Umfeld meiner traurigen Erfahrungen habe ich drei schwarze Charakter notiert: Jerzy Dylion, der seinen Kollegen denunzierte, Mieczysław Jaworski, der mutmaßliche Verantwortliche für die Verhaftung und den Tod Józef Mirskis, und den Lumpen Wieczorkiewicz, der bis jetzt einer naiven Frau etwas vorgaukelt. Nicht aus Mitleid, nein, sondern für ein paar erbärmliche Silberlinge. Dazu all die Schurken und Schufte, denen der Untergrundstaat noch keine Gerechtigkeit widerfahren ließ, die noch keiner persönlichen Rache anheimfielen – was auch oft vorkommt, obwohl unsere Organe vor Selbstjustiz warnen. Wie groß ist der Anteil unredlicher Menschen, die jede Gelegenheit nutzen, um ein Vermögen zu machen? [...] Man bekommt es mit der Angst zu tun, wie soll man mit ihnen leben? [...] Es sei denn, man hielte sich an die Worte der Bibel oder der Dichtung, dass ein Gerechter mehr wiegt als hundert Verbrecher ... Eine Illusion ... Eine gesunde Gesellschaft wird nicht von ausgewählten Individuen gebildet, sondern von der solide arbeitenden, rechtschaffen denkenden Allgemeinheit.

31. Mai Die große Wochenbilanz der Vergeltungsanschläge, die Quittung für die Verhaftungen der letzten Tage. Die Deutschen verwenden jetzt eine andere Taktik als bisher. Um sich für die Zukunft abzusichern, behaupten sie offiziell, dass die Judenkommune gegen sie kämpft. [...] Sie haben Angst [...]. Ich stelle mir die Situation der Besatzer vor wie die eines Verbrechers, der plötzlich fürchtet, dass eine Tat ihn mit allen anderen Schandtaten belasten könnte. [...] Sie sind kurzsichtig, waren es immer, aber sie spüren offensichtlich, dass das Ende ihrer Allherrschaft naht. Sie verwischen hektisch die Spuren ihrer Gräueltaten, doch es sind inzwischen so viele, dass sie der Situation nervlich und auch formell nicht mehr gewachsen sind. Ein kleines Beispiel: In der Lipowa spielen die Kinder ohne Rücksicht auf die Sperrstunde bis halb zehn. Solange es hell ist! Vor einem Jahr war es unvorstellbar, dass ein solches Vergehen ungestraft bleibt. Jemand aus Żoliborz sagt: »Zu uns traut sich so spät kein Deutscher mehr hin, allenfalls eine blaue Patrouille, aber auch die nur selten und mit Verstärkung.« Die Phantasie macht gern wilde Sprünge, ich sehe die Deutschen schon eingesperrt – von sich selbst – in den engen Umkreis weniger Straßen, nur dort sind sie sicher, überall sonst herrschen die Polen. Der Gedanke ist gar nicht so abwegig, auf dem Land passiert das schon, abgesehen von eigens besetzten Orten (wie etwa momentan Wielgolas) ist die Provinz exterritorial.

2. Juni Konstancja Hojnacka wurde verhaftet. Rita Rey erhielt einen Anruf von einer Person, die aus Lwów kam: »Sie ist wieder im Sanatorium, man weiß nicht, in welchem.«

4. Juni Furchtbar! In der Lwowska 6 tauchte morgens um zehn die Gestapo auf: Alle in den Hof, Wohnungen und Schränke offenlassen. Durchsuchung. Sie haben zwei Nichtgemeldete mitgenommen und auch – so erzählt man zum

Trost – einen deutschen Offizier, der sich in Zivil dort versteckte.
Ich habe es! Der Doktor hat sein Versprechen gebrochen und mir kein Gift besorgt. Jetzt fragt er ständig, wann wir Champagner trinken, möglicherweise nie, das wäre dann meine Schuld, nicht seine. Ich werde im Strychnin Trost suchen müssen. Nur wirkt es nicht so schnell wie Zyankali. Das ist für die dicken Fische, kleine Fische wie ich können vor dem Tod ruhig leiden! Hauptsache tapfer! Und immer in Sorge, man könnte »in der Zwischenzeit« etwas Dummes, Unwiderrufliches sagen.

8. Juni Gestern kamen zwei Frauen aus dem Nachbarhaus, um Briefe aus Oświęcim vorzulesen. Es schreiben ein Sohn und ein Vater von vier Kindern. Beide loben »zuallererst« ihren Aufenthalt im Lager. Der Sohn schreibt ohne Rücksicht darauf, dass er das Herz des »lieben Muttchens« verletzt, es gehe ihm besser als bei ihr. »Das müssen sie ihm befohlen haben«, beruhige ich sie. Sicher ein Befehl oder der Eifer des Schreibers, beide Briefe wurden von der gleichen Hand verfasst. Obwohl sie nicht zusammen verhaftet worden waren, landeten die zwei Männer aus derselben Straße, demselben Haus, beide in Block 280. Der Junge nach einer Razzia, der Polizist wegen »krummer Dinger« mit Juden oder weil etwas schieflief und die Komplizen ihn bei der Gestapo denunzierten. Beide bitten [...] inständig um Fett, um Brot, um alles.

11. Juni Die Furcht vor einer Blockade geht um. Tatsächlich, die Ausfalladern der Stadt wurden mit Stacheldraht versperrt, die Stadttore wurden wieder in ihr mittelalterliches Recht gesetzt. Wovon die Schieber profitieren, die Lebensmittelpreise steigen, Spekulanten prophezeien Hunger. Doch nicht die Versorgung mit Nahrungsmitteln soll gebremst werden, die jetzt per Eisenbahn kommen, es geht um die Kontrolle von Autos und Motorrädern. Naiv könnte man fragen: Haben nicht einzig und allein die Deutschen Kraftfahrzeuge? Oder eben jene, die sich zeitweilig als Besatzer ausgeben. Viele Anschläge des Widerstands geben sich heute den Anschein der legalen Form. Das Auto passiert den Grenzposten, ohne auf die Wachen zu achten, doch die Drahtverhaue bremsen den Schwung, dann kann man durchsuchen, Papiere prüfen ...

Unsere Leute benutzen nicht nur Uniformen, sondern auch Stempel des Feindes, sie stellen normale Quittungen für Kontingentweizen oder Vieh aus, sofern sie keine anderen Kunststücke vollbringen, wie ich gestern von einem hörte – in der Kielcer Gegend kamen sie auf einen Hof, ließen den eigens herbeigeholten Metzger ein paar Schweine schlachten und zerlegen, Blutwurst und Würstchen machen ... Dafür bekam er 500 Zloty und eine Zulage in Naturalien. Die Ohrmarken schickten sie ans zuständige Amt, damit der Gutsherr den Diebstahl ohne Probleme nachweisen konnte.

Das »Biuletyn Informacyjny«[67] berichtet auf der ersten Seite von einem Massaker, Ende Mai wurden rund 600 Pawiak-Gefangene (Männer und Frauen) ermordet. Zuvor wurden sie in der Gefängniskapelle »verhört«, das heißt gefoltert. Um die Spuren zu verwischen, verbrannte man die Leichen in Ghettokellern.

Ich war in der Aleja Niepodległości. In den Kriegsjahren bin ich oft diese Treppe hinaufgestiegen. So viele Illusionen und Hoffnungen habe ich mit den Mirskis geteilt! Die Wohnung ist verkauft, damit ist Maria vorerst abgesichert. Lebt sie im Glauben, dass Mann und Schwester zurückkehren? Vielleicht sucht sie Trost, ich sage immer, die Menschen suchen einen Grund zum Leben ... Nur sollen sie andere in Ruhe lassen, ihnen nicht die ohnehin schweren Tage vergällen! Ihre Rastlosigkeit, ihre Vitalität, ihre Unfähigkeit, sich den Umständen anzupassen, ist für uns einfach schrecklich! [...] Gegenüber dieser Familie habe ich ein reines Gewissen. Ich habe geholfen, solange ich konnte, mich sogar in Gefahr gebracht, aber ich kann nichts hinzufügen, es würde auch nichts nützen. Ich habe keine Kraft, mir Marias phantastische Pläne anzuhören, unter allzu gefährlichen Umständen, ich habe weder die Kraft noch die Nerven. [...] So wenig Kraft! Ich spare sie, um diese Arbeit zu vollenden, sie für die Zukunft vorzubereiten, ich muss sie nur noch ins Reine schreiben, meine Abkürzungen und Wortphantasien auf der Maschine sind selbst für die geschulte Fela nicht zu entziffern, darum muss ich Ordnung schaffen, alles aufgeräumt hinterlassen. Selbst wenn es eines Tages im Müll oder im Ofen landen und vernichtet werden sollte. Ich glaube an die früh gelernte Maxime: Du gehst ins Grab, nicht dein Werk. Das ist meine mickrige Form der Unsterblichkeit, aber sie gibt mir einen Anreiz zu leben. Diese Arbeit, in der – meine Schwester moniert es zu Recht – zu viel von mir steckt, die aber doch allgemeinen Wert für den Historiker hat, in ihrer Unmittelbarkeit trotz aller Mängel vielleicht wertvolles Material sein kann. Darauf vertraue ich, diesen Glauben brauche ich, um die Unordnung des häuslichen Lebens zu ertragen [...], die materiellen Sorgen, die Küchenprobleme.

12. Juni Bis Dienstagmorgen soll jeder, der keine Kennkarte oder keinen Nachweis für eine Beantragung hat, in die Ulica Przebieg überstellt werden – die Verteilstelle für ungemeldete Bettler. [...] Die arme Julia ist wieder in der Bredouille, jemand hat ihr längst eine Karte besorgen wollen, aber seit einiger Zeit nichts von sich hören lassen. Telefonische Nachforschungen, Sorge. [...] Ich muss zum Magistrat ... [...] Manchmal komme ich mir vor wie eine philanthropische Institution, eine Fürsorgeabteilung für ...

Überall in der Lipowa krähen Hähne. Unser »liebes« Proletariat bereitet sich ein Pfingsten, von dem es früher nicht einmal hätte träumen können.
Als ich gestern mehr zickzacklaufende Menschen als je zuvor gesehen habe, dachte ich, dass ich hier ein aktuelles Übel noch gar nicht erwähnt habe – die Trinkerei. Sie nimmt umso üblere Ausmaße an, als sie die einzige jedermann zugängliche Unterhaltung ist und der Fusel, der den Wodka ersetzt, viele noch unbekannte schlechte Eigenschaften besitzt. Er schädigt nicht nur langfristig die Gesundheit, schon sein Genuss verursacht viele unschöne Symptome.

13. Juni, Pfingsten Es ist warm, allein die Luft an meiner Haut zu spüren bereitet viel Freude, die Möglichkeit, so weit zu schauen, wie der Blick reicht ... Zum Glück kommt die Phantasie hinzu, und so kann ich vom Aussichtspunkt auf Höhe der Aleja Na Skarpie, wo ich stehe, über die Dynasy auf die andere Seite der Weichsel fliegen ... Nur nicht auf die Erde schauen, dort ist nichts als Schmutz und Papier! [...] Auch sonst fehlt der Stadt jede äußere Disziplin. Junge Männer prügeln sich auf der Straße, und wenn sie Lust bekommen, schieben sie einem auf der Krakowskie Przedmieście mit dem Fuß einen brennenden Lumpen zwischen die Beine. Niemand interveniert. Wenn die Obrigkeit alle Gemeinheiten duldet ... Der verängstigte Passant meidet Szenen, in denen ein unerwünschter Konflikt Aufmerksamkeit wecken könnte ... Zumal in diesen Tagen, in denen die Gendarmen Papiere kontrollieren und alle auf dem Kieker haben ...
Fela schreibt aus Wielgolas: »Ich erlebe meine sicherlich letzte Liebe – ›frei von Stürmen und frei von Begier‹[68] –, der ich bis ans Lebensende treu bleiben werde: ›die Liebe zum polnischen Lande – sie ist es, die mich am stärksten hier hält‹[69].«

Julias Problem ist gelöst. Ich hatte ein gutes Händchen, will sagen ein erfolgreiches Telefonat. Die Papiere sind da, ich kam auf dem Luftweg dorthin, wo ich hinmusste! Was für eine Erleichterung!

14. Juni Nach einem mit Schreiben und Lesen verbrachten Tag mache ich einen Vorabendspaziergang. Erst die übliche Trasse an der Weichsel, aber wer verbietet einem, die Kierbedź-Brücke zu überqueren? Ich laufe am rechten Ufer entlang, betrachte die Stadt und den schönen Sonnenuntergang, dann biege ich ab in den Zoo. Ein merkwürdiger Anblick. [...] In den abgelassenen Zementbassins unterschiedlichster Gestalt [...] spielen Kinder und Jugendliche. Nur im Nilpferdgehege ist ein Wasserkreis geblieben, ein Sportler führt seine Sprünge vor. [...] Gemüsegärten nutzen jede zugängliche Fläche. Das Ziergebüsch ist von Vorstadtbesuchern okkupiert. Aus dem Dickicht dringt hysterisches Frauengekreisch, das Grün deckt die mannigfaltigsten physiologischen Funktionen. [...] Ich erinnere mich an frühere Ausflüge, Pfingsten 39 liefen Irena und ich durch die gepflegten Alleen und verglichen diese Stadt der Tiere mit anderen, die wir in der Welt gesehen hatten. Ich spüre sie neben mir [...]. Dann im Juli der Ausflug des Schriftstellerverbands. Der weitsichtige Janusz Stępowski fragte den Direktor: »Und wenn es Krieg gibt ... Was geschieht mit den Löwen, mit Jasiek und Kasia?« Die gutmütigen Elefanten, Warschaus Lieblinge, sollten noch vorher sterben ...

20. Juni Paradox, ein leeres Zimmer, während so viele eine Zuflucht für wenigstens eine Nacht suchen ... Ich stelle es fest, und zugleich spüre ich, dass das Fassungsvermögen meines Herzens stark geschrumpft ist. Es ist kein Platz mehr darin für viele der Gefühle, um die ich während des Kriegs reicher wurde. Gleichgültigkeit gegenüber fast allem, was nicht diese – letzte – Arbeit ist.

22. Juni »Ich will, dass sie überlebt«, dachte ich sehr intensiv, als ich vom Balkon auf Ela herabblickte. Sie ging mit jungem, freiem Schritt. Die anderen haben das Ihre getan, unbestreitbare Verdienste erworben, so viel erlebt – wenn es also sein müsste ... Für mich gilt dasselbe ... Aber dieses Mädchen, das auf seinen Stern und die Zukunft vertraut, soll überleben.
»Falsch!«, sagen sie bei jeder Kennkarte. Man darf sich nicht beunruhigen lassen, vor allem nicht, wenn das Dokument tatsächlich nicht einwandfrei ist.
Der achte Himmel, so heißt Zuzas Terrasse, wo die Duftwicken blühen, die Sonne auf- und untergeht. Wir saßen dort und unterhielten uns. Man fragte, ob ich empfehlen würde, Russisch zu lernen, jemand biete Unterricht an, sogar uneigennützig. Es lohnt sich immer, etwas zu lernen, zumal das bei Einsamkeit und ständiger, anstrengender Arbeit sogar der Entspannung dienen kann. Zuza ist übrigens in ihre gegenwärtige Rolle »hineingewachsen«. Sie spielt sie nicht, sondern füllt sie aus. [...] Letztes Jahr hing sie noch sehr an ihrem früheren Leben oder eher an der Erinnerung daran, jetzt schaut sie auf die Vergangenheit, wie man auf die Zukunft schauen sollte. Dem Gestern nicht seine Rechte absprechen, aber das Heute für wichtiger nehmen. Das eigene Foto im »Tygodnik Ilustrowany«[70] von 1911 milde und freundlich betrachten, doch ohne Neid und Groll. Vielleicht hat sie noch nicht den Gipfel der Selbstentsagung erreicht, vielleicht flüchtet sie sich im Traum in jene Zeiten und zu jenen Menschen zurück, aber tagsüber ist sie nicht die schöne Frau im blauen Kleid, sondern das, was ein Mensch sein sollte, der würdig für den ruhmvollen Namen seines Vaters leidet ...

24. Juni Gestern war einer unserer Schützlinge da, der an Weihnachten 1941 [...] zu den Betreuerinnen, Ärzten und der Verwaltung des Krankenhauses gesprochen hatte. [...] Er arbeitet im Untergrund. Sicher gut. Er redet gescheit, aber das Gedicht, das er mir zum Abtippen brachte, ist blanker Unsinn. So muss man es sagen. Mit einem nationalen Beigeschmack, jedes dritte Wort ist »Barrikade«[71]. Es wimmelt von Lechiten[72] und Slawen, und Polens künftige Grenze ist die uralte Chrobry-Linie[73]. Ich bin so tolerant, dass ich nicht nur die Überzeugung nicht in Frage stelle, sondern auch die Ausdrucksform nicht kritisiere. Er ist ein netter Junge, voller Elan, und seine Haltung ist logisch und literarisch wenig erstaunlich. Viele denken so, nur frage ich mich, wie es sein kann, dass dieser Mensch in Prosa durchaus sinnvolle Sätze äußert, in gebundener Rede [...] aber notorische Dummheiten fabriziert.

25. Juni Religion und Ethik lehrten uns über Generationen den Fluch der bösen Tat. Heute wird das Gute verfolgt. Einem Kind Zuneigung erweisen – dafür gibt es eine Kugel in den Kopf! Die Tragödie der Überlebenden wird eines Tages – vielleicht – in Büchern für Erwachsene beschrieben. Niemand wird die Kleinen mit solchen Abscheulichkeiten füttern. Realen. Mit acht umherzuirren, jeden fürchten zu müssen, der Menschensprache spricht, hilflos von Mächtigen verfolgt zu werden, nein, das wäre bisher keinem Märchen eingefallen. Und warum? Weil die Riesen in dem Winzling eine Gefahr sehen. Eine mutige Person hat ihn schon unter ihre Obhut genommen, man kann sie leicht [...] »Tante« nennen und sich als Nichte fühlen. Doch nur einmal leichtsinnig hinaus in den Hof, und – *»Halt!«* Wie viele Gefahren über dem kleinen Köpfchen lauern. Und über dem Kopf der Helferin! Das ganze Haus ruft mit einer Stimme – sie ist gefährlich, sie wird uns ins Verderben stürzen! Der Hauswart und später der Verwalter verkünden im Namen aller: »Wenn Sie die Verdächtige (sie formulieren es so zurückhaltend, obwohl sie sicher sind, Nase und Haar verraten es …) nicht bis morgen fortschaffen, dann melden wir, dass Sie ein unerlaubtes (wieder, welch subtile Ausdrucksweise) Kind bei sich verstecken!« So geh also, streune durch die Stadt, flieh, gejagtes Tier, schleiche dich durch die Reihen der Feinde zu einer anderen Frau, die das arme Köpfchen schon mehrfach aufnahm. Doch was unterscheidet Hania von einer Katze, selbst wenn man sie fortbringt, findet sie fast mit geschlossenen Augen dahin zurück, wo es ihr am besten ging. Zur Tante, die mit jedem erlittenen Unrecht echter wird. Und wieder dasselbe, nur diesmal in einem bedrohlicheren Ton, wieder wird dieses Wesen, das normal betrachtet den Lauf der Welt nicht beeinflusst, zum Symbol der Macht. Die Deutschen müssen es beseitigen, damit im Staat der Hitlerfurcht alles glattläuft …

»Ich weiß, sie war seit dem Herbst bei dir, in deiner Obhut.«

»Ja, aber als das Haus zu gefährlich wurde, musste ich sie fortschaffen. Um ihret- und um meinetwillen. Wir sind zu viert … wir nehmen die Bürde reihum für einige Tage auf uns. Heute Nacht bin ich dran … Ich gehe draußen nachschauen. Sie soll auf der Straße warten.« Meine Gastgeberin kommt lange nicht zurück. Ich werde unruhig. Die Vordertür, die in Kriegszeiten verriegelt ist, geht auf. Beide sind außer Atem, die Kleine war sich nicht sicher, ob der Termin bereits verstrichen war, und wollte schon zum gestrigen Unterschlupf flüchten. »Ich habe sie gerade noch erwischt! Und sicher hergebracht. Niemand hat uns gesehen.« Was ich vor ein paar Tagen über Ela sagte, höre ich auch hier, nur als an Gott gerichtete Bitte: »Lass sie überleben.« Gott soll, kann helfen, aber es ist auch ein Spiel mit dem Schicksal. Ein Wettlauf zwischen Gut und Böse … Wer wird siegen? […] Man kämpft übrigens nicht nur für Hania, sondern auch für sich selbst. Denn es ist klar, dass sie nicht standhalten wird, wo sollte so viel Heroismus in dem nervlich erschöpften Wesen herkommen? Wenn sie gefasst wird, wird sie verhört werden und alle verraten. All ihre Tanten ... Im Kampf um das Leben der Kleinen kämpfen sie auch darum, ihr möglichst wenig Zuneigung zu zeigen. »Wenn sie mich liebgewinnt, ist es für uns beide umso schlimmer.« Ein Paradox, man muss seine guten Taten unter den Scheffel stellen, das menschlichste aller Gefühle vor dem Kind verbergen, für das man sich aufopfert. Das Mitleid unterdrücken ...

27. Juni Ein normales Kind ist heute eines, das, obwohl es keine Eltern hat und unter sozialer Obhut steht, dennoch nicht gejagt und seiner Herkunft wegen verfolgt wird, sondern in einer freundlichen und sicheren Umgebung lebt. Diesen Eindruck bekam ich gestern bei [...] Rysios Erstkommunion in Konstancin. Sauber, ja hübsch gekleidet für diesen, wie er in der Einladung geschrieben hatte, »feierlichen« Tag, wirkte er zufrieden wie die anderen Kinder. Ich war natürlich nicht so heldenhaft, mich zu sehr früher Stunde in der Kirche einzufinden, doch ich erschien *ex machina,* als man sich zum Frühstück setzte, so dass er, der niemanden hat, die versprochene Gesellschaft der Betreuerin erhielt.

3. Juli Halb zwölf. Ich bin an der Weichsel. Der Fluss ist Leben. Er fließt in die Welt, obwohl wir hier eingesperrt sind. Plötzlich ertönt das Krakauer Turmlied[74], wie in alten Zeiten fliegt das Radiosignal über die Stadt. Ich wurde wehmütig bei dem Gedanken ... Doch es ist das vom »Nowy Dzień« vorhergesehene Signal: Blockade. [...] Straßensperren und Durchsuchungen. Razzien in größerem Ausmaß als bisher ... Ich komme nach Hause, Fela empfängt mich. Die Lipowa wurde schon ... Von der Ecke Dobra kamen vier Gendarmen, hielten die Passanten an, kontrollierten die Papiere und nahmen zwei junge Leute mit. Sie hat es von meinem Balkon aus gesehen.

5. Juli 8 Uhr abends. Der Lautsprecher hat als gesicherte Tatsache verkündet, dass General Sikorski[75] bei einem Flugzeugunglück ums Leben gekommen sei. Die Maschine sei in Gibraltar an einem Felsen zerschellt. Mit ihm starben seine Tochter und sein Stabschef Klimecki. Es wurde um vier Uhr gemeldet und um sechs Uhr wiederholt. Die Männer nahmen ihre Hüte und Mützen ab, eine Frau weinte laut, ich bin betroffen, habe aber noch einen Rest Hoffnung – es könnte eine Lüge sein. Schon einmal wurde eine ähnlich schlechte Nachricht in unser Jammertal gesendet ...
Maria ist im siebten Stock gefangen, sie fürchtet sich vor Luftangriffen, derzeit ist das für sie die gefährlichste Bedrohung. Den alten Sorgen fügt sie freiwillig neue hinzu. Sie ist allein, eingesperrt in einer kleinen Wohnung, eine christliche Seele besucht sie und leistet Samariterdienste. Die gröbsten. Weil sie nicht einmal auf den Flur darf [...], trägt Janina [...] heimlich den Kübel hinaus ... Tapfer und schlicht verrichtet sie diesen Dienst, während ihre vor Sorge zitternde Mutter die Zeit im Gebet verbringt. Ich habe sie heute begleitet, natürlich nur bis zum Haus [...], um zu hören, in welchem Zustand sie die Arme angetroffen hat. So viele Verstecke hat sie schon gesehen! [...] Ich habe wohl schon davon geschrieben, die Phantasie kreist um diese freiwilligen Märtyrerinnen, ich sage freiwillig, weil sie alles höher schätzen als den Tod. Sie zieren sich immer noch mit ihren Groschen, vielleicht lohnt es sich nicht, der Asylunterkunft 10 000 Zloty als Garantie bis zum Kriegsende zu geben? Was, wenn der Krieg in einem Monat vorbei ist?

6. Juli Ich glaube es nicht ... [...] Hoffen lässt mich, dass der Lautsprecher schon einmal etwas gemeldet hat, was das Schmierblatt dann nachdruckte: einen Unfall, nicht den Tod, auf einem Luftschiff. Eine offenkundige Lüge, warum hätte er so reisen sollen, wenn ihm ein Bomber zur Verfügung stand? Jetzt klingt die Lüge wahrscheinlicher. Warum? Der Nervenkrieg dauert an ... Seit einer Woche quälende Luftangriffe auf Berlin, da ist es gut, das GG in Verzweiflung zu stürzen.

Das Toto ... Pferderennen sind nicht nur ein erlaubter, sondern sogar ein gebotener Zeitvertreib. Selbst der Totalisator wird protegiert. Nahe beim Plac Unii, auf der Marszałkowska, haben sich Kramhändler breitgemacht, die Lose verkaufen. Um es der Öffentlichkeit bequemer zu machen – welch plötzliche Fürsorge! –, wurden Bänke aufgestellt. Zahlreiche Plakate informieren über den Wert der Pferde. Das Glücksspiel hat immer schon die Kleinsten wie die Großen angezogen. Unter deutschen Auspizien blüht es jetzt wie nie zuvor. Alles Ungesunde und Schlechte, was den Charakter deformiert und dem Geldbeutel schadet, ist für sie ein Sieg über die polnischen Seelen.

7. Juli Seit dem Frühjahr lebte ich im Schatten singender Jungen. Heute höre ich Männerstimmen, gleichmäßig, getragen, von Trauer erfüllt. Exequien ... Sie dauern gewöhnlich drei Tage.

Heute wird die Wahrheit von keiner Hoffnung mehr angezweifelt. Noch gestern um diese Zeit konnte ich mir Illusionen machen. Das nachmittags gekaufte Schmierblatt bestätigte die Meldung vom Montag durch eine detaillierte Schilderung der Katastrophe. [...] Später hörte ich »unsere« Version, leider ganz ähnlich lautend. Der Major verlas sie, ein Mann wie ein Stier, dessen Stimme man die Tränen anhörte. Abends wiederholte Fela den Bericht – mit nichtrhetorischen Pausen. Ich war schon ruhig, hatte mich innerlich ausgeweint ...

8. Juli Ich bedauere sehr, dass ich heute nicht öffentlich sprechen kann, und sei es leise und anonym. Ich habe der Untergrundpresse meine Feder angeboten, über mir bekannte Aktivisten, womöglich künftige Amtsträger. [...] Doch obwohl sie zuvor die mangelnde Unterstützung der Literaten beklagt hatten [...], wurde das Angebot [...] zurückgewiesen ... Der »Nowy Dzień« entglitt mir aus eigener Schuld ... Im Übermaß der Emotionen, die Sikorskis Tod auslöste, muss ich mich darauf beschränken, meine Gedanken für mich selbst zu notieren.

Liberator[76] ... Der hoffnungsvolle Name wird verflucht ... »Die Maschine hasst den Menschen«, sagt eine Frau mit zornigem Blick in den Himmel. [...] Andere Reaktionen auf die tragische Nachricht sind schlichter: Schmerz, ja Tränen. Die Sorge, dass unsere ohnehin lose innere Disziplin weiter nachlässt. Stimmen der Empörung über England, über Russland, die Suche nach den Ursachen der Katastrophe, als wäre das jetzt das Wichtigste. Und auch die Frage, wie er starb – elend, schön. In jedem Fall nutzlos für sich und für uns ... Das ist das Schrecklichste ... Ich sehe auch Gleichgültigkeit. Eine Dichterin sagt: Ich habe keine Kraft mehr, mich für was auch immer zu interessieren ...

Mein Leiden ließe sich am besten in der Ansprache an andere lindern, aber so, wie es ist, muss ich kleine Hilfsdienste leisten ... Gestern war ich bei Julia, ich wusste, dass sie über das schmerzliche Thema würde sprechen müssen. Sie war wie immer beschäftigt, stopfte ein aufgerissenes Hemd, vorher hatte sie einer armen Mitbewohnerin Unterricht gegeben. »Wir haben Schillers *Jungfrau von Orleans* gelesen, die Odyniec-Übersetzung. Es hat ihr sehr gefallen. Sag, denkst du, dass Johanna ...« Ich denke nichts, ich sehe den Platz in Rouen, auf dem sie verbrannt wurde. Zuerst also dies ... Das eigentliche Thema muss warten. Ihre Zimmergenossin macht sich ans Essen, nach Art des Alters und dieses Asyls und aus lebenslanger Gewohnheit bekreuzigt sie sich. Julia spottet (auf Französisch): »Sie nimmt Gott als Aperitif, vor jeder Mahlzeit.« [...] Wir diskutieren den Tod des Generals, ehe wir zur Beruhigung der Nerven zu konkreten Fragen zurückkehren. Der Fürsorgerat verteilt Arbeit, das Auftrennen alter Pullover, für ein Kilo der so gewonnenen Wolle zahlt er 40 Zloty. Ist das viel oder wenig? Das läuft über Julias Vermittlung und sie möchte, dass nicht nur Bewohner des Asyls von der Wohltat des Verdiensts profitieren, sondern auch Literatinnen. Sie überträgt mir die Sache, die Suche nach Bedürftigen, und betont wie früher in der Marszałkowska: »Ich möchte nützlich sein.« Das ist schön, und ich bestärke sie!

10. Juli Das letzte Liebe und Schöne ... Warschau. Die Vielfalt der Stadtlandschaft, in der Belwederska ist sie ganz anders als in Powiśle. Der Reichtum an frischem und jungem Grün. Jeder Baum des Universitätsgartens erfreut das Auge. Trotzdem ...

11. Juli Weiterhin Anschläge. Aber ist es nicht so, dass auf einen von uns getöteten Deutschen 100 von ihnen getötete Polen kommen? Im heutigen Evangelium stehen die Worte Jesu zu Petrus: »Von jetzt an wirst du Menschen fangen.« Auch in der Gegenwart fangen sie Menschen ... Für den Tod, nicht für das Leben. Ich zitiere das Evangelium, weil ich gerade aus der Messe komme. Ich war in der Kapelle der Ursulinen, um Jan Zieja predigen zu hören, von dem ich so viel Gutes weiß. [...]

Ich wurde insofern enttäuscht, als er heute, an einem Tag, an dem man viel *pro domo nostra* hätte sagen können, die Sache rein religiös anging ... Offenbar musste es aus diplomatischen Gründen so sein. Ich betrachtete die Person im grünen Ornat. Ein unerträgliches Grasgrün, eine Qual für die Augen. Die Stimme – moderat, ohne Effekte, aber auch ohne künstliche Schlichtheit. So muss dieser Mensch sein. Mutig, da er über Maria sagte: »Gewährt ihr Unterschlupf, sie ist meine Cousine.« Eine schön archaisierte Sprache, nicht übertrieben, gerade genug, um die eigenen Worte dem Ton des Evangeliums anzunähern. Zu dessen Lektüre er rät. In dem er das Licht findet. Jederzeit könne ein Wunder geschehen – für die Armen, die Geplagten! Ein Wunder? Vor ein paar Tagen versicherte eine Zahnärztin, allein einem Wunder verdanke sie die Rückkehr ihres Mannes aus dem Oflag, ihres Pflegekinds aus dem Lager. Solche Wunder geschehen noch ... Und wenn es hilft, darf man ruhig Wunder nennen, was ich als Glück bezeichne.

12. Juli Es hieß, in der Stadt hingen Totenzettel: Władysław Sikorski, Waffengeneral ... [...] Ich habe in Powiśle vergeblich danach gesucht, fand nicht einmal die Spur einer zerrissenen Anzeige. Ich war an den hiesigen Kirchen. Allerdings erst gegen Abend. Den ganzen Sonntag war Ela bei uns. Sie kam zum Mittagessen, danach sind wir gleich am Tisch sitzen geblieben – zur Vesper. Das geht heutzutage! Wir bedauerten die zerstörten Kunstdenkmäler, sie betonte zu Recht den Verlust von Werken, die in normalen Zeiten hätten entstehen können, aber nicht entstanden sind. [...] Etwas nicht Wiedergutzumachendes [...], nicht nur wegen der verlorenen Zeit, hinzu kommt auch die Erschöpfung des physischen wie des mentalen Organismus, die sich gleichfalls nicht kompensieren lässt. [...] Fela sagt über Ela, sie sei *de tout repos*. In der Tat, sie hat so viele Schläge eingesteckt, noch einmal so viel Unglück mag auf sie warten, sie bleibt beherrscht. [...] »Ich habe keine Angst vor Bombardements, ich habe Angst vor bösen Menschen«, bekennt sie wie ein Kind. Jeder von uns hat Angst vor bösen Menschen, in erster Linie vor »ihnen«, danach vor denen, die in ihrem Dienst stehen, ihnen unterstellt sind.

15. Juli Ich sorge mich um den Doktor. Es kommt keine Nachricht von ihm. Jemand schreibt aus Tschenstochau: »Tag und Nacht wird gejagt.«
Es gab einen Bombenanschlag im Café Club[77], angeblich mit mehreren Toten. Als im Herbst dort eine Granate geworfen wurde, haben die Deutschen – obwohl allgemein bekannt war, dass es ein Streit ihrer eigenen Leute war – uns eine der wenigen Tagstunden genommen. Jetzt hätten wir keine Minute mehr, wenn die Bevölkerung weiter so für Gewalt gegen den Feind bestraft würde. Der Terror wächst. Sicher, es gibt zahlreiche Opfer auf unserer Seite, die Furchtsamen fragen: »Ist es das wert?«, doch wir sind Soldaten. An vorderster Front, wie das Exil sagt. Mit blutigen Taten bahnen wir uns den Weg zur Herrschaft. Denn ja, wir sind – oder werden allmählich – Herren der Lage. Sie verstecken sich immer öfter hinter Stacheldraht. Ich empfehle einen Beobachtungsgang durch Warschau ...
Allan verbreitet Wissen auf dem Land – die Schüler sind nicht einfach, und obendrein hilft er bei der Ernte: *»Vous vous imaginez!«*

18 Juli Wieder eine Nachricht von Verhaftungen in Tschenstochau, sie durchkämmen die Stadt ... Immer weniger Hoffnung, dass ... Da hilft es auch nicht, mich daran zu erinnern, dass ich schon oft das Gefühl hatte, mit dem Schicksal zu spie-

len: Was wird siegen, mein Wunsch, diesen Menschen zu retten, oder die Vorsehung? Ich habe so viel Sorge in sein armes Leben gelegt, dass ich die Freundschaft stärker empfinde, als sie eigentlich ist. So tut es mir um jeden leid, dem ich mitunter die Hand reichte und der am Ufer untergeht.
Ich muss einen langen Spaziergang machen, um die Angst abzuschütteln, dass ein neuer Toter sich an mein Bett setzt ... Ich fürchte ihn nicht, ich werde ihm kühn in die traurigen Augen schauen, nur will ich es nicht, ich will es nicht ... Es sind einfach schon zu viele ... Sie umkreisen mich, ohne Ausweg! Sie ziehen mich ins Dunkel ... Karol, Józef, und jetzt Lucjan?

21. Juli In ländlichem Ton. Die Bauern lassen sich jetzt gern fotografieren. An den Wochenenden fahren viele professionelle »Photographisten« und Amateure in der Hoffnung, etwas Geld zu verdienen, in die Warschauer Vororte. Sie finden immer Kundschaft. Einer dieser Herren, der in diesem Tagebuch schon Erwähnung fand, von Beruf Architekt, im September 39 Oberleutnant Zbyszek, berichtet von seinem letzten Ausflug. Wir diskutieren die Gründe für dieses freiwillige, aber recht kostspielige »Sichverewigen«. Sicher, emotionale Aspekte spielen eine Rolle, er möchte sie in dieser oder jener Pose haben, sie möchte ihren Freund ständig sehen ... Das Übliche. Abgesehen davon gehen die Fotos in den Export, zur Familie ins *Reich*, an Verwandte in unbekannten Ländern, ein Bauernknecht schreibt von der französischen Grenze: »Wojtek soll sich fotografiern lassen, schickt ne Karte, aber unbedingt aufm Pferd. Die Strolche solln wissen, dass wir mit Gäulen ackern, nich wie sie, die mit Ochsen pflügen.« Also Stolz auf die Familie, Lob des eigenen Landes.

24. Juli Die Menschen erfasst eine Psychose der Hoffnung. Das Ende ist nah. Wie viele werden es erleben? [...] Gestern war Żyranik da, er nahm seine Last vom Rücken und ließ sich auf den Stuhl im Flur fallen. Fela gab ihm zu essen. Heute ist ein Stück Brot in jedem Haus obligatorisch, wo früher ein freundliches Wort zur Begrüßung reichte. Bei den einen fragt man sich also, wie sie dem neuen Morgen begegnen, bei den anderen – ob überhaupt? Viele fielen im ungleichen Kampf mit dem Schicksal! [...] Alle stehen noch unter dem Eindruck von General Sikorskis Tod [...], und es wurde bekannt, was maßgebliche Instanzen verheimlichen wollten – General Grot-Rowiecki[78] ist verschwunden! Verhaftet! Jemand klagt, er sei schlecht geschützt worden, ein anderer empört sich, man habe ihn bei einer Frau gefunden. Als sei das verdammenswert, außerdem war es vielleicht in einem der sicher zahlreichen Verstecke. Auch er war am Ende nicht sicher ...

Die Wichtigsten gehen von uns, die Besten verkümmern ... Deshalb schäme ich mich fast, dass ich bisher frei atmen kann, arbeiten, André Gide lesen, der den gleichen Gedanken treffender in Worte fassen kann als ich ... Ein geistiger Doppelgänger. *Chacun ainsi doit toujours un peu de soi-même à quelqu'un d'autre.*[79] Es geht mir weiter gut, ich kann notieren, was mir in den Sinn kommt, während ich gesunden Schritts durch die Aleje laufe. [...] Ich kann noch schreiben – wenngleich nur für mich. Ich versuche, Władysław Sikorski öffentlich zu verabschieden ... Plötzlich habe ich die Erklärung für das Verhalten von Witold Wolff. Als ich das Tagebuch vom Mai für Fela zum Abtippen vorbereitete, überraschte mich mein Vorschlag zu einem Treffen mit dem mysteriösen Redakteur. Ich habe ihn einfach und offen zu mir eingeladen wie einen Pariser Flirt zum Rendezvous! Heute, wo jeder den anderen fürchtet!

Trost aus Todesanzeigen ... Dieses Thema wäre etwas für eine längere Abhandlung über den Sadismus, dem alle ein wenig verfallen sind. Wer sich in den »Beobachter« vertieft, studiert und vergleicht Tenor und Ton der schwarz umrandeten Anzeigen. So gibt eine Mutter bekannt: Ihr Mann ist gestorben, wie auch ihre vier Söhne tapfer ihr Leben gaben für *Führer* und Vaterland ... Eine Ehefrau verabschiedet den frisch geehelichten Gatten, »drei Tage nach der Trauung auf dem Schlachtfeld gefallen« ... Eine Familie wurde unter Trümmern verschüttet, die einzige Hinterbliebene vermeldet den Schicksalsschlag, ebenfalls als Opfer auf dem Altar der Pflicht ...

26. Juli Maria Mirska, die wir vor einer Woche – reinen Gewissens, aber auch sehr erleichtert – nach Celestynów verabschiedet haben, ist wieder da. Sie hat Angst bekommen, sicher, alles ist sehr gefährlich, aber dort hatte sie ein Dach über dem Kopf, sie hätte nur so tun müssen, als ob nichts wäre ... Das sagt sich leicht, aber im Kampf ums Leben geht es nicht anders. Entweder man gibt auf oder man kontrolliert die Lage, solange es geht. »Der Priester sagt auch, ich muss tapfer sein ...« Jetzt zieht sie wieder durch die Stadt, huscht durch die Straßen und kommt in befreundete Häuser, wohl wissend, dass man sie mit immer weniger Mitgefühl aufnimmt. Es ist unendlich traurig, das zu schreiben, aber ich muss hier die Wahrheit sagen. Die Einstellung des Menschen zum eigenen Unglück ist die einzige Garantie sowohl für seine Rettung als auch für das Verhalten der anderen. Wenn jemand ständig betont, es gebe keinen unglücklicheren Menschen als ihn – dann wird selbst die christlichste Seele ihm das kaum abnehmen. Theoretisch wissen wir es gut, wir können uns sogar in die schlimmsten heutigen Qualen einfühlen, aber wir haben nicht die Nerven, es dauernd zu hören, vor allem, wenn sich noch Klagen über das Essen in der Unterkunft, über den Mangel an

Komfort dazugesellen. »Wir haben in Menton[80] gewohnt ...« Im Geiste kommen wir alle aus Menton, aber heute sind wir zu Posemuckel verurteilt. *Et encore* ... Nebenbei bemerkt, wenn das Schicksal mir noch einen Wunsch gestattet, dann würde ich meinen Lebensabend gern in warmen Gefilden verbringen. Wo immer die Sonne scheint, wo man nicht den Winter und die Dunkelheit zu fürchten braucht, nicht tausend warme Sachen tragen und die Beine mit Wollstrümpfen vor der Kälte schützen muss. Ich bereue nicht, dass ich in Polens schlimmsten Tagen im Land war, warum sollte ich also nicht wünschen dürfen, es in besseren zu verlassen?

1. August Während es in der Provinz immer gefährlicher wird, ist es in Warschau vergleichsweise ruhig ... Geradezu erstaunlich ... Wir leben, tragen helle Kleider, die Herren Sommerkleidung, wir sitzen an einem üppig gedeckten Tisch. [...] Das Gespräch: Rekapitulation der Wochenereignisse, psychologische und politische Schlussfolgerungen. Italien und mit ihm Europa, wenn nicht die Welt, erwartet die Revolution. Das Gespenst des Kommunismus steigt über der Torte auf ... [...] Dann das ewige Thema, was besser sei, der schnelle Katyner Tod[81] oder die sich auf Umwegen annähernde deutsche Methode. Man erinnert an die reichen Juden aus dem Westen, die in bequemen Zügen nach Polen gebracht wurden, mit eleganten Koffern voller Geld und Schmuck. Man ließ sie glauben, sie würden die neu eroberten Gebiete besiedeln, empfing sie in Treblinka mit Musik, tags darauf starben sie auf fortschrittliche Weise in den Gaskammern. Das heißt, der Staat plant diese Art der Bereicherung, denn abgesehen vom »Nutzen« der Beseitigung des Staatsfeinds Nummer eins ist der »Erwerb« von Gütern ein wichtiger Faktor. Der Gendarm, der unter Waren versteckt ein gut bezahlendes Opfer für ein kurzes Weiterleben aus dem Ghetto schmuggelte, tat das auf eigene Faust, doch die Züge, der ganze Pomp, wurden nicht von profitgierigen Einzelnen geplant, sondern von einem Teil der Beamtenschaft, der dem allgemeinen Verwaltungsapparat dient und untersteht.

2. August Ich erfahre, dass am 31. Juli das Mittagsprogramm des Lautsprechers unterbrochen wurde, statt Krakau meldete sich ein anderer Sender. Untergrundpolen zeigte sich in Gestalt seiner Stimme. Zu Beginn und zum Schluss erklang Dąbrowskis Mazurka[82]. Noch sei es nicht so weit ... [...] Warnungen vor der kommunistischen Arbeiterpartei, die auf Seiten der Sowjets stehe und den Ausbruch des Aufstands beschleunigen wolle. »Das Signal wird kommen. Wartet ab.« Das alles in hohem Ton, aber am meisten bewegte die Sorge um das Heute: »Geht ruhig auseinander, schaut euch um, gebt acht auf der Straße.« Die Verbindung war so effektiv gestört worden, dass an diesem Tag der Lautsprecher auch nachmittags stumm blieb.

Ich habe mich um das Vaterland und den »Nowy Dzień« verdient gemacht! Ich habe geschrieben, Beiträge bezahlt und von anderen eingesammelt, seit dem 1. wird er nicht mehr geliefert. Anfangs war ich wie immer besorgt, ich dachte, der Zeitung oder dem Boten sei etwas Schlimmes widerfahren. Der Lohn für treue Dienste, einmal mehr.

11. August Wäre es doch endlich zu Ende! Schon allein, damit jeder wieder tun kann, was er mag! Heute ist die Malerin nicht mit dem Skizzenblock unterwegs, nein, wenn es nicht sein muss, geht sie nicht aus dem Haus, nimmt den Augen die einzig verbliebene Nahrung – den Anblick der Straße, der Motive für eine Zeichnung liefern könnte. Das Fräulein ohne Papiere meidet Flirts, die Sportlerin den Strand. Um nicht dem Zufall in die Hände zu fallen, um sich für das Morgen zu bewahren. Die Ehefrau wohnt weiter bei der Mutter, sie meidet den Namen ihres Mannes, mit dem sie selten verkehrt, und wenn, dann in größerer Furcht, als wenn er ihr Geliebter wäre. Die Tochter sieht den Vater nicht, er hatte sich nicht rechtzeitig als Offizier der Reserve gemeldet, Monate vergingen, dann Jahre, nun muss er sich vor den eigenen Kindern verstecken – wie vor den deutschen Behörden. O Augenblick, wenn alle heute verschlossenen Türen weit aufgehen und jeder sicher seiner Wege gehen kann. Wenn alle in ihre Häuser zurückkehren, selbst wenn sie für immer leer bleiben, weil nicht alle überlebten, wenn die Hände der Freundschaft sich nicht in Briefen, sondern in der Wirklichkeit begegnen ... Wenn wir nachts die Fenster enthüllen, alle Lampen anzünden, wenn wir wollen, o Augenblick, bist du schon nah?

16. August Die Deutschen haben Vorrang. So steht es um die Anwendungskultur in Busko-Zdrój[83]: Eine Frau kommt um sieben für ein Kohlensäurebad, sie ist die Zweite in der Reihe, man darf eine Viertelstunde in der Wanne sitzen, also sollte sie um halb acht fertig sein. Sie wartet bis elf. Denn immer wenn sie dran ist, muss sie zurücktreten. Für einen Deutschen. Das geht vier Stunden lang so. Vergeblich alarmiert sie den sehr korrekten leitenden Arzt – er kann nichts tun, am Ende erbarmt sich ein eleganter Oberleutnant und überlässt ihr seinen Platz. Ich stelle mir vor, wie gut ein solches Bad meinen Nerven getan hätte!
Eine Karte von Maria. Unverwüstlichkeit des Individuums oder der Rasse? Sie kommt zurecht ... Aus der eigenen Wohnung vertrieben, schlief sie eine Zeitlang in der Waschküche ihres Hauses, nachts schaffte sie einen Strohsack hinein, vor fünf musste sie schon wieder hinaus ... Dann war sie in einer

Pension für 200 Zloty am Tag, schaffte es schließlich bis zum Bischof Bukraba, der freilich nichts für sie tat, jetzt ist sie in der »Dźwignia« untergekommen, einer Einrichtung für Näherinnen. Jeder muss heute flexibel sein, sie erst recht. Um *à la page* zu sein, begeistert sie sich für die Offenbarung des Johannes. Der gesunde Instinkt lässt den Menschen sogar seine Lektüreneigungen ändern, wenn die Situation es erfordert. Womöglich findet sie eine gemeinsame Sprache mit den kleinen Leuten, unter denen sie sich jetzt aufhält, so wie sie sich in Paris ohne Französisch verständigte, als es darum ging, Werbung für ihr Konzert zu machen.

17. August Warum müssen wir die Überzeugungen der Gläubigen achten, sie aber nicht unsere? Jemand berichtet von einer Predigt, der Priester habe von göttlicher Strafe für große Sünden gesprochen, die die Menschen zu Recht getroffen habe. Der gesunde Menschenverstand belächelt diese Antwort auf brennende Fragen, eine fromme Dame empört sich: »Wie können Sie nur ...«

18. August Julia ist sehr krank, sie muss ins Krankenhaus gebracht werden!

19. August Ich habe Julia ins Heiliggeist-Krankenhaus gebracht, auf dem vertrauten Terrain von Ujazdów. Zuvor habe ich eine Auswahl aus ihrer armseligen Habe getroffen, die Leute haben ihr viel Wäsche und Kleider gespendet. Ich habe Manuskripte mitgenommen, Übersetzungen, Gedichte, die undeutlich, bisweilen auf die Rückseite bunter Pulvertütchen geschrieben waren.

23. August Ich sehe, dass im Tagebuch das Privatleben zunimmt. Meines und das von anderen Leuten. Mir ist heute klar geworden: Am Beginn des Kriegs, als wir dachten, er würde nicht lange dauern, reduzierten sich die menschlichen Sehnsüchte, es ging nur ums Überleben, doch je länger sich das Ende hinauszögert, desto größer werden die Bedürfnisse des Tages und des Herzens.

24. August Meine Rundreise oder vielmehr Hirtenrunde. Zuerst zu Julia. Sie ist sehr krank, die Schwester sagt: unheilbar. Die Arme spricht gelassen vom Tod. Nur sucht sie einen Weg ins gemeinsame Grab mit dem Bruder. »Sonst begraben sie mich in Bródno.« »Das will ich nicht.« »Es sei denn, ihr überführt mich später nach Powązki.« Ihr Leben lang hatte sie einen *esprit fort,* noch jetzt widersetzt sie sich der aufgedrängten Religion, und gleichzeitig möchte sie genau diese und keine andere Ruhestätte – für den verwesenden Körper! Ich verspreche zu tun, was ich kann! ... Man muss Herz und Geist bis ans Lebensende aufrechterhalten ... Danach bin ich zu nichts verpflichtet. [...] Die zweite Hitlermärtyrerin treffe ich in einem besseren, ja guten Zustand an. [...] Zuza findet Trost im Glauben, in der »Nachahmung«. Die *Blümlein des heiligen Franziskus* lindern ihren Schmerz. Auch andere mussten das Kreuz tragen.

25. August Żyranik hatte per Karte seine Ankunft vom Land für den 10. oder 11. August angekündigt. Er ist nicht gekommen. Hat nicht geschrieben.
Auf dem Platz Trzech Krzyży begegnete Ela ein Mann, der sie gründlich taxierte. Folgte er einer Frau, die ihm gefiel, oder einem Opfer, das Einkünfte verhieß? Mal ging sie langsamer, mal er, der Abstand schrumpfte und wurde wieder größer.

Schließlich näherte er sich ihr und flüsterte vertraulich: »Sie werden beobachtet.« Sie solle ihm ihr Problem anvertrauen, es ließe sich bestimmt etwas machen, schlug er ihr vor wie ein anständiger Pole. »Kommen Sie mit in den Hauseingang.« »Nein!« »Auch gut, dann bringe ich Sie aufs Kommissariat.« »Gerne.« Er drehte sich um und – verschwand in der nächsten Seitenstraße.
Der »Nowy Dzień« schreibt zum dritten Mal seit Januar seinen Titel mit neuen Lettern. Offenbar geht bei jeder Abspaltung das Firmensignet mit.

29. August Ich war bei Julia. Es geht ihr zusehends schlechter. Sie nähert sich dem Ende, das sich hinziehen könnte ... Zeitweilig steht sie an der Grenze zweier Welten, verliert den Kontakt zur Wirklichkeit, ohne zu fiebern. Sie halluziniert, nein – sie plant, wie sie es ihr Leben lang machte. »Mir ist eine Insel zugewiesen worden, ich möchte sie bestmöglich nutzen. Damit möglichst viele Personen etwas davon haben.« Plötzlich richtet sie den Blick auf mich: »Sag mir, wie ich das anfange.«

1. September Wieder September. Wer hätte gedacht, dass uns der Atem für vier Jahre reicht und dem Himmel das – schöne? – Wetter? Wie damals ist er eintönig blau.
Ich war bei Julia. Neben dem schlichten Mitgefühl für die Kranke arbeiten in mir auch – ganz normal – der Geschichtssinn, der Hang zum Psychologisieren, die Suche nach Verallgemeinerungen. Der Mensch ist ein beständiges Wesen, dachte ich, als ich das Krankenhaus verließ. Ich fühlte mich – geistig – sehr müde, musste alle Gedanken auf später verschieben, mich erholen. Im Ujazdowski-Park dominierten blasslila Blumen, wären es rote wie im September 39, könnte man hoffen – aufs Ende. Der Lautsprecher unterbrach meine Kontemplation

mit der Meldung vom Rückzug von Taganrog[84], derzeit suchen die Deutschen Ruhm in der gekonnten Flucht vor dem Feind. Wir bekommen größere Hungerrationen. Die Lebensmittelkarten erfüllen zum Teil ihren Zweck. Es wurde doppelt so viel Brot versprochen ... Aber das heißt nicht, dass wir mit ihnen gegen die Bolschewiken ziehen!
Ich war bei Maria. Sie mietet – ganz normal – ein Zimmer bei anständigen Leuten, die ihr nicht das Fell über die Ohren ziehen. Das ist eher – nicht normal.

5. September Seit einigen Tagen kommt der »Nowy Dzień« nicht mehr. Wieder eine Abspaltung? Erst ging die Rechte, dann die Linke, die Mitte hält für gewöhnlich zusammen. Oder doch nicht?
Ein im Hof aufgeschnappter Ausdruck – »schlimmer als eine alte Jungfer« – trifft auch auf Maria zu, die in ihren Papieren jetzt in den ersten Familienstand zurückversetzt wurde, den ganzen Tag Handarbeiten macht und noch eine Eigenschaft alter Jungfern besitzt – sie ist fromm. Fela sieht darin den Einfluss des Priesters, ihres Wohltäters und Betreuers – weil er ihr zum Teil das Leben rettete, verwandelte sich ihre Dankbarkeit unbewusst in den Kult seines Glaubens. Auch seine Person spielt eindeutig eine Rolle bei dieser Bekehrung. Dennoch scheint er ein vernünftiger Mann zu sein, der sich – zu Recht – vor [...] Frömmlerinnen hütet. Soweit ich verstanden habe, riet er ihr zur Beichte, aber nicht in seinem Beichtstuhl! »Ich habe ein zweites Mal gebeichtet [...], aber das war lange nicht mehr so nett.« [...] Sie umarmt ein Büchlein, dass sie gerade bekommen hat. Sie hatte nach Kommentaren zur Offenbarung des Johannes gesucht, dem flammendsten der Evangelisten [...]. »Der Priester wollte mir nur keine Widmung hineinschreiben.« Ich erkläre, er habe nichts riskieren wollen, nur um je-

mandem eine Freude zu machen. [...] »Er hat heute so schön gepredigt, direkt in die Seele. Warum gehen Sie nicht zur Kirche? Ich wollte ihm Blumen schenken ... Ich habe mich nicht getraut.« Dafür habe ich ihr ordentlich den Kopf gewaschen, ist er ein Schauspieler, den man für eine gute Darbietung mit Blumen überhäuft? Fela fragt naiv, ob sie immer religiös und fromm gewesen sei. »Nein, ich hatte die Musik, meinen Mann, das Haus.«

7. September Gestern Vormittag war ich im Asyl in der Solec, um auf Julias Bitte Zucker aus ihrem Koffer zu holen. Ich bereue, dass ich den Koffer nicht bei mir aufbewahre, wie sie es gewollt hatte. Lohnt sich der Aufwand, hatte ich gefragt, ich habe schon so viele fremde Sachen im Haus! Jetzt hätte ich die armseligen Schätze lieber bei mir, die Gaben freundlicher Spender, um die Wäsche an Bedürftige zu verteilen, denn so fallen sie in die Hand des Molochs, das heißt der Barmherzigen Schwestern, was die Arme am meisten gefürchtet hat! Dann fuhr ich nach Grochów, ins Krankenhaus für Schwindsüchtige. Das wievielte Krankenhaus ist es, in dem ich sie besuche? Dieses wird sicher ihr letztes sein. Ich fand sie in einem frisch gemachten Bett liegend, umgeben von sorgfältiger Pflege. Endlich gute Seelen, freut sie sich, nicht diese scheußlichen »Bajaderen«, die unter der steifen Haube kein Hirn haben, während ihre Herzen ... Sie hat immer noch ihren kämpferischen Ton, obwohl sie insgesamt anders wirkt. [...] Während sie sich vor zwei Wochen noch selbst bemitleidete [...], könnte man jetzt, auch wenn es zynisch klingt, beinahe sagen, dass sie gelassen in die Zukunft blickt. Die Schwester bezeichnet ihren Zustand als Wohlbefinden, ein Wonnegefühl, das Sterbenskranke oft in den letzten Tagen empfänden. Julia war gestern – schön. Sie präsentierte sich nach alter Mode. Die Augenbrauen ge-

schwungen, die Lippen – vom Fieber – sehr rot, die Wangen lebhaft gerötet, die Augen matt.
Es heißt – die Front ist elastisch.
Über Italien angeblich ein Schirm von Flugzeugen, über Berlin hängt ein künstliches Dach, bemalt mit Wiesen und Wäldern. Um die Navigation zu erschweren ... Was für neue literarische Metaphern, was für Theatertricks – nutzlose Mittel zur Selbstverteidigung.

8. September Ich fühle mich nervlich sehr schlecht, das merke ich daran, dass nicht ich die Zeit kontrolliere, sondern sie mich, ich bin ihren Anforderungen nicht gewachsen. Dafür verstärken sich die Geräusche der Welt in gigantischem Ausmaß, je näher sie dem Ohr kommen. Ich muss etwas unternehmen – verreisen, aber wie und wohin? Die Arbeit fällt schwer, die Gedanken verschwinden in einem Nebel, durch den ich nicht zu der Sache durchdringe, die mich vor einem Moment noch beschäftigt hat. Das Karussell in meinem Kopf ...
Ich habe keine Kraft, Julia die freudige Nachricht [vom Waffenstillstand zwischen Italien und den Alliierten] zu überbringen, der Weg ist so weit und ich bin so müde. Ich fahre morgen nach Grochów. Es heißt, heute Nacht hätte halb Warschau getrunken, die Telefone seien übergequollen von kaum codierten Nachrichten, in denen das Wort Makkaroni omnipräsent war.
Ich weiß nicht, ob sich die Italiener [...] ihren früheren Verbündeten gegenüber loyal verhalten haben. Die List, vielmehr die Überraschung, besteht darin, dass der am 3. geschlossene Waffenstillstand erst am 8. bekanntgemacht wurde. [...] Die Deutschen schäumen über die Italiener, sie nennen Badoglia und den König Verräter. [...] Beiderseitige Verlogenheit. Man verspricht, aus dem Krieg werde eine Welt der Wahrheit und

der Güte hervorgehen, doch vorerst kämpft man mit den alten Mitteln der List und der Täuschung. Das ist alles kein Trost für die Seele.

Unterdessen müssen wir [...] uns mit der Bestattung der noch lebenden Julia beschäftigen. Vorausschauend, damit uns der Tod nicht unvorbereitet antrifft – in finanzieller Hinsicht. Übernimmt vielleicht die Sozialfürsorge, die Julia ins Krankenhaus überwiesen hat, wenn nicht die Arbeit, dann die Kosten? Ich schreibe fast ruhig über Julias nahenden Tod. Ich bin klugen Menschen begegnet, die wie ich der Auffassung sind, wenn Heilung unmöglich ist, soll man das Leiden durch Betäubungsmittel lindern. Was die Mediziner nicht immer für richtig halten. Uneigennützig verwahren sie sich gegen die Vereinfachung des Umgangs mit den Kranken.

Ganz Warschau liest Fiedler. Ein Märchen in Buchform. Angeblich war die Ausgabe, die ins Land kam, mit vielen Photos illustriert. Deshalb kosten unsere Kopien 250 Zloty. Von wegen. *Staffel 303,* Verlag Miecz i Pług, Warschau 1943, hat keine Illustrationen. Ich kenne den Verkaufspreis nicht, weil uns die 72 Seiten für zwei Tage ausgeliehen wurden, großes Format, kleine Schrift. An zwei Abenden schaffen Fela und ich es nicht gemeinsam, deshalb brechen wir ab, jede liest einen Teil für sich. Ein faszinierendes Thema, korrekt dargestellt, aber es reißt nicht mit. Es geht um den September und August 1940, als das Schicksal Englands und damit unseres und das der Welt von der Zielgenauigkeit der deutschen Bomben abhing. Churchill hat kürzlich gesagt, dass Großbritannien zusammengebrochen wäre, wenn die Angriffe länger gedauert hätten. Es war noch nicht zum Kampf bereit. Die polnischen Jagdflieger haben sich in der Verteidigung der Insel schön hervorgetan. Die Luftwaffe, schreibt der Autor, ist die Waffengattung, die dem polnischen Wesen am besten entspricht. In ihr lebt die

Tradition [...] des furchtlosen Ulanen wieder auf. Die Rolle des Schlachtrosses übernimmt das stählerne Pferd mit der Kraft vieler Pferde. Doch der Mensch verwächst mit der Maschine wie einst mit dem Tier.

13. September Aus dem heute wenig fruchtbaren Feld der Witze [...]: Ein Pessimist und ein Optimist im Pawiak. Der Erste sieht das nahe Ende, keine Hoffnung. Der Zweite wartet weiter auf Rettung. Die Gestapo entscheidet ihr Schicksal: Beide werden zum Tod verurteilt. Auf dem Weg zur Hinrichtung können sie kurz ein paar Worte wechseln: »Und, habe ich es nicht gesagt, es wird traurig enden.« »Warum denn traurig? Sie werden uns hängen. Offenbar geht ihnen die Munition aus.«
Am Schloss Belvedere ist es herrlich ... Der Salbei blüht, ein roter Pfad umrundet das Hofkarree. Vor dieser Kulisse steht das Schloss – restauriert und voller Erwartung.
Julia war überrascht, dass ich um diese Uhrzeit komme. Es war drei Uhr nachmittags. »Es ist doch Morgen.« Sie hatte nicht mitbekommen, dass seit meinem letzten Besuch neben ihr zwei Personen gestorben waren [...]. Stattdessen rief sie sich nach der Gewohnheit dieser Monate, in denen sie von der Welt isoliert war, ihre Aufträge für mich ins Gedächtnis. Ich saß starr da, da kehrte sie gleichsam in die Wirklichkeit zurück; die gewohnten Floskeln des sozialen Alltags, das ist mir schon öfter aufgefallen, kommen den Schwerkranken zuletzt abhanden. Sie fing ein Gespräch an: »Was gibt's Neues?« Sie wusste von der Einnahme Roms, jemand hatte es ihr gesagt, ich verstärkte die Trauer nicht durch die neueste Nachricht: Mussolini aus Badoglios Hand befreit. »Ich glaube, ihre Herrschaft wird keine hundert Tage dauern, trotzdem ist es eine schlimme Sache. Wenn die Alliierten die Deutschen schon ›überlisten‹, hätten sie es schlau anfangen und die Zeit nutzen

müssen, um das Terrain zu säubern ...« In einem Gedächtnisreflex erinnerte sie sich an den nahenden *Venti Settembre,* die Einnahme Roms durch Garibaldi[85]. Sie suchte vergeblich nach einer zeitgenössischen Strophe, die damals Polen und Italiener verband. Niedergeschlagen und deprimiert ging ich hinaus in den sehr schönen, sonnigen Tag.

Placówka[86], 18. September Zu Fuß von der Tram nach Placówka auf einem von Königspappeln umsäumten Weg: »Es erfreute sich meine Seele am leisen Rauschen der Bäume.«[87]

19. September Die Atmosphäre hier hat etwas von der Provinz fernab der Hauptstadt, obwohl man sie am Horizont sieht und nachts die Großstadtlichter leuchten. In normalen Zeiten ... Sie hat auch etwas vom Süden. Der Horizont zieht einen weiten blaugrauen Kreis, und darin ich, ein kleiner, warmer Punkt, fast pflanzenhaft lebend.

20. September Fela schreibt: »Julia ist heute Nacht gestorben.« Ich hatte sie am Freitag noch besuchen wollen, wirklich, ich hatte keine Kraft. Fela beschwichtigte: »Sie wartet ja nicht auf dich.« Sicher, als ich am Dienstag zum letzten Mal bei ihr war, wunderte sie sich, dass ich zu so früher Stunde komme, obwohl es schon nach drei war. Das Zeitgefühl war früh in ihr gestorben. Also wartete sie nicht. Wusste sie, dass Mussolini wieder frei ist? Selbst wenn es ihr jemand gesagt hatte, war es ihr vielleicht gleichgültig. Jedenfalls zeigte sie, wie ich jetzt sehe, große Lebenskraft angesichts einer unausweichlich zum Tode führenden Krankheit. Also hat sie nicht auf mich gewartet. Dennoch bedaure ich es heute sehr ...
Ich bin zufällig nach Laski gekommen, das Dorf, das durch seine scheinbare Einsamkeit immer wieder abschreckt. Wie

Katherine Mansfield, deren Briefe ich gerade lese, erfreue ich mich an jedem Blick, sammle die Details des Lebens.

22. September Frühstück im Bett, das heißt, ich gönne mir etwas für die 70 Zloty, die ich der Cousine zahlen soll! Ich zuckere den Kaffee – übermäßig – und schmiere mir dick Butter und Marmelade aufs Brot. Als wäre ich in der Schweiz. Und dann schiebe ich es mir in den Mund [...]. Allerdings habe ich keinen Bruder, »der aus lauter Güte für sein Pferd ihm das Heu mit Butter bestrich«. Das geht in *König Lear,* für Kriegszeiten taugt es nicht.

Heute wird sicher Julia begraben. Bei meiner Abfahrt habe ich Fela gesagt, ich würde im Falle ihres Todes nicht kommen und ihr »den letzten Dienst erweisen«. Ich sehe das mitnichten als einen Dienst an. Für die Lebenden kann man etwas tun, aber ... Ich habe meinen Standpunkt mehrfach erläutert. Sollte jedoch eines Tages ihr Andenken auf würdige und dauerhafte Weise geehrt werden, werde ich dazu beitragen.

Katherine Mansfield ermutigt mich, weiter von mir zu schreiben, entgegen Felas Kritik finde ich am interessantesten, was ein Mensch von sich bekennt. [...] Katherine Mansfield wollte ein kleines Stück ihrer Wahrheit bewahren – und das will auch ich. Ihr *Tagebuch* und sicher auch ihre *Briefe* wurden hart kritisiert. [...] Na und? Jeder Mensch muss seine von Fiktion unverfälschte Spur hinterlassen.

25. September Ich kehre nach Warschau zurück... Vorzeitig. Die Phantasie ist mit mir durchgegangen ... Auf der inneren Leinwand ballten sich die Bilder eines Krimis: Das »Geheimnis des Türbriefkastens« ist enthüllt. Er ist übervoll mit Untergrunddrucken [...]. Nach einigen Tagen entsteht ein Stau, neue Lieferungen lassen sich kaum noch hineinstopfen, bis am Ende [...] die Klappe bricht und die Last mit Schwung auf den Boden fällt. Die sorgfältig in Papier gewickelten Päckchen mit der Signatur »Li« als Adresse zeugen von regelmäßigen Lieferungen [...]. Hier ist eine Hand am Werk, die kein neues Terrain sondiert, sondern in bewusster Freundschaft täglich Gaben bringt. Der vom plötzlichen Getöse überraschte Hund beginnt zu bellen, die Hausbewohner laufen zusammen [...]. Erstaunen, Empörung, Entsetzen. »Sie bringen Unglück über das Haus«, schreit unsere Vermieterin, eine Walküre mit zerzaustem Haar, im Nachthemd statt Morgenrock. Sie stößt Verwünschungen aus und schließt mit den Worten: »Jetzt müssen sie nachgeben, wenn ich ihnen die Zimmer kündige. Und dann vermiete ich jedes für 500 Zloty und habe ordentliche Mieter.« Tableau.

In einer anderen Version nimmt die Szene einen glücklichen Verlauf, sowohl die Arbeit der Botin als auch unsere Verbindung mit ihr waren ein offenes Geheimnis. Der Hund, dem der Instinkt sagt, dass sie kein Einbrecher ist, bellt die hereinschleichende Person längst nicht mehr an, die Mitbewohnerinnen drücken beide Augen zu [...]. Der Hauswart [...] lächelt vielsagend und brummt: »Was will denn dieses Fräulein immer hier?« Aus diesen widersprüchlichen Streichen der Phantasie geht hervor, dass ich zurückmuss, obwohl die Landschaft meinen wunden Nerven weiter guttut. Fela ist zur Silberhochzeit unseres Bruders nach Wielgolas gefahren, das Haus braucht mich, ich muss den Briefkasten hüten.

Der letzte Vorabendspaziergang. Herbstarbeiten. Die Dorfleute ernten Kartoffeln, pflügen. Wenn man hier übers Land läuft, könnte man meinen, es wäre ein Paradies ohne Deutsche. Jedenfalls ist von ihrer Ordnung nichts zu sehen.

Warschau, 28. September Noch vor einigen Monaten war ich, wie mein ganzes Leben lang, risikobereit, entscheidungsschnell und kompromisslos. Heute bleibt mir nur noch die letzte Eigenschaft. Ich bin sehr müde.
Bei Julias Beerdigung waren sieben Personen, manche Freundinnen haben sie in den Jahren nach ihrer Entlassung aus dem Gefängnis nicht besucht oder es nur einmal gewagt. Jetzt werden sie sagen: Wir waren beim Begräbnis. Ich gehe heute noch einmal ins Asyl, um Julias Besitz aufzulösen. Weil sie mir die Schlüssel für den Schrank und den Koffer überlassen hat, muss ich dieses traurige Ritual vollziehen, das recht unangenehm ist, denn sicher wird es hinterher Streit geben, dass die Sachen nicht gerecht unter den Bedürftigsten verteilt wurden. So ist es immer.
Julia hat bei Bewusstsein keine Beichte abgelegt, kein Zwang konnte sie von ihren Überzeugungen abbringen. In Heiliggeist gab es einen Priester, aber, wie sie sagte: »Das Gespräch mit ihm war keine Beichte, sondern sehr angenehm, er war intelligent und hat meine Klagen über Gott angehört.« Ich wüsste nicht, dass es in Grochów entsprechende Versuche gab, auch wenn ich einen Priester gesehen habe, der in den Saal kam und seinen Beistand anbot. Er wurde sicher in der Todesstunde gerufen, aber da war sie schon wehrlos, also ist sie ihrem Lebensgrundsatz treu geblieben, hat nicht einen Augenblick geschwankt.
Julia hat gelassen vom Tod gesprochen, sie wollte nur nicht von deutscher Hand sterben. Diesen einen Wunsch haben sie ihr erfüllt.

1. Oktober Ich dachte, ich würde heute in der Arbeit zurückgehen, ältere Abschnitte ordnen, aber nach diversen Begegnungen hat sich einiges Material angesammelt, das ich

wirklich nur aus Chronistenpflicht notieren muss. Manchmal scheint das Schreiben sinnlos. Das letzte »Biuletyn« raubt einem alle Hoffnung. Die Alliierten zögern, der Konflikt mit den siegreichen Sowjets verschärft sich.
Eine Untergrundlotterie. Der »Nowy Dzień« ist in Finanznöten und tatsächlich auch schwer zu lesen. Auf manchen Seiten sind die Buchstaben kaum zu erkennen. Er bittet die Leser um Hilfe. In einem humorvollen Leserbrief bietet Pani Felicja (nicht meine Schwester) »die Reste meines Magnatenvermögens« in Gestalt eines Silbertabletts an und schlägt vor, es zu verlosen. 100 Lose zu je 20 Zloty. Der Losverkauf und später die Aushändigung des Tabletts an den Gewinner sollen auf normalem konspirativem Weg erfolgen, das heißt durch die Boten.

3. Oktober *Il faut s'installer dans l'hiver*. Vielleicht verreise ich noch für zehn Tage, um Kraft für den Winter zu sammeln, aber man muss schon jetzt an ihn denken wie an ein potenzielles Übel. Unsere Verhältnisse gestalten sich in diesem Jahr etwas freundlicher, weil wir für 50 Zloty pro Monat den ganzen Tag Strom haben werden. Die Menge ist begrenzt, aber wir werden uns weder mit Lampen – Öl kostet jetzt 60 Zloty – noch mit Kerzen behelfen müssen. Trotzdem habe ich beim Küster von nebenan für 80 Zloty ein Kilo halbwächserne gekauft. Er bekommt eine Zuteilung für die Kirche, aber einen Teil verkauft er schwarz. [...] Außerdem will ich den Winter regeln, was Gäste betrifft. Ungeladene, die einfach so hereinschneien. Wenn wir darauf eingestellt sind, empfangen wir jeden Besucher gern, doch unschönerweise hat es sich eingebürgert zu sagen: »Die Damen sind morgens zu Hause«, und dann kommt jeder mit seinem Anliegen genau dann, wenn ich am besten arbeiten kann. Ich habe vor, einen Nachmittag für Interessenten zu bestimmen. Ich will eine Vorleserin finden, die zweimal die Woche kommt. […] Ich sehe, wie wenig Kontakt ich mit Büchern habe, den Augen ist schon das Schreiben fast zu viel, das Lesen strengt sie noch sehr viel mehr an. So für den Winter abgesichert, werde ich ihn hinnehmen – für mich persönlich als eine weitere Plage des Teufels.

6. Oktober Zu Recht argumentiert Hitler in *Mein Kampf,* dass die Propaganda durch ständige Wiederholung selbst die größten Niederträchtigkeiten in die Köpfe der Menschen zu pflanzen vermag. Nicht nur in die deutschen, die ihrem Wesen nach zum Gehorsam neigen, sondern auch in unsere – rebellischen, furchtlosen. Viele nazistische Wahrheiten sind in unser Denken eingesickert, so der Antisemitismus, der sich in eindeutigen Hass verwandelt hat, gegründet nicht nur auf – angeblich – ökonomischer Notwendigkeit, sondern auch auf »Belegen« für den Verrat der Juden an den Polen in Bolschewien wie in der ganzen Welt! Ihr »wissenschaftliches« Fundament erhalten diese Theorien durch die gerade erschienene Broschüre *Die Protokolle der Weisen von Zion,* ein Nachdruck der Erstausgabe von 1937. […] Sie kostet rekordverdächtig wenig, fünf Zloty, was bei den heutigen Buchpreisen offensichtlich den Erwerb erleichtern soll.
Tee vom Himmel! Es heißt, am frühen Morgen hätten kleine Beutelchen in den Straßen der Stadt gelegen – ein Deka Tee, wie sich zeigen sollte, ausgezeichneter aromatisierter. Mit einem Gruß von Roosevelt: Haltet durch, das Ende ist nah etc. – ein Knüller! Sie sollen von einem Flugzeug abgeworfen worden sein, das vor einigen Tagen über Warschau kreiste. Es sank tief herab und stieg dann wieder steil in die Höhe. Heil und unbeschadet, obwohl die Flugabwehrgeschütze in der Luft nach ihm suchten.

Späterer Nachtrag: Aromatisierter Tee, Amerika – bloß eine Erfindung!

8. oder 9. Oktober Mittagessen in der Pierackiego mit Halina Dąbrowolska, Maria Dąbrowska und Karol Irzykowski. »Die liebe Julia ist tot? Ich dachte, sie sei schon vor längerem gestorben!« [...] Er hatte nicht versucht, das irgendwo aufgeschnappte Gerücht zu überprüfen, obwohl er gewusst hätte, wo – bei mir. Er erinnert an die linguistischen Sitzungen in der Marszałkowska 119, Telefon 519. Julia sagte früher immer, man müsse bloß diese Nummer in ihren Grabstein meißeln, dann wisse ganz Warschau, wer dort liege. [...] Sie fragen, ob sie während der Kriegsjahre über ihre Zeit im Gefängnis und die anschließende Odyssee geschrieben habe. Nein, manchmal verrät ein Gelegenheitsgedicht, wo sie war und was sie gesehen hat. Aber wie sie es sah ...? Sie hatte ja nie [...] einen Sinn für die Wirklichkeit. Sie schwebte in Ideen. Ich beneidete sie um den Kontakt mit den unterschiedlichen Frauen, denen sie in der Daniłowiczowska begegnete, dort waren Prostituierte und Diebinnen. [...] Sie aber konnte ihn nicht einmal sprachlich nutzen. Abweichungen von der literarischen oder wenigstens alltäglichen Norm interessierten sie nicht. Sie erklärte, wie es korrekt heißen müsse, und verdarb es sich so mit den Frauen, die gewohnheitsmäßig ihre kleinen Gedanken in drastische und vulgäre Worte fassten. [...] Auch die diversen Krankenhäuser, in denen sie war, boten ihr kein Material für neues Schaffen, sie suchte die höheren Geister [...]. Andererseits blieb sie unbeugsam, sie selbst. Auch das ist eine große Stärke. [...] Halina betont zu Recht: Alle, die starben, sollten von den Kollegen umfassend gewürdigt werden. Und Irzykowski hat es eilig, seine Stenographieklasse wartet.

Konstancin, 19. Oktober Ich habe mich so weit erholt, dass ich mich imstande fühlte, etwas zu geben. Ich wollte Rysio besuchen. Er ist seit einem Monat nicht mehr hier, man hat ihn in einer anderen Einrichtung des Fürsorgerats untergebracht. Er hat nicht einmal geschrieben. Kinder sind undankbar. Ich werde ihm trotzdem eine Karte schicken, nein, lieber einen verschlossenen Umschlag mit Briefmarken.
Wieder furchtbare Nachrichten aus Warschau. Es mehren sich die Märtyrerfriedhöfe. In der Piusa werden Blumen und Kränze abgelegt, vergebens zertrampeln preußische Stiefel die Ehrbezeugungen. Weil man Repressionen gegen die Älteren fürchtet, zünden kleine Mädchen die Grabkerzen an. Dem Tagebuch entgingen »spektakuläre« Szenen, aber das Schicksal schonte die Augen und das Herz. Wieder bin ich über die schrecklichen Tage verreist ...
Ein zweiter Altweibersommer. Meine Freude über die Sonne und die Wärme beweist mir, dass ich – auf neue Weise – noch glücklich sein könnte. Gut schreiben. [...] Ich lese den Anfang des Tagebuchs und sehe, wie blass der September 39 geraten ist. [...] Aber ich schreibe nicht für Schöngeister. Ich möchte den Historikern Material aus der Zeit der Verachtung liefern, selbst aus diesem Tagebuch können sie Wahrheit ziehen.

24. Oktober

Warschau, 18.10.1943
Sehr geehrte und liebe Dame.
Viele unerfreuliche Ereignisse, von denen einige im »Nowy Dzień« ihren Ausdruck fanden, haben mich trotz bester Absichten daran gehindert, auf Ihre freundliche Einladung von vor einigen Monaten zu reagieren. Wenn Sie Ihre wohlwollende Haltung gegenüber der Zeitung und natürlich auch mir nicht geändert haben, würde ich

mich unermesslich freuen, wenn das seinerzeit von Ihnen vorgeschlagene Treffen nun zustande käme. Ich wäre Ihnen sehr verbunden, wenn Sie mir einen recht baldigen Termin nennen könnten, an dem ich mich bei Ihnen melden kann.
Ich möchte auch darum bitten, einen Nachmittagstermin ab 17 Uhr festzulegen.
Ich hoffe sehr, dass Sie »trotz allem« weder uns noch mir böse sind.
Mit aufrichtiger Hochachtung und herzlichen Grüßen.
Witold Wajsyn

30. Oktober Es war schön hier. In der künstlichen Abgeschiedenheit konnte ich die ruhebedürftigen Nerven täuschen. Ich musste kaum sprechen, niemandem zuhören. Nachrichten kamen durch einen fernen Lautsprecher, beinahe irreal [...], entfärbt von der teuflischen Macht der Wahrheit. Dort werde ich immer daran denken müssen, dass Warschau zum Schlachtfeld geworden ist, dass man seine Position einnehmen muss. [...] Es sind keine mehrtägigen Exzesse mehr, sondern die seit zwei Wochen fest etablierte Methode blutiger Razzien.

31. Oktober Die letzten Worte in Konstancin. Wir haben uns über die Passivität der Juden entrüstet. Haben gedroht. Und übernehmen jetzt die Initiative. Der Terror ist in unserer Hand. Die Deutschen beginnen die Polen zu fürchten ... Nicht mehr mit Blick auf die Zukunft, sondern unmittelbar. Anschläge ohne Vergeltung und Strafe. Gerade haben sie wieder Oberwasser ... [...] Man braucht einen sicheren Unterschlupf in allen Stadtbezirken, denn sie gehen jetzt systematisch vor, zur Abschreckung, überall, damit Warschau ein einziger Friedhof wird. Deshalb gebe ich unsere Adresse Halina Gąsiorowska, die in Powiśle keine Bekannten hat.

Morgen reise ich ab. Die drei Wochen waren eine wichtige Erholung von Warschau, nun kehre ich – wie früher – zur Wintersaison in die Stadt zurück. Ich plane gewisse Änderungen, neue Freuden und neue Pflichten. Von Letzteren nicht viele ... Ich habe keinen Groschen Altruismus mehr übrig. Nicht aus Enttäuschung über die Personen, denen ich half, sondern weil das Gründungskapital aufgebraucht ist. Lange habe ich jedes Jahr den Saisonwechsel [...] als möglichen Anlass für neue Überraschungen begrüßt. Ich wurde nicht enttäuscht, auch wenn es manchmal andere waren, als ich erhofft hatte. Doch ob bitter oder süß – es waren Früchte des Lebens. Jetzt genügt mir das Projekt einer Vorleserin, die Suche nach geistigen Impulsen, die fremdes Wissen uns liefert. Es sind so wenige, der Kopf arbeitet nicht, er rostet ein im Alltagsbetrieb, während früher Gymnastik die angeborene geistige Mobilität stimulierte.

Frau Gąsiorowska [...] arbeitet offiziell bis heute im Lesesaal des bis vor kurzem von Professor Henryk Mościcki geleiteten Ateneum (in der Aleja Niepodległości). [...] Sie berichtet von der »Säuberung« der Bibliotheken. Sie hat den Glauben an die Methodik der Deutschen verloren. Sie hätten die Sache chaotisch und unsinnig betrieben. [...] Es gab keine allgemeine Liste von Werken, die zur Vernichtung bestimmt waren. In jedem Einzelfall, jedem Lesesaal wurde individuell vorgegangen. Je nach Gutdünken oder Intelligenz des Zensors wurde dieses oder jenes Buch aus dem Verkehr gezogen. Aus manchen wurden nur einzelne Seiten »entfernt«. [...] Dabei übersahen sie mitunter die – wie man hätte meinen können – brisantesten Stellen. [...] Die gewitzten Betreiber des Lesesaals verfielen auf die List, keine Bücher zur Kontrolle einzuschicken, sondern eine Liste mit vermeintlich zur Anschaffung vorgesehenen Titeln. Die verbotenen Werke wurden aus dem Katalog gestrichen und an einem sicheren Ort versteckt.

Ich füge eine in zweifachem Sinne historische Notiz hinzu. Prof. Mościcki führt neben dem Lesesaal eine Bar. Mit der Menge des dort getrunkenen Wodkas hat er einen guten Gradmesser für die Stimmung in der Hauptstadt. Wenn mit den Gläsern angestoßen wird, ist das ein Zeichen aufkeimender Hoffnung. Anlässe gab es schon viele ... Andere betrinken sich besinnungslos, wenn es schlecht steht ... Stagniert die politische und militärische Lage, fällt das Einnahmenbarometer auf Null ...

Warschau, 5. November Nachmittag. Ich schalte alle Lampen ein, denn es ist ein großer Feiertag, der Abschied von der Elektrizität. Er verheißt unfreiwilliges Heldentum, das bis an mein Lebensende andauern kann. Nur bei ausgewählten Doktoren, die zu Seelen- und Augenärzten werden, werde ich gelegentlich noch solch helles Licht sehen ... Unterdessen müssen wir, poetisch gesprochen, zurück zu den Fackeln, will sagen zur perfektionierten Henneberg-Karbidlampe ... Wie viel Geld und Nerven diese Art von Beleuchtung kosten wird ... [...] Ich habe dem Arbeiter zugesehen, der am Stromverteiler herumwerkelte, ihn einen Volksfeind genannt. Der Schmerz erwacht mit dem aufziehenden Leid. Wenn es da ist, explodiert die Wut. In einer harmonischen Familie geht man sich an die Gurgel, sobald die Karbidlampe zu flackern beginnt, einer gibt dem anderen die Schuld. In größerem Maßstab geschieht das auch in der Gesellschaft. Doch lasst uns nicht aufgeben, lasst uns die Liebe bewahren und durchhalten. Diese dummen Worte schreibe ich am Rande der Verzweiflung. Noch brennt das Licht.

6. November Gestern hätte ich unter dem Eindruck der Stromsperre ein wahres Drama geschrieben, wenn ich nur das geringste Talent dazu hätte. Heute [...] sage ich: *Il faut s'instal-*

ler dans la misère. Es wird ja auch kein pures Elend, sondern ein beglücktes, weil man sich zumindest teilweise behelfen kann. Also *primo,* nicht an Karbid und Kerzen sparen, solange es geht. Heizen, bis die Kohlen ausgehen. [...] Sich wieder an die Arbeit machen, wieder sagen: »Du gehst ins Grab, nicht dein Werk.« Und selbst wenn das eine wie das andere woanders hingehen sollte, will ich nicht daran denken.

7. November Gestern war ich bei Zuza. Den Hinweg habe ich vom Plac Trzech Krzyży zu Fuß zurückgelegt, nach Hause bin ich den ganzen Weg marschiert. Es war unmöglich, in die Tram zu kommen. Ich tröstete mich mit dem Gedanken, dass ich unterwegs Eindrücke sammeln würde. Natürlich negative. [...] Zuza empfing mich in ihrer Einsamkeit voller Freude. Sie hat im Moment selten Besuch, die Tochter kommt seit drei Wochen nicht wegen der Razzien. [...] Es geht ihr wieder schlechter, sie wiederholte die Frage, die sie auf einer Karte gestellt hatte: »Wird es für mich einen Platz bei euch geben?« Das fragt sie alle ... Eine ehrliche Antwort wäre herzlos, doch ich habe ernste Bedenken ... Sie leidet, weil sie unter Todeskandidaten lebt, die Menschen stürben vor Hunger, am Morgen habe sie im Garten vier Leichen »lagern« gesehen. Bei den Kindern spare der Fürsorgerat nicht ... In diesen Worten lag Bitternis.
Kiew ist erobert. Die Bolschewiken kommen immer schneller voran. Die Alliierten sind ihnen weiter einen halben Schritt voraus. Wir hatten den leidenschaftlichen *Tango Notturno,* heute summt Warschau den Tango Volturno.[88] Die Deutschen versichern: Den können auch die Kriegsmüdesten tanzen. Ich glaube inzwischen, es wird ein kurzer Tanz. Denn nicht nur die deutschen Hoffnungen haben sich erschöpft, sondern auch ihre Optionen. *Marche en arrière,* dazu auf fremdes Terrain.

Ich bin um halb sieben aufgestanden, mit dem Morgengrauen. Zuerst beschäftige ich mich mit Dingen, die ein Minimum an Licht erfordern, so sitze ich schon um acht, nach dem Frühstück, an der Maschine. Bis jetzt, weil ich in guter Form bin, aber auch wegen des Mangels an Licht und der Gewöhnung an einen neuen Lebensrhythmus. Früh ins Bett. Im Warmen noch ein wenig nachdenken, dann schlafen. Ich kehre oft in die Vergangenheit zurück, was ich früher, vor 39, nicht brauchte. [...] Es ist eine Kompensation für den Mangel an Eindrücken.
Beim Durchsehen des *Tagebuchs* von 40 bin ich zu einigen Schlussfolgerungen gelangt [...]. Mich frappieren die Zaghaftigkeit der Äußerungen, das Chronistische und die Kargheit der Sprache, die wenig Einblick in viele Dinge ermöglicht. Doch das entspricht der damaligen Stimmung. Alles geschah *en sourdine*[89]. Jeder verbarg vor dem anderen, dass er etwas tat, sich nicht nur den Alltagssorgen widmete. Es drohten nicht nur Straßenrazzien, sondern auch Hausdurchsuchungen. Wenn unsere *patronne* erfahren hätte, dass ich Tagebuch führe, hätte sie uns wohl aus der Wohnung geworfen. [...] Man musste sein Schreiben vor dem Dienstmädchen, vor Gästen verbergen. Ausgenommen waren Menschen, die konspirativ arbeiteten und dies selbst vor ihrer Familie geheim halten mussten. Daher die, wie ich heute sehe, unbedachte Knappheit dieser Notizen – wenn man schon etwas riskierte, hätte es mehr als weniger sein sollen. Auch das hätte einen nicht gerettet. Das Problem der Gefährdung von nahestehenden Menschen wurde noch breit diskutiert, eine moralische *carte blanche* bekam ich für meine Arbeit eigentlich erst, als ich meine Schwester einbezog ... Heute gibt es fast kein Haus, in dem niemand am Aufbau des künftigen Polen mitwirkt, doch es gibt auch fast keine Familien ohne Opfer ...

10. November Als Ela gestern erzählte, dass sie wieder die Wohnung wechseln muss, sagte sie leise: »Alle meine Bekannten sind erledigt …« […] Ich tröstete sie: »Kind, das Schicksal wird dich am Leben lassen.« Sie ist wiederholt demselben Jäger ins Netz gegangen. […] Er wollte als »anständiger Pole« vorgehen, die Sache unter der Hand regeln, ohne die Polizei einzubeziehen. Als sie sich bereit zeigte, zum Kommissariat mitzukommen, zog er ab, um einige Wochen später bei passender Gelegenheit in einer anderen Straße wieder aufzutauchen. Sie wollte sich verstecken, er erspähte sie, sie trat in einen Hauseingang, er hinterher: »Jetzt habe ich Sie. Dass wir uns in einem fremden Haus treffen, ist der beste Beweis. Was suchen Sie hier? Schutz vor mir?« »Nein, eine Toilette.« Beschämt ließ er sie auch diesmal in Frieden und streckte ihr zur Entschuldigung die schmutzige Pfote hin … Ein illegaler Spitzel, nicht einmal ein offizieller, ohne jedes Talent für dieses Geschäft. Gefordert sind vor allem ein gutes Gedächtnis und ein scharfer Blick, er aber sprach die schöne Brünette nach einer gewissen Zeit ein zweites Mal an – weil sie brünett war … Und wieder gingen sie in einem Pseudoeinvernehmen auseinander … Eines Tages wird sie nicht heil davonkommen …
Die »Herbstmanöver« sind in eine neue Phase getreten. Vorgestern gab es eine Razzia, in Praga haben sie aus der Tram heraus jeden verhaftet, den sie zu fassen bekamen. Nicht nur Männer, auch Alte, Frauen und Kinder. Gestern dann neue Exekutionen. Die genaue Zahl ist unbekannt.

12. November Hitler hat in München eine Rede gehalten, in der er sagte, Deutschland werde siegen, doch im Falle einer Niederlage würde er keine Träne vergießen. Denn es sei die Schuld des deutschen Volkes, wenn es an der Prüfung zerbräche. Er […] bündelte Millionen in sich, sein Wille sollte stärker sein als das Kollektiv, doch jetzt, wo das Ende bevorsteht, weist er die Verantwortung für das Unglück von sich. Die Enttäuschung unter den Deutschen soll ungeheuer sein, kein Wunder. Die Ausgabe der »Warschauer Zeitung« mit der Zusammenfassung der Rede wurde konfisziert.

14. November Gestern Abend wollte ich bei samstäglichem Gas Brot backen. Es gab nicht einmal welches, um die Hirsegrütze fürs Abendessen aufzuwärmen. Angesichts dessen legte ich mich hin, um zu warten und ins Nirvana abzutauchen. [...] Doch als mich das Dunkel der Ottomane umfing, kamen mir jäh traurige Gedanken. Auslöser war wohl der morgens gelesene Brief des Doktors, über den ich erst jetzt nachdenken konnte. Wieder eine Reihe von Bitten, die meine Zeit, meine schwachen Hände und mein müdes Herz beanspruchen. Ihm Sachen schicken, dies und das und jenes ... Ich weiß, dass es niemand sonst tun kann, zumal er schon vor langem schrieb, alle Freunde hätten ihn im Stich gelassen, aber ich habe jetzt so wenig Lebenskraft, dass ich sie nicht auch noch für technische Dinge aufbrauchen kann. Man fährt nicht Tram, aus bekannten Gründen, und mit einem Paket die Oboźna hochzulaufen ist schwer. Dann Schlangestehen, um am Schalter zu erfahren, dass neue Vorschriften eine andere Verpackung verlangen als noch wenige Wochen zuvor. Wenn ich wenigstens wüsste, dass es wirklich um Überlebenswichtiges geht [...], aber es vergehen manchmal Monate, in denen er zurechtkommt, dann hagelt es plötzlich neue Bitten.

15. November Ich höre mich um, versuche herauszufinden, nach welcher Methode die Deutschen öffentlich morden. Mich interessieren die Zuschauer der Exekutionen: Rufen sie sie eigens zusammen, um ein Exempel zu statuieren – so werdet auch ihr sterben –, oder geschieht es verdeckt wie in der Ordynacka? Es scheint von Fall zu Fall unterschiedlich, weshalb man die Reaktion der Verurteilten nicht allgemein beschreiben kann. Es ist von Knebeln die Rede, dann von zum Schrei aufgerissenen Mündern, von offenen Augen oder vorab schon für immer verschlossenen. Ich habe von Versuchen des Widerstands gehört wie auch von großer Apathie [...]. In der Towarowa, sagt ein Beobachter, hätten die zehn verurteilten Männer gerufen: »Lang lebe Polen!«, eine Frau habe gezetert. Sie habe sich an die Henker gewandt: »Ich bin Mutter von vier Kindern ...« Darauf sollen die Soldaten den Befehl verweigert haben. In der Piusa stürzten sich die Wehrlosen wütend auf die Bewaffneten und traten um sich [...]. Das Reservebataillon konnte nicht schießen, sie hätten Kameraden treffen können. Kurzum, es gibt widersprüchliche Versionen, schwer zu überprüfen, aber generell scheint die Reaktion passiv auszufallen. Mögen die Versionen sich widersprechen, jeder sollte *les ont-dit* notieren, damit die historische Wahrheit ans Licht kommen kann. [...] Immer öfter hört man: Meine Bekannte hat den Verstand verloren, sie ist zufällig auf den Balkon gelaufen und hat einen Nervenschock bekommen ... Und all die, die fast täglich auf den ebenso fast täglich neu in der Stadt ausgehängten Listen nach ihren Angehörigen suchen. Eine Liste nennt die Getöteten, eine die nächsten Kandidaten.

Und die Polen sind doch solidarisch ... Es gibt ganz im Verborgenen wirkende Komitees[90], die monatliche Hilfszahlungen an Juden leisten. Die Mitglieder, Unterstützer oder Menschen, die den Kontakt zu ihnen fanden, kommen aus allen früheren politischen Parteien, ihre Arbeit soll denjenigen das Leben ein wenig erleichtern, die nicht einmal Geld verdienen dürfen.

16. November Er ist wieder aufgetaucht. Er kam ganz normal vorbei. Er setzte sich in den Sessel, als wäre er gestern hier gewesen. Erst nach einer längeren Pause erzählte er bruchstückhaft die Geschichte der drei Monate, die seit seinem per Karte angekündigten und ausgefallenen Besuch vergangen sind. Er hat seine Papiere verloren, das passiert heute vielen, vermutlich wurden sie ihm gestohlen, Papiere sind heute sehr begehrt – sie lassen sich gut verkaufen. Er musste sich deshalb im Wald verstecken, einmal wurde er von Gendarmen gefasst, einer führte ihn zur Exekution – er entkam. Man kann es sich kaum vorstellen, der schwächliche Bodan Żyranik, der sich unter der Last des Rucksacks krümmt, lief so schnell und flink davon, dass sie ihm außer ein paar Kugeln auch ein ehrenvolles Schimpfwort hinterherschickten: Seiltänzer. [...] Derzeit wohnt der arme Gelehrte im Asyl des Fürsorgerats in der Senatorska, in einem Saal zusammen mit Ausgesiedelten und deren Hauswirtschaft (Hühner). »Man kann nicht lesen in dem Lärm, geschweige denn arbeiten.« Wir haben vereinbart, dass er jeden Montag zu uns kommt.

Ich habe bisweilen intensiv an ihn gedacht. Noch gestern haben Fela, Ela und ich uns beim Abendessen gefragt, wie es ihm geht. [...] Die Sorge ist ein allgegenwärtiges Gefühl, ich bange wieder um Allan, der lange nicht geschrieben hat, und auch um Zbyszek. Der tapfere Oberleutnant aus der Zeit der Belagerung, der jahrelang völlig unbekümmert lebte – das wird schon werden, sie werden mich nicht kriegen –, ist seit einiger Zeit furchtsam geworden. Das Schlimmste, was einem jungen Menschen in der heutigen Lage passieren kann. Die Furcht ist eine Defensivwaffe in ihren Händen. Doch dagegen kann man nichts machen. Die Nerven verweigern den Gehorsam, der Untergehende, bis dahin stark, verliert die Kontrolle über sich. Er kommt um.

17. November Ich habe kürzlich unsere Niedertracht angesprochen. Jemand anderes stellte dem reichhaltigen Material zu Recht die gewiss große Zahl unbekannter großer Taten entgegen. Beim Verhör, im Gefängnis. Gestern erzählte man vom Tod einer Siebzehnjährigen, die der Folter erlag. Wegen des Verteilens von Untergrundzeitungen war sie vor zwei Jahren zusammen mit Kameradinnen verhaftet worden. Eine von ihnen kam frei, sie schilderte das Verhalten der jungen Heldinnen: Nackt ausgezogen, mit dem Gesicht an die Wand gestellt und mit Ruten gepeitscht, verrieten sie niemanden, gaben keinen Laut von sich ... [...] Von wie vielen Martern bleibt keine Spur, obwohl sie ans Licht gebracht werden müssen, schon um sie dem Bösen entgegenzustellen, als Demonstration für den Abschaum. Ihr herrscht hier nicht ...

20. November Die Stadt ist wieder rot von Berichtslisten: Standgerichte, Anschläge. Die Strafe wird vollstreckt, wo das Verbrechen begangen wurde ... Wo zuletzt deutsche Soldaten oder Beamte oder auch blaue Polizisten ruchlos ermordet wurden. [...] Bald ist kein Platz mehr, denn die alten Plakate bleiben hängen – zum Vergleich? [...] Ob alle aufgelisteten Kandidaten *en bloc* zu tatsächlichen Delinquenten avanciert sind? Größtenteils ja, manchmal taucht unerwartet ein neuer Name auf, bisweilen fehlt ein genannter. Das komme sehr selten vor, in kaum einer Handvoll Fälle, sagt jemand, der eine Gedächtnisstatistik führt. Es geht auch schriftlich, vor den Säulen stehen Passanten und notieren die noch blutenden Buchstaben ... Diese Todeszeichen stehen da, sie stehen neben Prophezeiungen des Lebens. [...] Heute mischt sich alles durcheinander. Die Mauern der Hauptstadt sind wie ein großes Palimpsest, unter der weißen, schwarzen oder farbigen Tünche wölben sich die Schriftzüge des Blindenalphabets. POLEN, der Rest fehlt, doch auf einem anderen Stein zeigt sich unter der deutschen Flechte das treue Wort: LEBT.

22. November Gestern war ich bei meiner Schwägerin. [...] Ihre erste Frage lautete: »Weißt du mehr über die Bombardierung Berlins?« Ich wusste überhaupt nicht, dass »die Reichshauptstadt in der Nacht vom 18. auf den 19. das Ziel des größten Luftangriffs in diesem Krieg« geworden war. Noch am 20. meldete Stockholm: Die Stadt brennt. Bevor wir weiter Neuigkeiten austauschten, hielten wir inne, aus Verzweiflung, dass man sich über derartige Verbrechen freuen muss. [...] Als wir zum Konkreten übergingen, erfuhr ich viel Schlechtes. Die Banditenüberfälle auf der anderen Seite der Weichsel stehen nicht mehr im Zeichen materieller Beute, zwar ist das Ziel dasselbe, aber die Parole eine andere: Weg mit den Herren! Und auch was ich für Weibergeschwätz hielt, die bevorstehende Evakuierung, ist eine Tatsache. Am 20. traf Himmlers Befehl ein: Vor allem die berufliche Intelligenz soll evakuiert, das heißt liquidiert werden – Techniker, Ingenieure, Apotheker, Ärzte, der Sanitätsdienst.

23. November Weil mich die »Interessenten« zur Unzeit aufsuchen, wenn ich schreibe oder wirtschafte [...], habe ich einen Nachmittag ausschließlich für Besucher bestimmt. Gestern war Premiere. Themen waren der faktische Stand der bolschewistischen Bewegungen, das Grauen der hiesigen Lage, die Sorge um die Zukunft: Himmler will die Intelligenz auslöschen [...]. Sie fürchten weiterhin einen Aufstand. Glauben sie, dass die Kommunisten Unruhen provozieren werden? [...] Die Anschläge, auf die so zahlreiche und willkürliche Opfer folgen ... Das Gespenst der Bolschewiken nimmt für die bürgerlichsten Seelen rosige Farben an. Im Vergleich zur aktuellen Situation ...

26. November Durch die Tür höre ich morgens eine Mutter ihren Sohn verabschieden: »Komm heil zurück.« Am Nachmittag sprengt die Freude der Begrüßung die Wände der Nachbarwohnung. War der Junge auf einem Kreuzzug? Kehrte er lebend von der Verfolgung der Türken zurück? Brachte er den Triumph des napoleonischen Heeres nach Hause? Nein, er war nur in der Marszałkowska, vielleicht in der Leszno, in der Towarowa. Das Kommando der Heimatarmee hat die Nationalen Streitkräfte verurteilt. Was sind das für Nachrichten? Fangen wir nach jugoslawischem Vorbild heute schon an, uns zu spalten?
Ich frage mich immer öfter, was die Juden im künftigen Polen erwartet. Nicht ökonomisch, sondern was ihre Rolle in der Gesellschaft betrifft. Mir scheint, dass diejenigen, die im Verborgenen überleben, sich ungewollt aus dem Kreis unserer Sorgen lösen. Gewiss, ihr Unglück ist groß, aber anders, isoliert vom Leiden der Allgemeinheit, die sich jeden Tag offen dem Kampf stellt [...]. Ich fürchte, das könnte zu einer Belastung werden. Es geht ja nicht um ein passives Überdauern, sondern um eine aktive Haltung. [...] Andererseits heißt es, der »Nowy Demokrata«[91] sei ihr Organ oder immerhin von ihnen finanziert, und auch in den Wäldern fehle es nicht an Juden. Was weiß ich, ich bin ratlos, ich habe niemanden [...], mit dem ich diese Fragen erörtern könnte. Doch ich höre von allen Seiten unwillige Stimmen gegen die Juden, ich sehe, wie schwer es für sie sein wird, an ihre alten Stellen zurückzukehren oder wenigstens neue Positionen zu besetzen.

29. November Ich lese die Seiten dieses Tagebuchs ... In ein paar Tagen ist die neue *carcasse* fertig ... Außer ihr wartet nichts auf meine Worte ... Denn auch wenn die Freunde bitten, etwas lesen zu dürfen ... Ich zeige es niemandem. Ich habe Ungedrucktes nie gern fremden Augen anvertraut.

30. November Die Anomalien des heutigen Lebens: Im Gebäude einer staatlichen Grundschule findet illegaler Unterricht statt, aber auf normale Weise, in Klassen, mit Büchern und Heften. Alle arbeiten, wie es sich gehört. »Haben sie keine Angst?«, frage ich. Sie haben ja keine Zeit, darüber nachzudenken.

2. Dezember Eine junge Frau hat eine schöne Vorkriegswohnung in Żoliborz. [...] Sie arbeitet im Untergrund. Sie lebt. Dann: Hausdurchsuchung. Feldgendarmerie. Die wohlwollende Nachbarin hat rechtzeitig gewarnt, die kompromittierenden Papiere wurden vernichtet, doch es blieben die Armeestrümpfe, mit denen sie handelt. Statt zu sagen: Die habe ich gekauft, um aus der Wolle einen Pullover zu stricken, gerät sie bei der Aussage ins Stocken. Man lässt sie vorerst in Ruhe, doch einige Tage später bekommt sie eine Vorladung ins Brühlsche Palais[92]. Die Hamletfrage: Hingehen oder [...] untertauchen? Ich weiß nicht, wie man nennen soll, was siegte: Feigheit oder Mut? Sie gab die Wohnung auf, mithin auch die Arbeit. Sie muss ihre äußere Erscheinung ändern, die neuen Papiere müssen bei der Rückkehr zur Parteizelle kontrolliert werden. Vor allem aber muss sie herumziehen, Hilfe suchen bei Menschen, die des Helfens schon müde sind, weil alle es schwer haben. Wäre es in diesem Fall nicht besser gewesen, das Risiko einzugehen? Die Sache hätte sich vielleicht noch klären lassen, und selbst wenn nicht, so der Erzählende, steht auf ein Vergehen wie dieses eine milde Strafe, will sagen das Gefängnis Mokotów. Dort zu sitzen, vielleicht ein paar Monate, schützt auch davor, im Pawiak zu landen, und bis dahin ist der Krieg vielleicht vorbei.

3. Dezember Ich bin sowohl Chronist als auch Historiker der Gegenwart, für meine Arbeit sammle ich Material aus widersprüchlichen Quellen, und weil die Informationen oft unsicher sind, befrage ich zur Kontrolle verschiedene Personen, bevor ich auswähle, was mir, ganz subjektiv gesehen, der Wahrheit zu entsprechen scheint. Deshalb gibt es bestimmt große Fehler, ganz zu schweigen von großen Lücken. Die Synthese wird ein anderer Autor leisten, er wird meine Erkundungen und Geschichtssplitter nutzen, um aus ihnen ein blutiges Panorama des Ganzen zu schaffen.

Gerade hat es angefangen zu schneien, der erste Schnee des Jahres. Er fällt und macht das rote Pflaster weiß ... *gros flocons* ... Ich könnte heute wohl keine andere Sprache sprechen als meine, doch zugleich kommen mir seltsamerweise immer wieder fremdsprachige Ausdrücke in den Sinn. So schlüpfen französische oder russische Wörter hinein, weil ich erst nach einer Weile die fremde Farbe erkenne.

6. Dezember Die Stammbesucherin europäischer Theater war in der Freta, bei einer Pfarraufführung des Leidens der hl. Barbara. Das Altstadtpublikum benahm sich beim Betreten des Saals so, dass der Ordnungsdienst – nette junge Männer mit breiten Schultern, möge das Schicksal sie verschonen – schreien musste: »Ihr wärt gern Herrschaften, wisst aber nicht, wie sich Herrschaften benehmen.« Dafür waren die Leute überaus gut – warm und neu – gekleidet. Den Kleinbürgern dieses Viertels geht es offenbar glänzend. Das fromme Stück war eine entsetzliche Schmiere, dazu erbärmlich gespielt.

Auf dem Hinweg war ich an fast jedem Kiosk stehengeblieben und hatte die blutbefleckten karamellfarbenen Plakate vom 2. und 3. Dezember betrachtet. Manchmal fühle ich mich wie ein Funkempfänger, der unterschiedliche Wellen einfängt, manchmal wie ein Schwarzhörer, der fremde Wellen stiehlt. In meinem Kopf und in meinem Herzen kreuzen sich die Worte, Empfindungen, ja Gedanken derer, die neben mir das Urteil lesen, das vielleicht einen Angehörigen trifft […]. Der Kampf ist entflammt, eine Riposte folgt auf die andere. Die Wirkung folgt der Ursache auf dem Fuß … Das zeigen die ersten Sätze der Verordnungen: Es gab neue Anschläge, es folgen die uns schon bekannten Orte. Anfangs dachte man, selbst von offizieller Seite, es handele sich um Provokationen oder erfundene Vorwände für neue Verbrechen. Jetzt folgen Strafe und Schuld schnell aufeinander, und was für die einen Strafe ist, ist für die anderen Schuld […]. So war die Exekution in der Solec die Vergeltung für ein von unseren Leuten verursachtes Zugunglück; die Hinrichtung in der Nowy Świat die Antwort auf den Überfall auf einen Transporter des Ordnungsdiensts in der Vorwoche. Unmittelbar auf dem Fuß folgte die Reaktion auf die Tötung der – von der Arbeit heimkehrenden – Gendarmen. Die Exekution fand ungefähr an der gleichen Stelle statt, nahe Puławska und Rakowiecka. Die Liste nennt die Namen, es ist von fast 200 Opfern die Rede. So wird es weitergehen, in immer rascherer Folge, mit erweiterten Kontingenten – an Menschenleben. Nichts scheint die in Gang gebrachte Maschinerie stoppen zu können […]. Das ist das neue Gesicht unseres Kampfes, fast die Vorstufe zum Aufstand. Es hat unschuldig angefangen. Mit kleinen Sabotageakten, dann die Phase der Diversion, Frühjahr und Sommer standen im Zeichen unseres Terrors, jetzt hat der Krieg die normale Form von Angriff und Abwehr angenommen, wenngleich noch nicht auf offenem Feld. Aber mit dem ganzen Zynismus der anderen Seite und schrecklichen Qualen auf unserer. Schon die Tatsache, dass erst die Todeskandidaten bekanntgemacht werden und später der Vollzug, zehrt an den Nerven von Abertausenden Menschen, selbst wenn sie keine bekannten Namen entdecken. Bisweilen verschwindet ein Verurteilter und fehlt auf der folgenden Liste. So war es bei Vater und Sohn Schiele, mit Millionen soll der Alte den Jungen freigekauft haben, der nach Oświęcim deportiert wurde, er selbst erklärte sich nach vier Jahren Widerstand zum *Volksdeutschen*. So heißt es. Daraus folgt, dass Oświęcim heute ein *refuge* ist, vielleicht nur vorübergehend, aber es gibt Hoffnung, das Ende zu erleben. [...] Damit muss sich auch die Frau von Prof. Drewnowski trösten, mit der ich gestern telefonierte. Sie sagte, dass er erst in Majdanek war und jetzt seit drei Monaten in Dachau ist. Warum dieses Hin und Her, haben sie wirklich die Zeit und die Leute, vor allem aber den Kopf für komplizierte Transporte? Die arme Pani Hela fühlt sich sehr schwach, sie hat es am Herzen, eine erfahrene Reisende, die ihren Mann auf gelehrte Kongresse begleitete, sie prahlte mit dem Empfang im Elysée-Palast oder am schwedischen Hof. Das alles ist heute weit weg, belanglos. Wert hat allein die Rettung jedes einzelnen Menschen, es ist offensichtlich, dass sie die Polen vernichten wollen, vor allem die Intelligenz. Und danach den Rest. Wenn die Zeit es ihnen erlaubt ... Die Juden waren der Feind Nummer eins, wir standen an zweiter Stelle. Jetzt, wo sie fort sind, wo sie nach der stets perfekten deutschen Statistik offiziell nicht mehr existieren, haben wir den Spitzenplatz übernommen. Die polnische Intelligenz, ja, aber auch die Bauern und Arbeiter, die jetzt noch als Zugtiere und zur Lebensmittelproduktion gebraucht werden, könnten sich als unnütz für die neue Ordnung erweisen. Zumal man von dem großen Eindruck hört, den die öffentlichen »Standgerichte« auf alle Schichten machen. Personen, die am Stadtrand leben, beobachten eine Zunahme des patriotischen Geists in bisher gleichgültigen Milieus. Der Hass wächst und mit ihm der Wunsch nach Rache.

Heiligabend In der Stadt patrouillieren Soldaten, die Gewehre entsichert. Die Leute sind so mit ihren Tagesgeschäften beschäftigt, dass sie sie nicht einmal beachten. Und noch viel weniger die neue Liste der öffentlich Hingerichteten. Sie bleiben kaum stehen, um zu schauen, ob Bekannte darunter sind. *Guarda e passa.*

27. Dezember Ich habe [...] einen Brief vom Doktor bekommen [...]. Er trifft Anordnungen, schreibt für den Fall der Fälle ein kompliziertes Testament, ich werde die Korrespondenz der letzten Wochen studieren müssen, um seinen letzten Willen zu erfüllen, Personen und Gaben zuzuordnen ... Ich wurde natürlich übergangen ... Ich bin der – nützliche – Mohr ... Traurig. Nicht weil ich mir Hoffnungen gemacht hätte, ich messe dem letzten Willen wenig Bedeutung bei, er lässt sich abändern, ich habe gesehen, wie die Dinge bei der armen Julia gelaufen sind. [...] Es ist nicht das Materielle, sondern das Vergessenwerden – von einem Menschen, der immer betont, dass ich als Einzige seiner Freunde übriggeblieben bin. Freunde nicht des Lebens, nur der letzten Kriegsjahre. Der Dank für treue Dienste ... Ich werde sie weiter leisten, mir weiter sagen: Mich bindet mein Handeln, die andere Person muss sich vor sich selbst verantworten.

28. Dezember Ein Kreis von klugen Frauen und zwei Männern war um den runden Tisch versammelt. Sie aßen meine phantasievoll geplanten und schlecht ausgeführten kulinarischen Werke und diskutierten – fast heiter – das aktuelle Geschehen ...

Der Linksschwenk der Regierung angesichts eines möglichen Abkommens mit den Sowjets. Es ist uns nämlich für die Zukunft an einem Pakt mit ihnen gelegen, wie ihn Edvard Beneš geschlossen hat.[93] Sikorskis – und meine – Idee einer europäischen Staatenkonföderation ist im Sande verlaufen. Sie hat sich aufgelöst, bevor man ihre Umsetzung versuchen konnte. Deshalb müssen wir uns jetzt bemühen ... Wieder ist alles so traurig und hoffnungslos.

Ein Rätsel: Was haben unsere Offiziere in den Oflags zu Heiligabend gegessen. Sie schreiben nämlich, sie würden dank der Amerikaner jetzt ausgezeichnet verpflegt. Ihre Frauen bitten, ihnen keine Pakete mehr zu schicken. Überhaupt hatte ein großer Teil Warschaus üppige Feiertage, jemand scherzte, wenn der Krieg weitergehe, werde nächstes Jahr jeder ein Ferkel schlachten. Ich dachte naiv, wenn man solidarisch wäre, hätte man einen gemeinsamen nationalen Trauertag ausrufen können ... und ihn mit dem Verzicht auf das Heiligabendmahl begehen. Aber wie hätte das gelingen können!

29. Dezember Ich verstehe, dass Rysios Betreuer nicht wollen, dass er Kontakte zur Außenwelt pflegt, sie haben ihm wohl meine Briefe nicht gegeben. Sonst hätte er sicher geantwortet, die Erzieherin sagte mir, mein Besuch bei seiner Erstkommunion habe ihn sehr stolz gemacht – eine Dame, die für Kinder schreibt ...

Die »Rzeczpospolita« beschreibt die Mordmethoden bei den öffentlichen Hinrichtungen, [...] man verklebt den Delinquenten mit Gipsbinden den Mund, bindet ihnen die Hände mit Draht auf den Rücken und injiziert ihnen Betäubungsmittel, damit sie als Todesroboter, als ahnungslose Märtyrer ein letztes Mal dem Feind gegenübertreten. [...] Nach der Salve prüft ein Offizier mit dem Fuß das Resultat, wenn sich ein Opfer noch bewegt, gibt er ihm persönlich den Gnadenschuss; den Revolver bekommt er von einem Polizisten, dem er für diese Zeit seinen anvertraut. Der Tausch erfolgt zusammen mit dem »feierlichen« Ablegen der weißen Handschuhe, die zum Schutz der verbrecherischen Hände dienten. Der Henker trug ebenfalls Handschuhe.

31. Dezember Silvester. Ich habe 39 Grad Fieber. Allan kam mit guten Wünschen vorbei, er will Ela als Hilfe mobilisieren. Meine Schwester ist in Wielgolas, ich will nicht, dass man sie beunruhigt. Der Arzt sagt: Bronchitis.
Krankheit ist Gleichgültigkeit.
Detonationen aus dem Ghetto. Jemand sagt: Sie wollen ein repräsentatives Viertel errichten. Wie alle Geräusche schmerzen.
Die Bolschewiken haben unsere Grenze überschritten.
Starke Lungenentzündung.
Alle Plagen brechen über uns herein, als Strafmaßnahme wurde der Strom abgestellt, es gibt kein Gas. Fela ist zurück. Sie sucht nach einer Haushaltshilfe. Sie sagt: In der Literatur gibt es die *Verschwörung der Männer,* in der Realität – die Verschwörung der Dienstmädchen.
Die dankbare Ela kommt oft, sie heizt den Ofen ein, fegt, liest Józef Mirskis *Seele des Theaters*.

1944

Warschau, 17. Januar Wieder eine Exekution in Wola. Nicht mehr an der Hauswand, sondern über dem Rinnstein, damit das Blut direkt abfließt. Trotzdem tauchen die Frauen Tücher hinein. Man könnte eine Erzählung schreiben: *Die Rückkehr des Sohnes.* Das spare ich mir für Wielgolas auf. Ich fahre hin, obwohl dort ständig Gefahr durch Banditen droht. Es gibt keine Soldaten, keinen Schutz. Aber ist es hier denn sicher? Ich brauche das Land, das Essen; ich muss entweder zu Kräften kommen oder aber ... Nein, vorerst muss ich noch zu Kräften kommen.

Wielgolas, 4. Februar Die Wirkung des Ortswechsels. Die kleine räumliche Entfernung schafft gleichsam einen großen zeitlichen Raum. Warschau ist weit weg. Ich brach auf unter dem Eindruck des letzten Gesprächs mit Allan. [...] Ein Thema war Ela. »Sie kann weder um etwas bitten noch sich bedanken«, klagte der – Freund, Liebhaber oder Gelegenheitsgatte? »Man kann sich auf sie verlassen«, sagte ich, »sie lässt einen nicht im Stich.« »Ja, schon, nur mögen Literaten manchmal Worte mehr als Taten.« Er schaute verdrießlich. Für ihn gilt das ganz sicher, aber ich kehre – in Wielgolas – in frühere Zeiten zurück. Es erscheinen Menschen, deren Erinnerung in der Stadt schon verblasst. Sie erscheinen in merkwürdiger Folge. Manchmal sehe ich meinen Vater, sehr lebendig, auf dem Liegestuhl oder unter einer Kiefer. Mila taucht aus der Vergangenheit auf. Zynisch drängt sich die Formulierung auf, die ich damals nicht zu notieren wagte. Am Tag nach ihrem Tod: »Sie starb versehen mit den Sakramenten und durchlöchert von Spritzen.«

6. Februar Abendessen mit Polizisten. Man könnte sogar sagen – mit Gewehren. Aus Furcht vor einem Banditenüberfall. *Na strach wragom*[94] übernachten hier von Zeit zu Zeit Blaue aus Latowicz. Nicht alle sind Blaue. Sie haben zwei Aspiranten dabei, die Uniformen noch nicht in der vorgeschriebenen Farbe, die einen so schlechten Ruf genießt, aber Soldatenaugen erfreut. [...] Sie essen und trinken ... Ihre Gewehre lehnen an den Danziger Stühlen. Vor der Abreise hatte mir Fela gesagt, dass ein regelmäßiges gemeinsames Abendgebet im Esszimmer eingeführt wurde. »Und was hast du in der Zeit gemacht?« »Ich habe mir den *Psalm des Guten Willens*[95] vorgesagt. Ich denke in Gesellschaft manchmal an etwas anderes als an das, wovon geredet wird, also kann ich auch an der Andacht teilnehmen.« An den ersten beiden Abenden habe ich mich nach dem Essen diskret ins Foyer zurückgezogen. Gestern erklärte meine Schwester der Gruppe, die offensichtlich zum ersten Mal hier ist: »Es ist bei uns Brauch ...« »Natürlich, wir sind alle Katholiken ...« Damit nicht einer von ihnen denkt, ich sei keine Katholikin, was das ganze Haus in Verzweiflung stürzen könnte, habe ich mir aus einem Stuhl eine bequeme Kniebank gemacht und mir ebenfalls den *Psalm des Guten Willens* vorgesagt: »Aus unseren Seelen tilge das Böse.« Als mir danach keine Gedichte mehr einfallen wollten, habe ich mich an *Ich glaube an Gott* erinnert, das Julia zu praktischen Zwecken abgeschrieben hatte, die letzte Auswendiglektion ihres Lebens. [...] Den Text des Apostolischen Glaubensbekenntnisses habe ich nach ihrem Tod in ihren Papieren gefunden und mit ihnen aufbewahrt.

Nach dem Gebet gibt es neben dem normalen Bridgetisch einen zweiten, an dem der Herr Anführer, einer der Aspiranten und die jungen Leute 1000er Schnapsen spielen. Der zweite Aspirant blättert wie ich in einem alten Jahrgang der »Biesada Literacka«[96]. Er sagt vertraulich: »Um der Polizei zu entgehen, geht man am besten zur Polizei.«

Ich hörte einen glaubwürdigen Bericht über die Partisanenexpeditionen der Stoßbataillone der Volkskonföderation[97] [...] auf die andere Seite des Bug. Was war ihr Ziel? Ursprünglich der Kampf gegen die Deutschen, dann das gemeinsame Vernichten der Juden. »Unsere Einheiten haben sich salutiert, wenn wir uns begegnet sind.« Zwei kooperierende Armeen. Das Verhältnis zu den Juden, eine Erzählung: Im Wald stieß ein Partisanentrupp auf die einsame Hütte eines Malers [...]. Er freute sich über die jungen Leute, wusch ihnen die vom langen Marsch müden Füße. Sie erkannten, dass er ein Feind war. Was taten sie? Sie ließen ihn leben, er könnte noch einmal nützlich sein. Ein anderer Fall: Ein kleiner Trupp fasste zwei verdächtige Frauen ... Erschießen. »Ich hatte Angst, dass mein Freund den Befehl bekommen würde.« Zu ihrem Glück vollstreckte ein anderer das Urteil. Welch »ritterliches Handwerk«. Gegen unbewaffnete Überlebende zu kämpfen ist wie in ein Krankenhaus zu gehen und dem verwundeten Feind den Rest zu geben. Die Jungen können das, die Mädchen haben noch Skrupel. Den Fräuleins aus den besten Grundbesitzerfamilien gefällt das ungezwungene kameradschaftliche Leben, aber die Jagd auf Menschen stößt sie noch ab. Sie werden sich daran gewöhnen. In der Praxis haben sie die Lehren ihres Führers Bolesław Piasecki[98] noch nicht ausreichend verinnerlicht, in der Theorie teilen sie sicher sein antisemitisches Programm. Die ältere Generation dieses Lagers hat ein Antidoton, wenn nicht im Humanitarismus, dann in Gestalt jüdischer Freunde, guter Patrioten. Wie stellt sich diese Jugend das künftige Polen vor? Da sie an den Sieg der Alliierten glauben, propagieren sie wohl keinen heimischen Totalitarismus. Aber sie sehnen sich nach ihm. Nur fehlt ihnen der Mut, sie warten lieber den passenden Augenblick ab.

8. Februar Ich stürze mich auf Bücher, die ich zuletzt in Warschau nicht oder nicht richtig gelesen habe. Ohne Zeit zum Verdauen, Reflektieren. Stefan Zweigs *Erasmus* war das erste, das hier den Geist mit Stoff zum Nachdenken fütterte. Wie immer bin ich leider vom Allgemeinen auf das schmale Brett hinabgestiegen, auf dem ich stehe. Ich habe erkannt, dass ich heute eher ein Erasmus bin als ein streitlustiger Luther. [...] Die Krankheit hat den kritischen Sinn geschwächt. Vor einem Jahr habe ich die rebellische Hand erhoben. Kurz gesagt, ich forderte Geld für mich. Alle in Wielgolas haben welches, jeder Stallknecht und jeder Hausdiener schwimmt darin. Ich wollte Geld, weil ich leben wollte. Wohl vor allem für andere brauchte ich materielle Mittel. Ich hatte damals viel Energie, wollte handeln [...]. Heute fehlt mir die Kraft. Und wer weiß, vielleicht auch die Lust, in größerem Maße Gutes zu tun. Für mich selbst brauche ich nur wenig. Deshalb bin ich leidenschaftslos.

9. Februar Ich fürchte weder die nächsten noch die ferneren, geschweige denn die noch ungewissen Tage. Die Bedrohung durch Banditen raubt mir nicht den Schlaf, die Erinnerung an das Morden weckt keine Vorstellungen von möglichen bevorstehenden Leiden. [...] Ja, selbst die Frage, wie und wovon ich hinterher leben werde, bewegt weder das Herz noch die Gedanken. Dafür fürchte ich mich, und zwar sehr, vor anderem künftigem Unheil. Gelingt es den Deutschen, uns zu vernichten, bevor ...? Wird das neu erstandene, gesunde und kluge Polen die politischen Gegensätze versöhnen können? Vor allem, wie wird es die von den Feinden eingeimpfte Seuche unter Kontrolle bekommen – die Unehrlichkeit des alltäglichen und öffentlichen Lebens, [...] das Denunziantentum, die gegenseitige Hetze, die Niedertracht der Polen untereinander?

Hier laufen Deportationen zur Zwangsarbeit. Im kleinen Umkreis einer Gemeinde zeigt sich das Bild des ganzen GG. Die Reichen kaufen sich mit Schmiergeldern frei und wälzen die Last der Umsiedlung nach Preußen auf die Armen ab. Obwohl, wer weiß, ob nicht diese Menschen gerade dort überleben?

Heute sind ein paar Wehrmachtsoffiziere eingetroffen. Sie fragten nach den Baracken, die 41 den Hof umgaben. Sie ärgerten sich, dass sie auf deutschen Befehl abgerissen wurden. Heute würden sie gebraucht [...]. In Wielgolas soll eine Einheit von 150 Soldaten stationiert werden, die teilweise über das Dorf verteilt wird. Die Offiziere kommen ins Gutshaus. Sind wir also wieder Hinterland der Armee? Werden wir bald Frontgebiet? Nur die Geschichte wiederholt sich *à rebours* ...

10. Februar Die Nächte sind ruhig, die Polizisten, die noch einige Male da waren, versichern uns später, die größeren Banden seien liquidiert und die verbliebenen operierten auf dem Terrain der *Liegenschaften*[99] – eine patriotische Aufgabe. Bei uns laufen die Dinge schlechter, es wird viel geschossen. Die Deportationen im Kreis Mińsk dauern an [...].

Der Prolog besteht in der Erstellung einer Liste von Kandidaten (unfreiwilligen, versteht sich) durch die lokalen Behörden. Zu diesem Zeitpunkt kann man sich freikaufen, wobei ein Teil des Geldes an die polnischen Beamten geht, aber moralisch bestiehlt man seine Mitmenschen. Denn für jeden nicht auf die Liste Gesetzten büßt ein Ärmerer, weniger Geschickter oder auf sein Glück Vertrauender. Oder ein Pessimist, der es für sinnlos hält, dem Bösen entgegenzuwirken. Das geschieht gleichsam hinter den Kulissen. Die deutschen Behörden betreten die Bühne, wenn Menschen betroffen sind, die vorab von Vorstehern und Schulzen genannt wurden. Auch sie streichen die Protegierten von der Liste, aber für höhere Beträge und ohne offensichtlichen Schaden für andere.

Der erste Akt umfasst die Prüfung des Gesundheitszustands und der Familienverhältnisse, der zweite ist dramatischer, das ist die Deportation der für tauglich Befundenen. Weil überall ein großer Prozentsatz die feindliche Aufforderung missachtet, gibt es nach Abschluss des öffentlichen Verfahrens Strafexpeditionen gegen die Untergetauchten. Sie finden ganze Dörfer entvölkert vor, wählen einen beliebigen Bauernhof aus, brennen das Haus nieder oder verwüsten es, konfiszieren das Vieh, erschießen Hunde, Hühner und Schweine. Die beiden letzteren [...] Tierarten nehmen sie als Kriegsbeute mit [...]. Es kam vor, dass auf die Heimkehrer von einem solchen Raubzug – sie nennen es Justiz – ein Hinterhalt von zig gut bewaffneten Leuten lauerte. Es gab einen Kampf, Verluste auf beiden Seiten. Die frühe Dunkelheit schützte unsere Leute.

13. Februar Ein Gast aus Warschau. Mit der Nachricht: Die Salesianer aus der Siemca wurden verhaftet, ein Teil hingerichtet. Vielleicht baumelte einer von ihnen zusammen mit einem Zögling am Balkon (in der Leszno), weil auch die älteren Jungen mitgenommen worden waren. Ihr werdet nicht mehr singen ... Das deprimiert mich. Ich war mit dieser Einrichtung optisch und akustisch verbunden. Jetzt sehe ich deutlich, dass die Bindung auch emotional war.

14. Februar Ich komme nicht darüber hinweg ... Das Frühjahr wird kommen und ich werde nicht im Schatten der sin-

genden Jungen leben ... Ich werde nicht die Lichter in den Fenstern beobachten, deren unkompliziertes Spiel den Effekt der Music-Halls ersetzte. Ein Schüler soll sie denunziert haben, weil sie in ihren Arbeitsräumen Uniformen für polnische Soldaten fertigten, und in der Druckerei druckten sie ...
Wir sind schon bei der Landkarte Polens. Ein Flügel der Sowjetarmee marschiert nach Westen, hat den Bug erreicht. Der andere zieht Richtung Süden. Es heißt, Lwów könne jeden Tag fallen ... [...] Ich habe gestern die Schwägerin außerhalb der vorgesehenen Zeit inbrünstig beten sehen. Das war nach einem Bericht zur politischen und strategischen Lage, vorgestellt von einer jungen Person, die zur Erholung hier ist. Mein Herz krampfte sich mitfühlend zusammen ... Sicher bat sie Gott, dass er den Kelch noch einmal vorübergehen lassen möge, dass Wielgolas vom Sturm unberührt bleibe, vom neuen Feind verschont werde. Dass man nicht fort müsse ... Ich verstehe alle seelischen Prüfungen, deshalb ist mir in diesem Moment ihr Schmerz nah, fast mein eigener. Auch wenn ich keine Möglichkeit sehe, nicht einmal für Gott, das Schicksal zu wenden. Polen ist wieder zum Schlachtfeld geworden, die Niederlage Deutschlands wird sich hier ereignen, wo die ersten Siegesfanfaren erschollen. Oder es kommt heil davon. Dank der Schachereien der demokratischen Welt. Scheußlich das alles. Die Idee einer mitteleuropäischen Konföderation, die von Stalin als Bündnis mit den Tschechen ausgebeutet und in Bezug auf uns mit vorsorglichen Kommentaren versehen wird [...], ist ein listiges Manöver [...], dessen Gegenreaktion alliierte Kungeleien mit Deutschland sein könnten.

15. Februar Gestern haben wir zum Abendbrot einen wunderbaren halben Schinken gegessen. Allerdings mit Hilfe von drei Polizisten. Die Schwägerin sagte: Lieber die Polizisten als die anderen, das heißt sowohl die Banditen als auch die Bolschewiken.

17. Februar Das ländliche Sozialleben existiert noch, wenn auch in veränderter Form. Gestern Nachmittag kam Besuch aus der Nachbarschaft, ein Bauer aus dem Dorf und sein Bruder – Vikar der Gemeinde in der Tamka. Er erzählte überwiegend Bekanntes von der Verhaftung der Salesianer. Und er ergänzte ein furchtbares Detail, die Plünderung von Kirche und Heim, nachdem der Feind abgezogen war. Der Abschaum von Powiśle. Hinterher umstellten Gendarmen das Gebäude, die umliegenden Straßen wurden gesperrt, aber die flinken Diebe entkamen in die Stadt.

19. Februar Gestern war ein schwerer Tag für den Kreis Mińsk. Die Schupo schnappte auf der Landstraße von Latowicz einen polnischen Polizisten, der mit dem Fahrrad unterwegs war (ohne Nummer, welche Unachtsamkeit) und Befehle transportierte. Sie verpassten ihm eine ordentliche »Abreibung« [...], der Junge ließ andere »hochgehen«.

Es gab viele Verhaftungen. Die Opfer des Triumphs wurden ins nächste Dorf gebracht, wo die Gendarmerie residiert. Unter den Festgenommenen sind angeblich die ganze Intelligenz, Frauen, Kinder, Jugendliche, Ältere und Alte, etwa der fast neunzigjährige Dr. Hubert. Ich erinnere mich an ihn, er hat meinen Vater behandelt, beim letzten Mal kam er zu spät, fand ihn schon leblos vor ... Der Schmerz packte mich, ich fing an zu weinen ... Manchmal verkörpert sich im Unglück eines Einzelnen für uns das Übermaß des allgemeinen Leids. Was werden die Folgen dieser Katastrophe sein? Wird alle Arbeit in der Gegend eingestellt? Heute bekommen wir das »Biuletyn« vielleicht noch, aber morgen? Obwohl es verständlich, ja klug wäre, die Verteilung vorerst zu stoppen. Nach ihrem erfolgreichen Fischzug schwärmten die Gendarmen mit ihren Wagen ins Umland aus. Wen werden sie mit zurückbringen? Vor ein paar Tagen sagte jemand, während des Kutschera-Begräbnisses[100] hätte das niedergeschlagene und desorientierte Warschau die Ankunft der Bolschewiken herbeigewünscht. Und hier? Sind die Menschen bereit, sogar für das Gegengift? Mein Eindruck: Nein, die Widerstandskraft der Provinz ist größer, sicher sind auch ihre Interessen durch die Sowjets stärker bedroht als die der entnervten Städter, die nichts zu verlieren haben.

26. Februar Frage: Wer bleibt für das Morgen? Die immer bedrohlichere Antwort: die Wert- und Nutzlosesten.

2. März *Die Rückkehr des Sohnes.* Thema für einen Nachkriegsaufsatz. Der Schüler soll die Erzählung ergänzen. Anfang und Ende, die offen sind, mit lebender Materie füllen. Sonntagmorgen auf der Kierbedź-Brücke, aus Richtung Praga kommt ein LKW voller Männer gefahren. Ganz am Rand sitzt ein junger Bursche. Er beugt sich über die Bordwand. Wirft einer an der Kreuzung stehenden Frau einen Zettel vor die Füße. Sie kann ihn nicht aufheben, ohne auf sich aufmerksam zu machen. Sie wartet, bis der LKW weiterfährt. Aus Furcht vor böswilligen Augen lässt sie einen Umschlag auf den Zettel fallen. Sie hebt beides auf. Sie liest: eine Adresse, Straße, Haus- und Wohnungsnummer. Obwohl sie Wichtiges zu erledigen hat, fährt sie zuerst dorthin, nach Mokotów. Sie trifft einen verzweifelten Vater an: »Er ist heute Morgen aus dem Haus, ohne zu sagen wohin.« Rätselraten. »Hatte er illegale Drucke bei sich?« »Ich weiß nicht, sie sind heute so mutig.« »Vielleicht hatte er etwas zu erledigen?« Die vom fremden Unglück bewegte Frau lässt ihre Telefonnummer da: »Geben Sie bitte Bescheid, wenn er zurückkommt.« Am Abend der Anruf: »Gesund und munter.« Schreibe, wie es dazu kam. Wurde er freigelassen? Floh er? Schuldig, unschuldig? Ein Held? Ein Durchschnittsmensch?

5. März Manchmal fühle ich mich, als hätte ich einen Buckel. Es ist schwer, den Rücken gerade zu machen. Der Ballast so vieler Nachrichten lastet auf ihm. Koczorowski sagt, er hasse die Deutschen am meisten dafür, dass sie derartigen Hass gegen sich in ihm erzeugten. Ich hasse sie am meisten dafür, dass sie nicht nur in Bezug auf sich, sondern insgesamt so viele niedere Gefühle in den Menschenseelen weckten. Diese Saat wird bleiben, selbst, falls sie gehen. Warum habe ich nicht geschrieben – wenn sie gehen?

11. März Rita Rey hat geschrieben. Ich zitiere den Passus zum Tod von Konstancja Hojnacka: »Dieses Mal ist die Nachricht bestätigt. Die Arme wurde noch im November nach Oświęcim gebracht. Sie starb am zweiten Weihnachtsfeiertag. Und so endete dieses Leben tragischer, als alle vermuteten und als sie wohl selbst dachte. Sie wollte leben, ihre moralischen Kräfte waren unverbraucht, aber was hätte man bei ihrem Gesundheitszustand anderes erwarten können?«

12. März Nachbarn plündern Nachbarn. Auf dem Rückweg vom Spaziergang treffen wir auf der Landstraße den Kommandanten der Wache in Latowicz [...]. Er erklärt, sie könnten nicht zu uns kommen, jede Nacht würden zwei Überfälle gemeldet, hinzu kämen wohl zehn ungemeldete. Das seien Fälle, in denen die Geschädigten in den Tätern ihre Nachbarn erkennen: »Ich weiß genau, das sind seine Hosen.« Sie werden eingeschüchtert: »Geh ja nicht zur Polizei, du Sau. Dann kannst du was erleben!« [...] Diese entsetzliche Straflosigkeit des Bösen wirkt über das Heute hinaus. Wie werden diese Menschen später zusammenleben? Ein Bauer trägt lange dieselben Hosen. Ich denke laut, dann besprechen wir, wer über Nacht auf den Hof kommen könnte. Mein Bruder ist [...] nach Warschau gefahren, die Jungen sind zu jung [...], obwohl sie sich an die Gewehre drängen – wer Land besitzt, darf zwei haben. Józef ist zu alt, er hat zittrige Hände. Der Kommandant sagt: »Unter keinen Umständen auf den Hof lassen.« Wielgolas ist eine Festung [...], die unteren Fenster sind wie im Gefängnis vergittert, gut, dass ich im Obergeschoss schlafe, mit unverdeckter Sicht [...].

Nach einigen Stunden kann man selbst im Erdgeschoss ruhig schlafen, denn der Forstgehilfe ist gekommen. Ich denke nicht an die Banditengefahr, als ich zu Bett gehe. Auch an sonst keine. [...] Ich habe [...] eine innere Ruhe gewonnen, wie ich sie lange nicht kannte. [...] Wegen der Enttarnungen gibt es keine verlässlichen Nachrichten. Es kommt auch niemand aus Warschau. Man muss die momentane Stille in vollen Zügen nutzen, die Kraft der Ruhe sammeln. Tun, was ich in diesem Augenblick am besten und am liebsten tun kann. Lernen. [...] Das ist sicher naiv, aber solange wir leben, sollte uns nichts fremd sein, was uns Befriedigung verschafft. [...] Ich frische [...] verstaubtes Wissen auf, sortiere und ordne es im Gedächtnis, als hätte ich jahrhundertelang damit zu arbeiten.

16. März Man spricht von Selbstjustiz, Verräter müssten durch unsere Hand sterben. Der Junge, der Mińsk hat »hochgehen« lassen und *pro forma* auch im Gefängnis saß, ist getötet worden. Man hat ihm eine vergiftete Wurst geschickt. Der Zufall [...] wollte es, dass die Wurst auf dem Weg zu ihrer

Bestimmung einem »guten«, aber hungrigen Polizisten in die Hände fiel, der gerade müde seinen Dienst antrat. Er wollte sie später ersetzen ... eine Viertelstunde später war er tot. Dem Jungen wiederum widerfuhr nach seiner Entlassung Gerechtigkeit. Er erklärte, man habe ihn geschlagen, doch der Körper wies keine Spuren von Schlägen und Folter auf, weshalb man ihn hängte. Das berichtete gestern eine Frau aus der Gegend von Kielce.

Die Frau sagte mir auch: »Ich gehe nicht zurück, wie soll man leben nach dreißig Überfällen?« Zwar liegt die legislative und exekutive Gewalt in unserer Hand, doch werden den Gütern der *Liegenschaften* regelmäßig Vieh und Getreide geraubt. Man unternimmt nutzlose Expeditionen, jeweils 4000 Gendarmen begeben sich auf gefährliches Terrain, der Widerstand der gut bewaffneten Gegenseite ist groß. In einem Fall kamen den eingekesselten Partisanen die Kommunisten zu Hilfe, die in einem zweiten Kreis den diesmal gemeinsamen Feind einschlossen. Nicht immer gestalten sich die Beziehungen zwischen den politischen Parteien so idyllisch. Es gibt viele verschiedene Gruppierungen, was die Bevölkerung zermürbt, insbesondere die Bewohner der Höfe nach einem Dutzend nächtlicher Besuche diverser Fraktionen samt der notorischen Banditen und der Gendarmen, die als Partisanen getarnt zur Kontrolle erscheinen – wie empfängt man sie wohl? Die Nerven sind dieser Anspannung nicht gewachsen. Die Bürger verlassen ihren Besitz und fliehen wenigstens in die nächste Kleinstadt. Bei Lublin verhindern die Bolschewiken die Frühjahrsarbeiten, indem sie Pferde requirieren. Hier gehen die Dinge noch ihren normalen Gang. Für wie lange? Gestern war der Etappenhauptmann hier, der für die Rekonvaleszenten zuständig ist, die er den Gutshöfen als Wachen zuteilt – [...] es komme nicht in Frage, dass Wielgolas oder ein anderes Gut eine Besatzung erhalte. Nur die Brennereien müssten sicher geschützt sein. Schnaps ist also wichtiger als Brot? Ein schlechtes Zeichen für sie, ein gutes für uns. Alles für die Front. »Ich fühle mit Ihnen, aber was ist die Furcht vor Banditen gegen das, was mein Volk erleidet?« Ein Deutscher alter Schule und daher Optimist. Er sagte, nach dem Krieg werde er wiederkommen und seiner Frau zeigen, wo er – übrigens recht ordentlich und unparteiisch – gearbeitet habe. Er klagte über sein Magenleiden, das dringender Behandlung bedürfe. Doch derzeit könne man keinen Urlaub verlangen, auch gezieme es sich nicht. Alle Anstrengung müsse dem Sieg gelten, der unweigerlich bevorstehe. Mit dieser – wieder optimistischen – Floskel beendete er das Gespräch. Bewusst? Er verwendete sie, um seine Untergebenen aufzumuntern. Der Fahrer und zwei Soldaten saßen nämlich mit am Tisch.

9. April Ein langer einsamer Spaziergang, sicher der letzte für dieses Mal in Wielgolas. In meiner Jugend ging ich diese Wege erfüllt von Träumen. Heute von Gedanken. Wie glücklich ist das Alter, wenn die Toten – nur Erinnerung sind.

Warschau, 13. April Ich beginne mit den letzten Akkorden meiner Wielgolaser Gedanken. Eine wunderbare Szene vor der Abfahrt: Im Foyer spielen sie Siebzehn und Vier [...]. Polizisten, Bürger, der Vizestarost. Er sagt: »Fehlt nur noch der Priester, ein Provinzpfarrer, dann wären wir eine ganz normale Runde von Vorkriegsreaktionären.«
Bald haben wir ein neues Familienmitglied, Arzt von Beruf, Politiker von Geburt.[101] Ein dicker Fisch. Inbrünstig kniet er beim Abendgebet – ich muss sagen, mich hat diese Andacht gegen Ende meines Aufenthalts sehr gelangweilt, nicht nur persönlich, wegen des Teilnahmezwangs [...]. Auch ideell – die

Dummheit dieses Brauchs ist schwer zu ertragen. Wie kann man fremde Gefühle vergewaltigen, nicht jeder, der auf dem Hof zu Gast ist, muss deswegen fromm sein, und zudem ist das gemeinsame Knien und Beten, ja Flehen [...] um Gnade für uns Sünder ein geschmackloses Intermezzo zwischen Abendbrot [...] und Kartenspiel mit recht riskanten Einsätzen ... Nun, dieser künftige [...] Funktionär und Ehemann meiner Nichte fährt mit einem riesigen Buch zum Gottesdienst. Ein leibhaftiges Messbuch. Noch nie in meinem Leben habe ich ein so dickes Buch in der Hand eines Laien gesehen. *In quarto.* [...] Ich sehe einen Zusammenhang zwischen dem Bedürfnis nicht nur nach dieser Art des Glaubens, sondern auch seiner demonstrativen Zurschaustellung, und dem Programm seiner Partei, dem früheren ONR, jetzt Volkskonföderation. Ein jagiellonisches Polen![102] Auch damals verfolgte der lateinische Katholik Wort für Wort den Rhythmus des vom Priester dargebrachten Messopfers. Ein slawisches Polen – in ihren Liedern heißt es nicht: polnischer Himmel, polnische Erde, sondern slawischer Himmel, slawischer Boden. Himmel klingt besonders lustig. Denn die Grenzen sollen an der Oder liegen. Denn [...] unter dem geistigen Zepter Piaseckis wird sich das gesamte von unserer Intoleranz und unserem Imperialismus beglückte Slawentum vereinen. [...] Hirngespinste, erstaunlich, dass ein vernünftiger Mensch daran glaubt. Doch ein Arzt, der jeden Buchstaben der Messe ernst nimmt, mag wohl auch eine Chimäre herbeisehnen [...]. Dass die kleine verrückte Nichte in ihn verliebt ist – kein Wunder, »sie spinnt konspirativ herum«.

15. April Die ersten Warschauer Eindrücke. Die aufgeschnappten Gespräche klingen sympathisch. Eine Frauenstimme hinter mir: »Ich habe kein einziges Stück Hering erwischt ... Alles, was ich auf die Gabel bekam, waren entweder

Zwiebeln oder dicke Soße. Furchtbar.« Ich gehe langsamer, damit sie mich überholt. Ich kann mir nicht vorstellen, wer da einem verpassten Leckerbissen nachtrauert. Mich passieren eine elegante Dame und ein eleganter Herr. Sie haben keine anderen Sorgen ...

Neuer Schmuck für Warschau. Große Wegweiser zum Adolf-Hitler-Platz. Auf der ganzen Nowy Świat und Krakowskie Przedmieście, selbst am Kopernikus-Denkmal.

Ein anderes Paar: »Du kommst nicht zur Modenschau?« »Nein, ich habe etwas anderes vor.« Es gibt also noch Modenschauen?

19. April Vor den Kopf geschlagen. Das Ausdruck passt heute nicht, wir sind abgehärtet, tragen einen Stahlhelm, es dauert, bis eine Nachricht in ihrem ganzen Grauen ins Gehirn eindringt. Gestern Nachmittag berichtete man mir, dass Maria Wysznacka mit Mann und Tochter verhaftet wurde. Der erste Reflex war, herauszubekommen, unter welchen Umständen, zu fragen, wer sich um sie kümmert, Pakete zu organisieren. Ich ging zu ihrer Wohnung – aus der schönen alten in der Klonowa, die sie vom Honorar für ihr Volksschulgeschichtsbuch gekauft hatte, waren sie ausquartiert worden und zu Bekannten in die Tamka gezogen. Niemand öffnete, obwohl ich lang und laut klopfte, im Schlüsselloch steckte ein merkwürdig verdrehtes Stück Draht. Ein Zeichen der Gestapo? Der Hauswart war nicht da. Die junge Frau, die ihn vertrat, konnte – oder wollte? – nichts sagen. [...] Erst abends im Bett dachte ich über die Lage der Unglücklichen nach. [...] Maria, die munter im Sessel sitzt und das Neue vom Tage referiert, wie fast täglich vor meiner Abreise. Dieses Bild stand mir eine ganze Weile vor Augen, ehe ein ganz anderes, aktuelles erschien. In den letzten Wochen wurden so viele Bekannte verhaftet, dass man keine Kraft mehr hat, für die eigene Freiheit zu kämpfen. [...]

Es wird leer um uns, ständig verschwindet jemand gegen seinen Willen. Wer bleibt? Die allgegenwärtige rhetorische Frage bekommt immer größere konkrete Bedeutung.

22. April Sie bitten ständig um Trost, und sei er gelogen. Dass der Krieg bald endet, dass sie gesund und heil davonkommen, dass ihre Nächsten aus dem Gefängnis oder dem Lager zurückkehren. Ich habe diesen Zug – das Bedürfnis nach derartigem Rückhalt – beim Doktor bemerkt, bei Zuza, bei Maria. Früher bei Józef Mirski und Luna.

23. April Warschau wird zur Frontstadt. Auf vielen Häusern sitzen MG-Nester. Spanische Reiter schützen die deutschen Gebäude. Verhaue aus rotgoldenem Stacheldraht bedecken, warum auch immer, einzelne Straßenvorsprünge. Jeder freie Platz wird genutzt, sie bauen Tiefbunker, man kann hineinschauen, ein Grab für viele Personen. Die Wegweiser, deren Zweck ich kurz nach meiner Rückkehr nicht begriff, [...] zeigen die Richtung an, in die obdach- und besitzlos Gewordene vor Feuer und Bomben flüchten sollen.
Das »Biuletyn« erinnert in seiner jüngsten Nummer an den Jahrestag des letzten Kampfs im Ghetto [...]. Noch immer hört man, dass Schlupflöcher enttarnt werden, in denen sich Juden verstecken. Der polnische und christliche Standpunkt gebietet es, den verbliebenen Juden zu helfen. Die Unglücklichen. Vor ein paar Tagen wurde in der Browarna ein armer Schlucker entdeckt. Der Wohnungsinhaber, der Hauswart und einige andere Personen wurden ebenfalls mitgenommen. [...] Die Leute in Powiśle empören sich: War es das wert, zehn Polen für einen Itzig? Die Frage, ob etwas »das wert« ist, stellt sich heute nicht mehr, denn die Entscheidung hängt von nichts ab als von ihrem bösen Willen.

26. April Uns ist gar nicht bewusst, wie sehr die Stadt nicht mehr unsere ist. Ganze Bezirke wurden den polnischen Füßen entzogen. Nach der Befreiung werden wir das unbekannte Warschau besichtigen. Ich werde ein Feuilleton schreiben: *Dans une ville inconnue.*

28. April *À qui le tour?* Eigentlich müsste man immer noch fragen, wer jetzt an der Reihe ist. Jeden Tag hören wir nämlich von neuen Katastrophen [...]. Wenn ich die Mauern der Stadt sehe, die mit dem Anker aus dem Buchstaben »W« und dem daraus hervorwachsenden »P« übersät sind, denke ich: Immer weniger Hoffnung, für die Polen kämpft.[103]

Flucht ins Helle ... Ich komme nach Hause zurück, nehme mir ein Buch ... Wenn ich hinzufüge, dass ich in einem bequemen Sessel sitze und dazu Konfitüre esse, wird man mich für einen egoistischen Snob halten. Aber ich brauche es und gönne es jedem.

Es ging das Gerücht um, die Patrouillen auf den Straßen kontrollierten ihre Opfer anhand mitgeführter Listen. Ein Märchen. Andere Listen sind schlimmer. Es gab wieder eine Enttarnung, eine Liste von 200 Personen, wie man sie vor einem Ball macht, um die Einladungen zu verschicken. *A Satana tam wodit bal.*[104] Auf Grundlage der – immerhin chiffrierten – Namen und Adressen startete eine nächtliche Fahndung. Zum Glück im Unglück konnte man die Betroffenen rechtzeitig warnen, viele flohen aus ihren Wohnungen. Eltern begründeten die Abwesenheit von Tochter oder Sohn so: Wir haben gestritten, da ist er fortgegangen. [...] Ein Jagdtrupp hörte immer wieder dieselbe Ausrede. Am Ende lachten sie nur noch: »Das sagt man uns jetzt zum siebten Mal.« So eine Jagd muss langweilig sein, denn nachdem sie lange gebraucht hatten, um in einer kleinen Gasse die richtige Wohnung zur gut chiffrierten Nummer zu finden, glaubten sie dem Hauswart aufs Wort, dass diese oder jene Herrschaften nicht zu Hause seien. In der Tat, sie hatten ihre Odyssee schon angetreten.

30. April Es gibt also Dinge und sogar Personen, die von guten Geistern behütet werden. Maria zum Beispiel. [...] Der letzte Sonntag stand in Warschau unter dem Motto: Finde das Auto. Ein Panzerwagen war gestohlen worden und spurlos verschwunden. Es begann eine groß angelegte Suche, man durchkämmte Garagen und selbst altmodische Remisen. Unweit des Plac Teatralny steht ein Haus mit vielen Innenhöfen. Im letzten wohnt sie. Sie ging morgens zur Kirche, bei der Rückkehr sagte man ihr: Es waren Gendarmen da, sie haben unser Hinterhaus umstellt. Sie waren durch die Wohnungen gegangen, hatten die Remise durchsucht. Einst standen dort herrschaftliche Fahrzeuge, jetzt waren die Tore verschlossen – und das Innere leer. Wie sich glücklicherweise herausstellte. Glück auch, dass es in Abwesenheit der Person geschah, die sich nicht nur panisch vor ihnen fürchtet, sondern auch meinte, sie seien ihretwegen gekommen.
In Wielgolas hat sich die Lage seit meiner Abreise verschlechtert. Mein Bruder ist krank. In den letzten Tagen kommen sie nicht zur Ruhe. Die Gendarmerie wurde aus Latowicz abgezogen. Aufs Schlachtfeld? Die Polizei kommt nicht, weil sie vor Ort für Ordnung sorgen muss. In der Nacht nach dem Abzug der Lumpen übte man Selbstjustiz an den Gefährtinnen ihrer erotischen Spiele. Einigen Frauen wurde der halbe Kopf geschoren. Mittelalterliche Praktiken, nun ja. Wir sind in die Epoche des Kannibalismus eingetreten, nach kurzer Hoffnung, dass der Humanitarismus regieren werde. Eine ganze Familie von Denunzianten wurde ermordet.

5. Mai Gestern habe ich erfahren, dass Konstancin zügig ausgesiedelt werden soll … Wo finden die Personen Zuflucht, die … Und der »naive Doktor« fragt per Brief, ob ich nicht in der Nähe ein Zimmer für ihn finden könnte.

6. Mai Eine junge Frau erzählt, dass Karol Irzykowski in den Handelskursen, die sie besuchte, eine Vorlesung gehalten hat. Die Jugend musste das Abitur machen … Oder beinahe, weil Krieg ist. Sie hätten den Professor ausgelacht, weil er stotterte und sie als Pöbel beschimpfte (wie sich in der Folge herausstellt – zu Recht). Aber er sei gut gewesen, habe mild benotet. Ich frage, ob sie nicht gewusst hätten, dass er ein gelehrter Schriftsteller ist. Sie meint, die meisten hätten es nicht gewusst. Was hätte es sie auch interessiert? Sie selbst denkt anders, trotzdem erlege ich ihr als Buße für die Kameraden auf, *Pałuba*[105] zu lesen. Als ob es nicht genug wäre, dass er Kurzschrift lernen und trotz Alter und Krankheit arbeiten muss, hat er es obendrein mit literarischen Ignoranten zu tun. Das ist schrecklich. Möge dafür eine gescheite Leserin das *chef d'œuvre* des Meisters – nicht nur der Stenographie – in die Hand nehmen.

8. Mai Tod im Garten. Wie poetisch. Mitnichten. Am Samstag gab es einen Anschlag in der Polna […]. Die Attentäter wollten fliehen. Vor ihnen lag das Mokotów-Feld. Kein schützender Wald, kein Fluss, der den Verfolgern den Weg abschneidet. Einfach eine freie Fläche, also nahmen sie die Beine in die Hand. Doch auf dieser Fläche befinden sich heute Gärten, und viele Menschen nutzten das schöne Samstagswetter für Frühlingsarbeiten. Ganze Familien waren gekommen. Als die […] MGs losfeuerten, suchten die Kugeln nicht nach »Schuldigen«, sondern konnten wahllos jeden treffen. […] Es soll elf Tote gegeben haben [...]. Ihr Blut versickert teils in der wohltätigen Erde. Sie hätte sich allein von Regen nähren sollen, aber hier und da sättigt sie sich mit Menschenblut. [...] Doch wer Blut sät, wird Blut ernten ...

Il faut quitter les choses un peu avant qu'elles nous quittent.[106] Hat Anatol France das gesagt? Ich habe den Satz irgendwo zitiert und wohl auch die Quelle genannt, aber jetzt erinnere ich mich nur an die Worte, nicht an den Autor. Ähnliches sagt auch André Maurois, hier bin ich mir sicher, denn ich habe es gerade gelesen, nur finde ich die Stelle im Original nicht, darum in Übersetzung: Die Dinge besitzen, aber nicht zulassen, dass sie uns besitzen. [...] Ich habe mich nie als Sklavin gefühlt. [...] Alles, was ich einst hatte, habe ich auch heute noch. Was ich in der Erinnerung wiederfinde, Dinge, Kleider, Kleinigkeiten, kann ich wieder besitzen [...]. Ebenso alles, was in der weiten Welt ist oder war, manche der gesehenen Kunstschätze existieren ja nicht mehr. Ich habe es mit meinen eigenen Sinnen erlebt, deshalb ist es weiter mein Eigentum. So denkt und empfindet auch André Gide. Zuza nennt das Kommunismus. Sie will alles unbestritten für sich haben. Deshalb trauert sie ihren verlorenen Beständen hinterher, kann sich nicht damit abfinden, dass jetzt jemand anderes sie besitzt. [...] Auch mir tut es leid um ihre Büchersammlung, die [...] Erinnerungsstücke, die von den Deutschen aus der Krakowskie Przedmieście geraubt oder von den Personen, denen sie anvertraut worden waren, gestohlen wurden. [...] Doch in ihr ist etwas von Gier, von Ausschließlichkeit. [...] Sie kann nicht loslassen, was fortmusste und jetzt keinen Wert und keine Bedeutung mehr hat. Doch mindert das ja weder das Gewicht, das es für sie hatte, noch die Freude, das Glück, das war und wiederaufleben kann – in der Erinnerung.

Die Trunksucht; ich habe diese Plage unserer Zeit mehrfach

erwähnt. Der »Biuletyn« meldet […], dass eine große Enttarnung durch den Chef einer Einheit, einen Trinker, verursacht wurde. Eine scheußliche Sache, aber auch die Schuld seiner Vorgesetzten, die den Mann gewähren ließen, der an sich unschuldig war und doch eine Namensliste entwendete […]. Die Folge waren Verhaftungen, Flucht, Sorge und Tod.

11. Mai Am Samstag erschien eine »Sonderbeilage«: Deutschland hat Schweden besetzt. Die Sache ähnelt in jeder Hinsicht der Einnahme Gibraltars letztes Jahr. Das Format ist dem »NKW« täuschend ähnlich […]. Ich denke aber nicht, dass sie aus demselben Verlag kam … Sie hätte gleich in der Nähe gedruckt worden sein können … Sie bringt eine Verlautbarung und eine Übersicht über die Kapazitäten unserer Armee zu Lande, zu Wasser und in der Luft. Sie war auch noch einen Tag später zu haben, abends kaufte jemand ein Exemplar für 40 Zloty, nach langem Feilschen, der Zeitungsjunge wollte 100. Jemand regte sich auf, es werde genauso kommen wie im Vorjahr, die Verkäufer würden in die Mangel genommen … Alle werden jeden Tag in die Mangel genommen … Gewollt oder ungewollt, ob sie etwas riskieren oder nicht …
Einer jungen Frau, die schon viel durchgemacht und auf sehr merkwürdige Weise weite Strecken zurückgelegt hat, teils sogar in einem deutschen Auto, empfehle ich, sie solle ihre Taten aufschreiben […]. Sie muss liegen – eine Folge des Aufenthalts in feuchten Gebieten, vielleicht wird sie lange ans Bett gefesselt bleiben, statt mit einem Revolver am Gurt durchs Land zu ziehen. Sie ist aus der Bahn geworfen, ich spüre es und sie sagt es selbst. Sie will nicht schreiben, später vielleicht … Jetzt will sie erst noch – leben. Ich erkläre ihr, dass es nichts Trauriges sei, sie dürfe meinen Rat nicht als Aufgabe der aktiven Haltung zugunsten des Schreibens missverstehen und nicht denken,

Dantes Wort »Kein andrer Schmerz ist größer ...«[107] gelte für sie. Es sei nur eine *peredyschka,*[108] um die Zeit nicht mit traurigen Gedanken zu vergeuden. [...] Die Tage verrinnen schnell, es kommen immer weniger Gelegenheiten zum Ruhm, zu großen Abenteuern vor allem ... Vielleicht wäre mir in ihrem Alter die Weitergabe meiner Erlebnisse ebenfalls noch zu wenig, vielleicht würde auch ich lieber weitere Vorräte ansammeln – für die Zukunft, die dann von der heutigen Ernte zehren wird.

12. Mai Ich bin verbittert nach Hause gekommen. Wieder bin ich schwankenden Trinkern begegnet. Sie konnten nicht einmal mehr im Zickzack laufen. Obwohl es Mittag war, an einem Werktag. [...] Gesang besserte meine Laune, der Chor von gegenüber erfüllt mühelos den kleinen Raum der Lipowa. Ich bin wieder in der Sphäre der singenden Jungen. Das Gerede, dass unter den Gehängten in der Leszno auch Salesianer waren, erwies sich zum Glück als falsch. [...] Nicht nur *vis-à-vis* wird gesungen, sondern in ganz Powiśle. Eine Litanei zur Muttergottes, »auf dass sie sich unsrer erbarme«. In unserem Hauseingang wurde mit Blumen ein kleiner Schmuckaltar hergerichtet. Ich musste meinen Groschen zum Blumenkauf beisteuern. In normalen Zeiten hätte mich dieser Brauch zu nichts verpflichtet. Was soll's, hätten die Leute gesagt. Heute jedoch bedeutet Standfestigkeit gegenüber dem »Pöbel« nicht nur eine individuelle Bedrohung. Sie kann die ganze Wohnung in Gefahr bringen. Ich habe deshalb auch im Namen der abwesenden Fela (in Wielgolas) gespendet [...] ... Was für Zeiten, in denen der Mensch den Menschen fürchtet. Sogar den Landsmann.

Jetzt kommt mir der Gedanke, dass öffentliches Beten in ganz Warschau die Bolschewiken überraschen dürfte. Mehr noch, sie sähen in diesem offenen Kult eine Gefahr für die UdSSR.

Sie würden ihn verbieten, das Volk würde von Wut gepackt, eine Welle der Empörung liefe durch das Land: Die Deutschen waren besser, sie zeigten Respekt ...

17. Mai Ein Besucher aus Lwów berichtet von Panik unter den Deutschen. Als einmal zwei Panzerwagen, bolschewistische oder auch nur polnische, auftauchten, hätten alle gleich das Weite gesucht. Am Samstag hieß es, ab Montag herrsche hier Alarmbereitschaft, weil sie Unruhen von unserer Seite fürchteten oder selbst welche provozieren wollten ... Im leichtgläubigen Volk kursieren Gerüchte, nach denen Warschau von Banden (welchen?) eingekreist sei, der Ring ziehe sich zusammen, also kein Wunder ... Andere wiederum meinen, die PPR[109] werde die Stimmung für sich nutzen. Nichts dergleichen, das eine wie das andere sind leere Vermutungen, man sieht bloß, dass die Deutschen die Hosen voll haben. Die Beamten sind nicht in die Büros gegangen, die für die Öffentlichkeit geschlossen wurden, obwohl die Polen den ganzen Tag auf ihrem Posten bleiben mussten. Vielleicht ging es darum, den gefährlichsten Teil der Gesellschaft festzusetzen. Dasselbe geschah nämlich auch in den Fabriken. Auch im Außengelände sind die Abwehrmaßnahmen offensichtlich, sie bereiten sich heldenhaft auf den Kampf vor. So wurden im Skaryszewski-Park Sträucher entfernt, in denen sich der Feind hätte verstecken können, ich selbst habe im Ujazdowski-Park gelichtete Hecken gesehen [...], als ich mit der Tram ohne Zwischenhalt über die Aleje zum Plac Unii Lubelskiej fuhr. Zurück ging ich zu Fuß, wobei ich zwei Mal meinen *Ausweis* zeigen musste. Sie kontrollierten alle mit einem Ernst, der einer größeren Sache würdig gewesen wäre. Der blühende Flieder wurde gerodet. Einzelne Exemplare sind übriggeblieben, doch die grüne Wand, die bis an die Straße reicht, ist jetzt sehr viel dünner, man sieht alles hindurch. [...] Am Montag hat man kaum Deutsche auf der Straße gesehen, gestern waren sie nur in größeren Gruppen unterwegs, Autos mit Militärs brausten vorbei, als transportierten sie einen wichtigen *Befehl*. Die unheimliche Stimmung wird verstärkt vom Wetter, an einem Tag ist es sehr warm, fast heiß »mit der Möglichkeit von Gewittern«, wie es das Radio sagt, am nächsten Tag liegt die Stadt plötzlich in herbstlichem Nebel. In der Tat unheimlich ... Doch weder die Gerüchte noch die Deutschen vermochten auch nur die kleinste Regung auszulösen. Wenn es Vorfälle gab, dann einzelne und bloß verbale. Ich hörte, wie sich in der Tram eine Frau aufregte. Noch am Morgen habe die Bahn hier gehalten, und jetzt fahre sie direkt zum Plac Unii, erklärte ein Mann. Also »alle Nase lang was Neues« [...]. Ich musste innerlich lachen, als sie ausrief: »Sie sind verrückt geworden, wirklich verrückt, jetzt kann ich den ganzen Weg zurücklaufen.« Solche Kommentare gab es sicher zu Tausenden. Erstaunlich, dass dies so offen ausgesprochen wurde, wo doch der Mensch den Menschen fürchtet ...

18. Mai Ich fühle mich körperlich gut, geistig stark. Glücklicherweise gibt es keine Ereignisse, die den Kopf beanspruchen. Die Türen wurden vor Europas Schreien zugeschlagen. Die einzigen Kriegsbulletins sind die lokalen Verlautbarungen, von denen es im »Biuletyn« immer mehr gibt. Ich kann mich daranmachen, über die Toten zu schreiben. Ich würde sie gern lebendig porträtieren.

19. Mai Der Kampf mit der Dummheit menschlicher Einfälle. Maria Mirska will mich unbedingt dazu bringen, zur Beichte zu gehen. Natürlich zum Priester Zieja. Obwohl ich mich wehre, erst lachend, dann wütend. [...] Der Doktor schreibt: »Ich wage nicht, Dich zu bitten, aber wenn Du nach der Kleinen schauen könntest (am Sonntag, wenn sie zur Kirche geht – sie werden ja sicher hingehen). Wie sie aussieht. Ich wäre sehr froh darüber.« Und ich bin ganz und gar nicht froh darüber, dass ich nein sagen muss ... Von der Naivität des Plans ganz zu schweigen, meine Augen, die unbekannte Zeit des Gottesdienstes [...], die romantische, aber ermüdende Fahrt ... Was sich diese armen, der Einsamkeit überlassenen Köpfe nicht alles ausdenken.

Ich habe das Tagebuch vom Jahresende geordnet, um es ins Versteck zu legen. *Fa presto* ist jetzt das Prinzip. Ich habe zu viel geschrieben, alles für unverzichtbar gehalten. Das macht den Wert des Dokuments aus ... Obwohl, nein, es gibt viele Fehler, aus Mangel an Zeit und Möglichkeit zur Überprüfung. Selbst für einen Essay sind die Umrisse zu verschwommen, es fehlt die Kontur. [...] Man müsste es überarbeiten, umschreiben, die sprachliche Form bestimmter Themen perfektionieren. Doch dafür sind mir meine Augen zu schade. Mag es bleiben, wie es ist. Manchmal denke ich, wozu die Mühe ... Die Flut des Vergessens wird dich verschlingen ...

23. Mai Nicht die Untergrundpresse entwickelt sich, wie bis vor kurzem noch, sondern die Untergrundliteratur kommt neuerdings ganz normal in Umlauf. Manche Verleger kaufen Bücher für die ungewisse Zukunft ein. Das sind Feiglinge, die Geld machen wollen und in der Hoffnung auf späteren Profit billige Zloty in bisweilen gute Manuskripte investieren. Die in jeder Hinsicht mutigeren Idealisten drucken heute und bringen die von ihnen verlegten Werke in Umlauf. [...] Das illegale Schrifttum zirkuliert ungehindert, Kenner sagen, die Deutschen interessierten sich nicht dafür. Es zählt die Tat, das Wort macht ihnen keine Angst mehr. Ähnlich ist es im Schulwesen, in einer Einrichtung sollen in diesem Jahr 60 Mädchen Abitur gemacht haben. Ein Rekord, den keine Vorkriegsschule erreichte. Fraglich ist nur, was sie wirklich gelernt haben.

29. Mai Wer sich zur konspirativen Arbeit meldet, sollte eine psychotechnische Prüfung ablegen müssen. Denn wenn ein Tramfahrer scharfe Augen, Geistesgegenwart und gewiss noch anderes nachweisen muss, wie kann man dann für den Untergrund Menschen ohne Orientierungssinn und Gedächtnis auswählen, die Namenslisten ihrer Vorgesetzten oder Untergebenen brauchen? [...] Es gibt immer wieder Enttarnungen infolge mangelnder Vorsicht von Verschwörern, die sich ihre Kameraden *en toutes lettres* notieren. Priester Staś ist in Ungarn aufgeflogen, was bei uns zur Verhaftung meiner Cousine und ihres Mannes führte. Mir war unbegreiflich, warum er sich die Nummer notiert hatte, wo ihm doch Telefonbücher zur Verfügung standen. Eine Erklärung, aber keineswegs eine Rechtfertigung, ist das, was man von ihm erzählt: In Warschau fuhr er Kutsche, weil er die Tram nicht benutzen konnte, er hätte die Straße nicht gefunden ... Also hätte er wohl auch im Telefonbuch die benötigte Nummer nicht zu finden vermocht. Obwohl er ein Gelehrter war, von den Jesuiten protegiert als einer, der für den Orden Großes leisten kann ... Er hätte die Prüfung garantiert nicht bestanden, der Test hätte den Kandidaten kompromittiert. [...] Dieser bekannte Fall ist für mich ein Symbol. Auch das »Biuletyn« kritisiert immer öfter und immer schärfer den Leichtsinn der Großkopferten in kleinen Dingen. [...] Fast fünf Jahre Untergrundarbeit haben die Spezialisten nicht besser werden lassen, sondern im Gegenteil gezeigt, wie viele Unfähige es gibt. Und wie viele Menschen mit bösen Absichten. Doch das ist ein Kapitel für sich.

1. Juni Keine Offensive. Außer man zählt die Offensive gegen Warschau mit. Am zweiten Pfingsttag wurden mit mehreren Polizeiautos Menschen vom Strand weg abtransportiert. Überwiegend Frauen. Gezielt? Sie trugen Shorts und enge Badeanzüge, ob ihnen gleich eine Bestimmung zugewiesen wurde? Auch Kanuten entgingen dem bösen Schicksal nicht, wer floh, wurde eingeholt, wer sich wehrte, den versuchten sie ins Wasser zu werfen. Die Expedition war sowohl gut geplant als auch perfide. Denn vor ein paar Tagen hatte eine Bekanntmachung junge Menschen ermuntert, in Sportvereine einzutreten. Es lockten ermäßigte Eintrittskarten für Schwimmbäder etc. Manche finden in diesem Fall noch eine psychologische Rechtfertigung: Die Deutschen kämpfen, im wörtlichen und übertragenen Sinne, und Warschau vergnügt sich. [...] Ich bin in die Skaryszewska gegangen, wo die Gefangenen festgehalten werden. Alles geht sehr schnell. Von der ärztlichen Kommission, ab der es kein Zurück, das heißt keinen Freikauf mehr gibt, bis zur Deportation dauert es wenige Stunden. Die Kommission wiederum arbeitet rund um die Uhr.

2. Juni *L'âme de la France c'est une belle chose, mais c'est plus fort que moi*[110] – sagte ein Unbekannter, der neben mir auf die Tram wartete. Eigentlich war es die Fortsetzung eines Dialogs. Ich hatte schon vorher gedacht, er müsse ein zum Hungerleider verkommener früherer Herr sein. Die Haut hing schlaff an den vorstehenden Wangenknochen, die Schultern waren gebeugt, jedes Stück seiner Kleidung stammte von einem anderen Anzug. Ein Bild des nahen Endes, er erklärte, er sei *croyant*, fürchte nicht den Tod, sei aber unsicher, was danach komme, und ihn schrecke das Präludium. Warum ein Gespräch auf Französisch? Ganz selbstverständlich, der Ex-Gutsbesitzer aus Winnica in Podolien beginnt jede Konversation so. Er hatte schon *pod stenkoj*[111] gestanden, später kämpfte er dann im Krieg gegen die Bolschewiken. »Für euer und mein geraubtes Gut.« Sein Groll gegen die Bolschewiken ist offensichtlich so stark, dass er sich berechtigt fühlt, im reservierten Abteil zu fahren.

6. Juni Żyranik ist aufgetaucht, wie eine Zeitlang jeden Montag. Nach mehrmonatiger Abwesenheit. Er war länger in Lwów. Er musste sich vor der Polizei aus dem Staub machen, buchstäblich, wie nur er es kann, denn nachdem er seine Kennkarte verloren hatte, hatte er sich unbedacht eine gefälschte unter demselben Namen besorgt. Die Überprüfung erbrachte kein gutes Ergebnis. Der Wachtmeister kam ins Asyl, um ihn zu verhaften. Er täuschte die Wachen und entkam. Wie, kann ich mir nicht richtig vorstellen. Aber auch seine frühere Flucht durch den Wald ist ein Rätsel, wenn man diesen gebrechlichen Menschen betrachtet ...
Lwów soll evakuiert werden, es wird zum freiwilligen Verlassen der Stadt aufgerufen, denn ansonsten ... Jeder soll den Ort nennen, wo er hinwill, die genaue Adresse, man darf persönliche Habe mitnehmen. Wie die Zwangsevakuierung aussieht, erzählen Flüchtlinge aus Łuck: Es wurde nach allen Seiten geschossen, sie nahmen mit, wen sie im Haus vorfanden, Kinder ohne Mutter, Mütter ohne Kinder, und anschließend flohen alle aus dem Dorf. [...] Charakteristisch für die großen Treibjagden der Ukrainer auf Polen[112] sind die Rudel von halb wilden, in jedem Fall aber für diese Art von Arbeit abgerichteten Hunden, die sie dabeihaben. [...] Und wir streiten über Grenzen, bedauern, dass England bereit ist, die Curzon-Linie[113] bis an die Gniła Lipa auszuweiten. Was fangen wir mit Bürgern an, die heute so mit uns umspringen? Ein etwas mildernder Umstand ist die Erinnerung an unsere Pazifizierung. Das alles

ist zu viel für den armen Kopf, der sich so sehr nach Frieden für die Menschheit sehnt.
Ich frage Żyranik, ob er nichts von Dresdner gehört hat – nein. »Er hätte seinerzeit fliehen können, aber er ist so ein trödeliger Slawenbruder ...«

8. Juni Wie Żyranik der Polizei entkommen konnte [...], kann ich anhand seiner Erzählung nicht feststellen [...], ich weiß nur sicher, dass er nichts mitgenommen hat, also auch nicht das Kopfkissen, das ich ihm geliehen habe, als er ins Asyl gezogen ist. Er hatte nichts, worauf er das arme Haupt betten konnte. Ich gab ihm das von mir verwahrte Kissen des Doktors. Die strenge Fela wird sagen: »Das war falsch, man darf niemandes Vertrauen missbrauchen.« Ela, die zwar in der Theorie kompromisslos, in der Praxis aber zu Konzessionen und Winkelzügen bereit ist [...], sieht die Sache so: »Sagen Sie dem Doktor, wie es war, er sollte das Geschenk als seins betrachten und keinen Ersatz für den Verlust fordern.« Ich denke, ich gebe ihm meines, was soll's, es ist nur eine Kleinigkeit, entweder gibt es nach dem Krieg genug Kissen für jeden Kopf auf der Welt oder man schläft auf den Händen. Warum sich sorgen?

9. Juni Allan [...] in Wielgolas. Ein seltsames Gefühl. [...] Er sieht die wohlbekannten Orte, die dem Auge und dem Herzen so vertrauten Bäume. Ich würde ihm gern gleich davon schreiben, aber – alle werden lachen oder sich über diese Fürsorge wundern ... Und eigentlich gibt es in unserem Verhältnis wenig Gefühl, obwohl er viel Nettes sagt und schreibt. Ich schätze einfach seinen Geist, der meinen belebt und zum Denken anregt. Ein Mensch, der mir nahesteht, aber eher intellektuell als emotional.

12. Juni Gestern war ich bei Zuza. Ich habe ihr Törtchen zur Vesper gebracht. Sie freute sich: »Es ist so schön, nicht allein zu essen.«

13. Juni Entsetzliche Kämpfe in Frankreich, Appelle an die Stadtbevölkerung, sich auf dem Land in Sicherheit zu bringen. Ich hätte keine Kraft mehr zu fliehen. Leichen, Leichen ... Die Mauer, die die Lipowa vom Universitätsgarten trennt, hat seit gestern eine Aufschrift, so groß, dass Fela sie vom Balkon lesen kann: »Zu den Waffen. An die Front.«

14. Juni Nächtlicher Alarm. Wie ein unachtsames, verspätetes Unglück, an das wir schon nicht mehr gewöhnt sind ... Aber wir freuen uns über jedes Bombardement in anderen Ländern. Frankreich blutet ... Wir brauchen wahrlich Frieden und Ruhe ... Die Aufschrift steht weiter an der Mauer ... Angeblich waren es die Kommunisten. In Wola gibt es ähnliche Aufrufe. Morgen soll ich – zum ersten Mal – zwei Abschnitte aus dem Tagebuch lesen. [...] Den »Sonnigen Auftakt« und die »Geschichte mit dem Doktor«. Man wird sicher fragen: Wie ist es ausgegangen? Ich werde sagen: Gestern habe ich einen Brief von ihm bekommen. Und eine Wahrheit hinzufügen, die ich immer wieder konstatiere: Heute stirbt es sich leicht, wenn sie einem das Leben nehmen, aber nur sehr schwer, wenn es von uns selbst abhängt. [...] Was den unbeabsichtigten Exhibitionismus angeht, werde ich mich mit einem zweiten Aphorismus retten: Das Tagebuch hat die gute Seite, dass man darin über alles sprechen kann, und die schlechte Seite, dass man zu viel über sich spricht ...

15. August Wenn ich höre, was die Ukrainer uns antun, und sei es mit Hilfe und Anstachelung der Deutschen, sorge ich

mich wieder, ob ein Zusammenleben jemals wieder möglich sein wird. Und solche Nachbarn und Feinde wie die Litauer, ob sie eine Verständigung mit dem künftigen Polen wollen? Das liegt im Dunkeln.
Gut organisierte Einrichtungen haben drei bis vier tägliche Verlautbarungen. Ein guter Informationsdienst. Offen und öffentlich diktiert eine Maschinenschreiberin der anderen den Text, damit sie die Wahrheit nach Hause tragen kann. Wobei andere sagen, es gebe keine erbaulichere Lektüre als die offiziellen deutschen Meldungen.

16. Juni Am Wybrzeże Kościuszkowskie blüht eine Akazie, strohgelbe Dolden ... Die Handschuhfarbe der Dandys Mitte des 19. Jahrhunderts.
Der Tag zieht sich ziel- und endlos, zum letzten Mal habe ich mich von einer übernommenen Pflicht befreit. Endgültige Abrechnung mit der Arbeit – mangelndes Talent.

19. Juni Als ich beim Treffen bei Kazimiera Alberti aus dem Tagebuch vorlas, den Abschnitt »Sonniger Auftakt« und die »Geschichte mit dem Doktor«, machte ich vorab ein paar einschränkende Anmerkungen ... [...] Nachdem ich zu Ende gelesen hatte, bezeichnete Stefania Podhorska das zweite Stück als »fast eine Novelle mit guter Pointe.« Dann ergriff Łaszowski das Wort [...], woraufhin Koczorowski erklärte, das Tagebuch unterliege eigenen literarischen Gesetzen, die Person des Schreibenden rücke in den Vordergrund. [...] Zuletzt warf Kazimiera Alberti mir vor, dass ich im Tagebuch über meine Krankheit schreibe: Sicher, es sei wichtig, doch wen interessiere das [...].
Plötzliche Klarsicht. Ich sah all die Fehler oder vielleicht die Nutzlosigkeit dieser Art von Arbeit. Bin ich all die Jahre blind

gewesen? Was soll's, tat mir diese Blindheit doch auch gut. Hat sie mich am Leben gehalten?
Fela hatte in einem Gespräch mit Julia – mir gegenüber äußert sie keine direkte Kritik, geschweige denn Lob – zu Recht betont, dass ich egoistisch schreibe.
Nach einigen Stunden ein Trostpreis? Auf dem Rückweg vom Mittagessen in der Pierackiego habe ich Kazimiera Alberti getroffen, sie sagte, es hätten drei gestrige Zuhörer angerufen. Sie bäten unbedingt um meine Bücher.

21. Juni Die Aufschrift prangt weiter an der Mauer. Ähnliche Appelle finden sich auch in anderen Stadtvierteln. Angeblich ist es das »verderbliche« Wirken der Kommunisten [...] Jedenfalls haben die Deutschen eine Beschäftigung, hier und da waschen sie die Buchstaben ab, was sie mit einzelnen Symbolen nicht mehr tun. Alle Kinder von Powiśle üben die Abkürzung von Polska Walczy, das zu einem Anker verschlungene W und P. Niemand schenkt dem Beachtung.
Die Schuld des Tagebuchs, dieser Gedanke kam mir gerade in den Sinn, liegt darin, dass es mangels stilistischer Schönheit keine literarischen Würden beanspruchen kann, aber auch keine ausreichend gesicherten Informationen enthält. Man hätte jede einzelne vor der Niederschrift auf ihren Wahrheitsgehalt prüfen müssen. Dann hätte es das Gewicht einer kritisch gefilterten Stimme des Augenblicks.

29. Juni Es fügt sich günstigerweise so, dass ich nichts habe, um darüber zu schreiben. *À qui la faute?* Vielleicht gibt es einen Schuldigen, den ich segne. Er hat die Fehler des Tagebuchs aufgezeigt, aber immerhin im richtigen Moment, was für mich als Optimistin das Wichtigste ist. Ich gehe nämlich ernsthaft daran, über meine Toten zu schreiben. Jedenfalls richtet sich meine ganze Konzentration darauf, sie zerstreut sich nicht auf die Ereignisse des Tages, die gleichwohl von höchster Bedeutung sind. Die Offensive im Osten hat begonnen, eine Antwort auf die erfolgreiche Invasion im Westen. Der Feind rückt näher ... Verfrühte Alarme machen uns keine Sorgen. Jede Tat umso mehr. Ich weiß, was ich in diesem Moment tun will, obwohl es fern der Wirklichkeit ist. Wird der gesunde Lebensinstinkt diesen Rückzug schützen, gegen Sorgen abschirmen? Ich mache mir – um mich – keine Sorgen, auch nicht um andere, ich denke, so ist es besser und so muss es vor allem auch sein, die Dinge sollen geschehen, dort, an den großen Fronten, und hier, in Warschau.

Anmerkungen

Der Mensch ist kein Held. Vorwort von Karolina Kuszyk

1 Zygmunt Klukowski: *Tagebuch aus den Jahren der Okkupation 1939–1944*, hrsg. von Christine Glauning und Ewelina Wanke, übersetzt von Karsten Wanke, Metropol, Berlin 2017, S. 381.

Den Zeiten abgerungen. Einleitung von Bernhard Hartmann

1 Brief von Aurelia Wyleżyńska an Zuzanna Rabska, hier zitiert nach: Grażyna Pawlak, Aurelia Wyleżyńska – zapomniana pisarka i publicystka. Materiały do biografii, in: »Pamiętnik Literacki« 1/2014, S. 169.

2 Aurelia Wyleżyńska, »Do Alfreda Łaszowskiego. List otwarty«, Polnische Nationalbibliothek, Handschriftenabteilung, Signatur Rps 10788 III, Blätter 11 u. 12 (online zugänglich unter https://polona2.pl/item/szkice-z-lat-okupacji,MTU5NjIyMTkw/23/#info:metadata, Zugriff 5.6.2024).

3 Die im Besitz der polnischen Nationalbibliothek befindlichen Typoskripte sind als Scans online zugänglich unter https://polona.pl/preview/60488ff5-99a8-449d-aae5-7420e19878e7 (Tagebuch der Jahre 1939–1940), https://polona.pl/preview/369ae039-ac85-430d-ab4c-80706362f1c6 (Tagebuch der Jahre 1939–1943) und https://polona.pl/preview/477bf93a-0e5f-40b4-a8a2-1d582d8480b6 (Tagebuch September 1943 bis 29. Juni 1944; Zugriff jeweils 5.6.2024).

Tagebuch

1 1930 gegründete syndikalistische Bildungsorganisation, die unter anderem Ferienlager auf dem Land veranstaltete.

2 Berittener, leicht bewaffneter Soldat der polnischen Armee.

Der Kampf der Ulanen gegen die deutschen Panzer wurde zum Sinnbild für den Abwehrkampf Polens gegen den Einmarsch der Wehrmacht im September 1939.

3 Józef Korzeniowski (1797–1863), Dramatiker und Romanautor; seine Gesellschaftsromane waren in Wyleżyńskas Zeit sehr populär.

4 Ikone der Jungfrau Maria von Potschajiw, der wie der Schwarzen Madonna von Tschenstochau wundertätige Wirkung zugeschrieben wird.

5 Frz., umgangssprachliche Bezeichnung für die französischen Infanteristen im Ersten Weltkrieg.

6 Der ehemalige Vorort am rechten Weichselufer Praga ist zwar seit 1791 ein Stadtteil von Warschau, in Abgrenzung dazu bezeichnet Wyleżyńska aber gelegentlich nur die links der Weichsel gelegenen Teile der Stadt als Warschau.

7 Stefan Starzyński (1893–1939 oder 1943), kommissarischer Stadtpräsident von Warschau, wurde am 27. Oktober 1939 von der Gestapo verhaftet und entweder im Dezember 1939 in Warschau oder im Oktober 1943 in einem Unterlager des Konzentrationslagers Dachau ermordet.

8 Karol Irzykowski (1873–1944), Schriftsteller und Kritiker, Verfasser des Romans *Pałuba* (Die Puppe, 1903). Während der Besatzung gab er Kurse in polnischer und deutscher Stenographie und beteiligte sich am Kulturleben im Untergrund. Er starb an den Folgen einer im Warschauer Aufstand erlittenen Verwundung.

9 Gemeint ist vermutlich Jerzy Bajan (1901–1967), einer der bekanntesten polnischen Sport- und Armeepiloten der Zwischenkriegszeit.

10 Wacław Lipiński (1896–1949), Historiker und Militär. Während der Belagerung Warschaus Leiter der Propagandaabteilung des Kommandos zur Verteidigung Warschaus (Dowództwo Obrony Warszawy).

11 Ignacy Jan Paderewski (1860–1941), Pianist, Komponist und Politiker. 1919 erster Premierminister und Außenminister des wiedererstandenen polnischen Staates, ab 1940 Vorsitzender des Nationalrats der Republik Polen in London.

12 Ministerstwo Spraw Wojskowych (kurz »MSW«), dt. Ministerium für Militärangelegenheiten, von 1918 bis 1942 Name des polnischen Verteidigungsministeriums.

13 Edward Rydz-Śmigły (1886–1941), Mitglied der Polnischen Legionen im Ersten Weltkrieg und Mitarbeiter von Józef Piłsudski. Ab 1936 Oberinspektor der polnischen Streitkräfte und Marschall von Polen. Oberbefehlshaber im Verteidigungskampf 1939.

14 Kazimierz Sosnkowski (1885–1969), General und Politiker. Anhänger von Józef Piłsudski, nach 1939 Minister ohne Ressort in der Regierung von Władysław Sikorski. Nach dessen Tod 1943 Oberbefehlshaber der polnischen Streitkräfte.

15 Vorort von Warschau, wegen seines Flughafens von strategischer Bedeutung, 1951 eingemeindet.

16 Eine in Warschau erscheinende Frauenzeitschrift.

17 Bekanntes Warschauer Pelzgeschäft an der Kreuzung Nowy Świat und Chmielna, Inhaberin war Julia Ujejska.

18 Jadwiga Goetel, Ehefrau von Ferdynand Goetel, dem letzten Vorsitzenden des von den deutschen Besatzungsbehörden aufgelösten Polnischen Schriftstellerverbands. Sie leitete die am Sitz des aufgelösten Verbands in der ul. Pierackiego eingerichtete »Literarische Küche«, in der Verbandsmitglieder preisgünstig essen konnten.

19 Am linken Weichselufer gelegener Stadtteil von Warschau.

20 Oberst Roman Umiastowski (1893–1982), Propagandachef im Stab des Oberbefehlshabers, hatte in der Nacht vom 6. auf den 7. September 1939 im Radio die Bevölkerung zur Verteidigung Warschaus sowie die waffenfähigen Männer zum Rückzug nach Osten und zum Eintritt in die dort entstehenden Armeeeinheiten aufgerufen.

21 Von den deutschen Besatzungsbehörden herausgegebene polnischsprachige Tageszeitung, (kurz »NKW«), die von Oktober 1939 bis Januar 1945 erschien.

22 Julian Klaczko (1825–1906), Literaturkritiker, Kunsthistoriker und Publizist. In *Wieczory Florenckie* (Florentinische Abende, 1880) befasst er sich unter anderem mit dem Werk Dantes und Michelangelos.

23 Der Starost stand in der Zwischenkriegszeit der kommunalen Verwaltung auf Kreisebene vor.

24 Józef Piłsudski (1867–1935), Militär und Politiker, Kämpfer für die polnische Unabhängigkeit, von 1918 bis 1922 erster Staatschef des wiedererstandenen Polens, nach einem Putsch im Mai 1926 bis zu seinem Tod 1935 Lenker eines autoritären Regimes.

25 Obóz Narodowo-Radykalny (kurz »ONR«), dt. Nationalradikales Lager, war eine 1934 gegründete rechtsextreme, antikommunistische und nationalistische Partei.

26 Tadeusz Kościuszko (1746–1817), polnischer Freiheitskämpfer und Nationalheld. Das ihm gewidmete Denkmal auf dem Plac Wolności in Łódź wurde im November 1939 von den deutschen Besatzern zerstört.

27 Jan Kiliński (1760–1819), Schuster und Anführer des Warschauer Aufstands gegen die russische Teilungsmacht im April 1794. Das 1936 errichtete Kiliński-Denkmal auf dem Plac Krasińskich wurde 1942 von den deutschen Besatzern als Repressionsmaßnahme demontiert.

28 Pseudonym von Zofia Schenk (?–1946), Schriftstellerin.

29 Villensiedlung im Warschauer Stadtteil Ochota.

30 Von den Besatzungsbehörden konzessionierter Lesesaal, der von Mitgliedern des aufgelösten Schriftstellerverbands getragen und betrieben wurde.

31 Gemeint ist Józef Piłsudski (vgl. Anm. 25).

32 Zitat unklarer Herkunft, als Quellen kämen u.a. verschiedene Bibelstellen (etwa Gen 33,4 oder 1 Sam 20,41), aber auch Kazimierz Przerwa Tetmajers Roman *Janosik Nędza Litmanowski* (1922) in Frage.

33 Die Sigismundsäule auf dem Warschauer Schlossplatz.

34 1835 errichtetes Gefängnis, von 1939 bis 1944 das größte und berüchtigtste politische Gefängnis auf dem Gebiet des besetzten Polens. Im August 1944 wurde das Gebäude während des Warschauer Aufstands von den deutschen Besatzern gesprengt, nachdem man die Häftlinge hingerichtet oder in Konzentrationslager deportiert hatte.

35 Polnisches Rotes Kreuz.

36 Gemeint ist das Amtsgericht in der ul. Leszno (heute Aleja Solidarności), das an der Grenze zum Warschauer Ghetto lag und sowohl vom Ghetto als auch von der sogenannten ›arischen‹ Seite zugänglich war. Das Gebäude diente als Treffpunkt, Fluchtweg und zum Schmuggel von Lebensmitteln, Medikamenten und Waffen.

37 In der ul. Daniłowiczowska 7 befand sich seit 1823 ein Polizeiarrest, der während der deutschen Besatzung Warschaus als Gefängnis für Häftlinge diente, die keiner politischen Verbrechen beschuldigt wurden.

38 Losung des polnischen Novemberaufstands 1830/31 gegen die russische Teilungsmacht.

39 Józef Kisielewski (1905–1966), Schriftsteller und Journalist. In *Ziemia gromadzi prochy* (Die Erde sammelt die Asche, 1938) schreibt er u.a. über die slawische Vergangenheit der deutschen Ostgebiete und warnt vor dem aggressiven deutschen Expansionsdrang nach Osten.

40 Polnischer Name von Auschwitz, den Aurelia Wyleżyńska durchgehend verwendet. Sie bezieht sich meist nicht auf das Vernichtungslager Auschwitz II-Birkenau, sondern auf das Stammlager Auschwitz I, in das ab Mai 1940 zunächst vor allem nichtjüdische Polen gebracht wurden.

41 Lat. wörtl. Wegzehrung, Proviant; in der katholischen Kirche Bezeichnung für die letzte Kommunion, die einem Sterbenden gereicht wird.

42 Russ., illoyal, unzuverlässig.

43 Zitat aus Stanisław Wyspiańskis (1869–1907) Drama *Wyzwolenie* (Die Befreiung, 1902).

44 Zitat aus Fromental Halévys Grand opéra *La Juive* (Die Jüdin, 1835; Libretto: Eugène Scribe).

45 1925 von Józef Piłsudski gegründete Vereinigung der Ehefrauen von Armeeangehörigen, die den Zusammenhalt zwischen den Angehörigen, vor allem von Offizieren und Unteroffizieren verschiedener sozialer Schichten, stärken und die materielle Selbsthilfe im Kriegsfall organisieren sollte. Während des Kriegs war die Vereinigung nicht offiziell tätig.

46 Mit Zustimmung der Besatzungsbehörden von Februar 1940

an tätige karitative Einrichtung, die unter anderem Waisenhäuser und Volksküchen betrieb, Bedürftige mit Sach- und Geldleistungen unterstützte sowie Hilfspakete für Häftlinge und Kriegsgefangene verschickte.

47 In der ul. Skaryszewska befand sich von Februar 1941 bis Juni 1944 ein Durchgangslager für polnische Staatsbürger, die zur Zwangsarbeit nach Deutschland deportiert werden sollten.

48 Gemeint ist die polnische Polizei im besetzten Polen, die wegen ihrer blauen Uniformen umgangssprachlich als »blaue Polizei« bezeichnet wurde.

49 Antisemitisches Schlagwort (poln. żydokomuna), dem die Vorstellung zugrunde liegt, die Juden würden den Kommunismus instrumentalisieren, um die Weltherrschaft zu erlangen.

50 Die Wehrmacht und die Rote Armee lieferten sich im Raum Woronesch intensive Kämpfe um die Kontrolle über den Süden der Sowjetunion. Die Stadt selbst war von Juli 1942 bis zur Befreiung durch die Rote Armee im Januar 1943 von deutschen Truppen besetzt.

51 Frz., Alle übernachten außer Haus.

52 Neologismus für Zutaten, die über Lebensmittelkarten erhältlich waren.

53 Titel einer Satire von Ignacy Krasicki (1735–1801) von 1779.

54 Offizierslager (kurz »Oflag«), deutsches Kriegsgefangenenlager speziell für Offiziere.

55 Höchster militärischer Verdienstorden Polens.

56 Polnisch-Sowjetischer Krieg (1919–1921) um den Grenzverlauf zwischen dem wiedergegründeten polnischen Staat und der Sowjetunion.

57 Die Leitung des Zivilen Kampfs (poln. Kierownictwo Walki Cywilnej) war eine nichtmilitärische Organisationseinheit des polnischen Untergrundstaats, die für den gesellschaftlichen Widerstand gegen die Besatzungsmacht (Sabotageakte, Boykottaktionen) zuständig war, aber auch gegen Verräter und deutsche Agenten vorging.

58 Versepos von Adam Mickiewicz (1798–1855) aus dem Jahr 1834, gilt als polnisches Nationalepos.

59 Am 26. März 1943 überfiel eine Sturmgruppe der Heimat-

armee einen Gefangenentransport der Gestapo und befreite 21 Gefangene, darunter Jan Bytnar, ein wichtiges Mitglied der Pfadfindereinheiten »Graue Reihen« (Szare Szeregi). Bytnar starb kurz nach der Befreiung an den im Verhör erlittenen Verletzungen, der Überfall wurde als Operation Arsenal (Akcja pod Arsenałem) bekannt.

60 In der Aleja Jana Chrystiana Szucha 25 befand sich während der deutschen Besatzung der Sitz von Gestapo, Sicherheitsdienst und Ordnungspolizei. Politische Gefangene, meist aus dem Pawiak-Gefängnis, wurden dort brutalen Verhören unterzogen.

61 Generalgouvernement (kurz »GG«), Bezeichnung für die nicht dem Deutschen Reich eingegliederten Gebiete des besetzten Polens.

62 Spätjüdisch-neutestamentarische Bezeichnung für Hölle.

63 Zitat aus Adam Mickiewiczs (1798–1855) Versepos *Konrad Wallenrod* (1828), hier angeführt in der Übersetzung von Otto Koniecki. Bei Mickiewicz geht es an dieser Stelle allerdings um die Belagerung und Eroberung Granadas durch spanische Truppen im Jahr 1492.

64 Eine nichtjüdische Bekannte Aurelia Wyleżyńskas, deren Mann wie Józef Mirski von der Gestapo verhaftet wurde.

65 Zalesie Górne, ein Dorf ca. 30 km südlich von Warschau. Aurelia Wyleżyńska hatte den Mirskis und Maria Mirskas Schwester Luna geholfen, dort eine sichere Unterkunft zu finden.

66 Angehöriger des polnischen Kleinadels, der Schlachta.

67 Von 1939 bis 1944 in Warschau als Wochenzeitung (während des Warschauer Aufstands als Tageszeitung) erscheinendes Organ des Bundes für den bewaffneten Kampf (Związek Walki Zbrojnej) und später der Heimatarmee (Armia Krajowa).

68 Zitat aus Wilam Horzycas (1899–1959) polnischer Übersetzung von Algernon Charles Swinburnes (1837–1909) Gedicht *The Garden of Proserpine* (1866).

69 Vermutlich ebenfalls ein literarisches Zitat, die Quelle konnte nicht ermittelt werden.

70 Illustrierte Wochenzeitung, in der u.a. Romane veröffentlicht wurden, erschien von 1859 bis 1939 in Warschau.

71 Anspielung auf Juliusz Słowackis (1809–1849) Gedicht *Mein Testament*, in dem es heißt: »Und wenn es sein muß, fallen, wie die andern fielen, / Wie Steine, die Gott schleudert auf die Barrikaden!« (Übersetzung von Karl Dedecius). Zwei populäre Bücher gleichen Titels aus der Vorkriegs- und Kriegszeit – *Kamienie na szaniec* (Steine auf die Barrikade) handeln ebenfalls von der Opferbereitschaft im polnischen Freiheitskampf: Karol Koźmiński porträtierte 1937 polnische Soldaten des 19. und 20. Jahrhunderts, die für Polen starben, Aleksander Kamiński schrieb 1943 einen Roman über die Operation Arsenal. Außerdem war »Szaniec« der Name einer nationalradikalen Untergrundgruppierung im Zweiten Weltkrieg sowie der Titel einer von ihr herausgegebenen Zeitschrift.

72 Untergruppe der westslawischen Völker, gelten als Vorfahren der heutigen Polen.

73 Westgrenze Polens unter König Bolesław I. (965/967–1025), die in etwa der heutigen Oder-Neiße-Grenze entsprach.

74 Eine traditionelle Melodie, die seit 1838 als Zeitangabe vom Turm der Marienkirche in Krakau gespielt wird. Während der deutschen Besatzung durfte die Melodie nicht gespielt werden.

75 Władysław Sikorski (1881–1943), Militärführer und Politiker, während des Zweiten Weltkriegs Premierminister der polnischen Exilregierung in London und Oberbefehlshaber der polnischen Streitkräfte.

76 Władysław Sikorski wollte in einem Flugzeug des Typs Consolidated B-24 Liberator von Gibraltar nach London zurückkehren.

77 Warschauer Café an der Ecke Aleje Jerozolimskie und Nowy Świat, während der Besatzung als Unterhaltungslokal nur für Deutsche zugänglich.

78 Stefan Paweł Rowecki (1895–1944), Divisionsgeneral der polnischen Armee und ab 1940 Oberbefehlshaber der polnischen Untergrundarmee. Infolge eines Verrats wurde er am 30. Juni 1943 verhaftet und nach Sachsenhausen gebracht, wo er 1944 im Rahmen der Vergeltungsmaßnahmen gegen den Warschauer Aufstand ermordet wurde.

79 Zitat von André Gide (1869–1951): »Jeder verdankt auf diese Weise einem anderen ein wenig von sich selbst.« (*Neue Früchte,* übersetzt von Gisela Schlientz).

80 Stadt an der Côte d'Azur.

81 Anspielung auf das Massaker von Katyn. In einem Wald nahe des 20 km westlich von Smolensk gelegenen Dorfs Katyn wurden zwischen dem 3. April und dem 11. Mai 1940 auf Befehl Josef Stalins rund 4400 gefangene Polen erschossen, überwiegend Offiziere, aber auch Polizisten, Priester und Intellektuelle.

82 Polnische Nationalhymne (seit 1927), die im Zweiten Weltkrieg als Symbol des Widerstands galt und unter der deutschen Besatzung nicht gespielt werden durfte.

83 Kurort 200 km südlich von Warschau, u.a. wegen seiner Mineralquellen bekannt.

84 Im Oktober 1941 von der Wehrmacht eingenommene Hafenstadt am Asowschen Meer, die Ende August 1943 durch die Rote Armee zurückerobert wurde.

85 *Venti Settembre,* dt. Zwanzigster September, Tag der Eroberung Roms durch italienische Truppen im Jahr 1870, allerdings nicht unter der Führung des Freiheitskämpfers Giuseppe Garibaldi (1807–1882), sondern des Generals Raffaele Cadorna (1815–1897).

86 1921 als eigenständige Siedlung gegründetes, 1951 eingemeindetes Dorf bei Warschau (heute zum Stadtteil Bielany gehörig).

87 Titel eines Gedichts von Jan Kasprowicz (1860–1926).

88 *Tango Notturno* (1937) ist ein deutsches Melodram mit der polnischen Schauspielerin Pola Negri (1897–1987) als Hauptdarstellerin. Im Oktober 1943 überquerten alliierte Truppen den süditalienischen Fluss Volturno und drängten die Wehrmacht weiter nach Norden zurück.

89 Frz., hier sinngemäß: im Geheimen.

90 Gemeint ist der im September 1942 gegründete Judenhilfsrat Żegota, der untergetauchten polnischen Juden gefälschte Dokumente beschaffte und finanzielle und medizinische Unterstützung leistete.

91 Titel einer Untergrundzeitung, dt. Der neue Demokrat.

92 Barockschloss am ehemaligen Plac Saski (heute Plac Piłsudskiego). Im September 1939 wurde das Schloss beschädigt, nach seiner Restaurierung diente es ab 1940 als Sitz des Gouverneurs des Distrikts Warschau im Generalgouvernement Polen. Nach dem Warschauer Aufstand wurde es im Dezember 1944 von den deutschen Besatzern gesprengt.

93 Im Dezember 1943 schloss die tschechoslowakische Exilregierung unter Leitung von Edvard Beneš (1884–1948) einen Freundschafts- und Beistandspakt mit der Sowjetunion.

94 Russ., zur Abschreckung der Feinde.

95 Gedicht von Zygmunt Krasiński (1812–1859) aus dem 1848 entstandenen Zyklus *Psalmen der Zukunft* (poln. *Psalmy przyszłości*).

96 Illustrierte Wochenzeitschrift zu literarischen und politischen Themen, die von Januar 1876 bis Juni 1917 in Warschau erschien.

97 Politisch-militärische Untergrundorganisation, die im September 1940 aus dem Zusammenschluss mehrerer Widerstandsgruppen entstanden war und 1943 in der Heimatarmee aufging. Zur Organisation gehörten auch Stoßtrupps (poln. Uderzeniowe Bataliony), die als Partisaneneinheiten die deutschen Besatzer bekämpfen sollten.

98 Bolesław Bogdan Piasecki (1915–1979), Politiker, Jurist und Publizist, 1934 Mitbegründer des ONR, 1935 bis 1939 Anführer der schon vor dem Krieg illegalen Abspaltung ONR Falanga, die ein nationalistisches, antisemitisches und antikommunistisches Programm vertrat und den totalitären Staat propagierte; 1940 Mitinitiator der Volkskonföderation.

99 Landgüter, die zu deutschen Domänen umgewandelt wurden und Nahrungsmittel für die Wehrmacht produzieren mussten.

100 Am 1. Februar 1944 wurde der auch als »Schlächter von Warschau« bekannte SS- und Polizeiführer für den Bezirk Warschau Franz Kutschera (1904–1944) vom polnischen Untergrund ermordet. Als Vergeltungsmaßnahme wurden am Tag darauf 100 polnische Geiseln erschossen. Am Tag des Begräbnisses mussten entlang der Strecke des Trauerzugs alle Bewohner ihre Häuser vorübergehend verlassen.

101 Gemeint ist Jerzy Hagmajer (1913–1998), Arzt und Bolesław Piaseckis Stellvertreter als Anführer der Volkskonföderation. Im Juli 1944 heiratete er Wyleżyńskas Nichte Teresa, die als Krankenschwester ebenfalls im Untergrund tätig war.

102 Die Volkskonföderation propagierte ein von Finnland bis zum Balkan reichendes Slawisches Imperium unter Führung des polnischen Staates, der im Osten bis zur Grenze der polnisch-litauischen Republik vor der ersten Teilung 1772 und im Westen bis zur Oder-Neiße-Linie reichen sollte.

103 Polen kämpft (poln. Polska walczy), lautete die Losung des polnischen Widerstands, symbolisiert durch einen aus den Anfangsbuchstaben der beiden Wörter gebildeten Anker.

104 Russ., »Satan selbst führt an den Ball.« Zitat aus Charles Gounods (1818–1893) 1859 uraufgeführter Oper *Faust* (1859).

105 1903 erschienener experimenteller Roman, dt. Die Puppe, Karol Irzykowskis bekanntestes Werk.

106 Frz., Man muss die Dinge verlassen, bevor sie einen verlassen.

107 Zitat aus Dantes *Göttlicher Komödie:* »Kein andrer Schmerz ist größer, / Als zu gedenken an des Glückes Zeiten / Im Elend [...].« (*Inferno,* Fünfter Gesang, V. 121ff., übersetzt von Hermann Gmelin).

108 Russ., Atempause, Verschnaufpause.

109 Polska Partia Robotnicza (kurz »PPR«), dt. Polnische Arbeiterpartei, am 5. Januar 1942 gegründete kommunistische Partei, die im Widerstand gegen die deutsche Besatzungsmacht aktiv war und in Opposition zur Londoner Exilregierung stand.

110 Frz., Die Seele Frankreichs ist eine schöne Sache, aber sie ist stärker als ich.

111 Russ., an der Wand.

112 Von Februar 1943 bis Kriegsende verübte die Ukrainische Aufständische Armee in Wolhynien und Ostgalizien Massaker an der polnischen Bevölkerung, ihr Ziel war die Schaffung eines ethnisch homogenen ukrainischen Staats. In den 1920er und 1930er Jahren hatte Polen auf den gewaltsamen Widerstand ukrainischer Nationalisten gegen die Polonisierung der mehrheitlich ukrainisch bevölkerten Gebiete mit Repressionen

und ebenfalls gewaltsamen sogenannten »Pazifizierungsaktionen« reagiert.

113 Nach dem früheren britischen Außenminister George Curzon (1859–1925) benannte Linie, die nach dem Ersten Weltkrieg als Demarkationslinie zwischen Polen und der Sowjetunion vorgeschlagen worden war und von den Alliierten und Stalin nach Diskussionen über ihren genauen Verlauf zur Grundlage für die polnische Nachkriegsgrenze im Osten wurde.

Editorische Notiz

Teile des Tagebuchs sind in früheren Fassungen in »Sinn und Form« (Heft 5/2019) und – mit einem begleitenden Text von Martin Sander – in der »Neuen Zürcher Zeitung« (25.7.2020) erschienen. Damals lagen Aurelia Wyleżyńskas Aufzeichnungen erst als unveröffentlichtes Transkript vor. Für die vorliegende Ausgabe wurden die aus diesen Übersetzungen übernommenen Passagen auf Grundlage der 2022 erschienenen zweibändigen polnischsprachigen Ausgabe überarbeitet.

Die Gliederung des Texts folgt ebenfalls der polnischen Ausgabe. Zur besseren Orientierung wurden bei Ortswechseln für den ersten Tag von Wyleżyńskas Aufenthalt den Datumsangaben die jeweiligen Ortsnamen vorangestellt.

Zur Erleichterung der Lektüre und besseren Identifikation von Personen innerhalb des Texts wurden die Namensnennungen vereinheitlicht: Bei der ersten Erwähnung steht der volle Name, im weiteren Verlauf je nachdem der Vor- oder Nachname der betreffenden Person.

Bei Ortsnamen wurde – abgesehen von fest im Deutschen etablierten Namen wie Warschau, Krakau oder Danzig – konsequent die polnische Schreibung des Originals beibehalten; es wäre anachronistisch, Wyleżyńska die heutigen (u.a. ukrainischen oder rumänischen) Bezeichnungen in den Mund zu legen.

Von der Autorin im Original verwendete deutschsprachige Ausdrücke wurden in der Übersetzung kursiv gesetzt.

Offensichtliche Fehler (etwa bei Datumsangaben) und falsche Schreibweisen (bei Zitaten o. Ä.) wurden für diese Ausgabe stillschweigend korrigiert.

Der besseren Lesbarkeit halber wurden Auslassungen im Text nur dann durch Auslassungszeichen (»[...]«) markiert, wenn es sich um Kürzungen innerhalb eines Absatzes oder die Zusammenführung von Absätzen handelt. Auslassungen von Absätzen innerhalb eines Eintrags oder am Beginn oder Ende eines Absatzes wurden nicht markiert.

Dank

Es war Martin Sander, der mich auf Aurelia Wyleżyńska aufmerksam machte und mich in seine Bemühungen um eine deutschsprachige Veröffentlichung ihres Tagebuchs einbezog. Dafür danke ich ihm sehr. Ohne sein Engagement und seine Unterstützung hätte dieses Buch nicht in der vorliegenden Form erscheinen können.

Ganz herzlich danken möchte ich auch Grażyna Pawlak vom Institut für Literaturforschung der Polnischen Akademie der Wissenschaften und Marcin Urynowicz vom Institut für Nationales Gedenken, den Herausgebern der polnischen *Kroniki wojenne,* die mir bei allen Fragen zu Text und Autorin bereitwillig weitergeholfen haben.

Zu guter Letzt danke ich Maike Nedo und Tabea Hecht vom Ch. Links Verlag für ihr Wohlwollen gegenüber Aurelia Wyleżyńska und die gute Zusammenarbeit.

Duisburg, Juni 2024
Bernhard Hartmann